清末民初文獻叢刊

迦茵小傳

［英］哈葛得 著

林紓 魏易 譯

朝華出版社
BLOSSOM PRESS

圖書在版編目（CIP）數據

迦茵小傳 / (英) 哈葛得著 ; 林紓, 魏易譯. -- 北京 : 朝華出版社, 2017.12
(清末民初文獻叢刊)
ISBN 978-7-5054-4105-7

Ⅰ. ①迦… Ⅱ. ①哈… ②林… ③魏… Ⅲ. ①中篇小説—英國—近代 Ⅳ. ①I561.44

中國版本圖書館CIP數據核字(2017)第257229號

迦茵小傳

作　　者　[英]哈葛得
譯　　者　林　紓　魏　易

選題策劃　楊麗麗　尚論聰
責任編輯　趙　倩
特約編輯　齊　芳
責任印制　張文東　陸競贏
封面設計　劉敬偉

出版發行　朝華出版社
社　　址　北京市西城區百萬莊大街24號　　郵政編碼　100037
訂購電話　（010）68996618　68996050
傳　　真　（010）88415258（發行部）
聯系版權　j-yn@163.com
網　　址　http://zhcb.cipg.org.cn
印　　刷　北京中科印刷有限公司
經　　銷　全國新華書店
開　　本　880mm×1230mm　1/32　　字　　數　138千字
印　　張　11.25
版　　次　2017年12月第1版　2017年12月第1次印刷
裝　　别　精
書　　號　ISBN 978-7-5054-4105-7
定　　價　78.00元

出版前言

中國自一八四〇年鴉片戰爭以來，傳統的農業文明在西方的堅船利炮轟擊之下徹底被顛覆，有擔當的知識分子苦苦追尋，思索社會改革的途徑。從最初的『師夷長技以制夷』到『民主制度，天下之公理』（梁啓超語），他們發現要『强國富民』，首先要『開啓民智』，祇有民衆擁有了獨立思想和批判精神，國家纔能實現真正的强大。在此後一百年的時間裏（一八四〇—一九四九），思想者們從社會變革深入到國民性的改造，用每一部作品見證着中國近代化的遞變歷程。這是一個極其重要的時代，《清末民初文獻叢刊》正是收録了這一時期的作品，大部分書籍都是早期版本，有着極高的文獻研究價值。

清末的中國經歷了『三千年來未有之大變局』（李鴻章語），大清王朝面對西方列强的艦炮，表現得驚慌失措。尤其是鴉片戰爭，使『天朝帝國萬世長存的迷信受到了致命的打擊，野蠻的、閉關自守的、與文明世界隔絶的狀態被打破了』（《馬克思恩格斯選集》）。一批士大夫知識分子，尤其是在歐美諸國擔任使臣或者游歷的知識分子最先覺醒，着眼于對西方國家的考察，進而反省本國政治制度的劣勢，可以視作『啓蒙』的端倪。如曾擔任駐英公使（兼任駐法公使）的郭嵩燾在《使西紀程》中以日記的形式記録了自己對歐西諸國的觀感，他在考察了英國的政治制度之後，發現英國政府官員收入超過三百磅者與普通老百姓一樣同等納税，他說：『此法誠善，然非民主之國，則勢有所不行。西洋所以享國長久，君民兼主國政故也。』他明確提出了『民主』，在國家的管理問題上，人民也有參與的權利。他在該書中所披露的西方政治、經濟、文化等領域優于大清帝國這一事實觸動了保守派的神經，立刻遭到保守派群起而攻之，進士何金壽彈劾他『有二心于英國，欲中國臣事之』，他家鄉湖南的民衆對他更是痛加詆毀，以至于滿城揭帖，誣蔑他『溝通洋人』，在這種群情洶洶的情況下，朝廷最後下旨將《使西紀程》毀版，從而使該書成了禁書。然而，書雖被毀版，却不能堵死民衆的傳播與閱讀的途徑，上海的《萬國公報》依舊連載該書，張佩綸曾說：『朝廷禁其書，而新聞紙接續刊刻，中外傳播如故也。』從某種意義上來說，啓蒙是時代的需要，盡管清政府發諭旨禁了該書，民衆乃至一些朝廷大員却依舊在私下閱讀，以便瞭解外部的世界。進步的社會是開放性的，任何企圖『閉關鎖國』的努力都意味着歷史的倒退，祇有開放，與整個世界文明保持同等的步伐，纔能實現真正的强國之夢。當大批知識分子走出閉鎖的國門，親歷了文明的洗禮之後，也就把啓蒙的智識帶回了中華大地。容閎的《西學東漸記》，梁啓超的《新大陸游記》，崔國因的《出使美日秘日記》等一大批作品介紹了海外諸國的政治、經濟、軍事、外交、文化。雖然這些作品在認識上仍然帶有時代的局限性，然而却是那時最爲珍貴的聲音。

另一方面，在學術上，中國文化母體内『經世致用』思想與資産階級思想相結合，也喚起了變革，以康有爲、梁啓超爲首的改良派試圖通過自上而下的革新以實現變革。康有爲的《新學僞經考》《孔子改制考》就是借經學之表論資産階級學説之裏的著作，康有爲的弟子梁啓超更是通過《新民説》一書提出國民性改造。與早期啓蒙者『師夷長技』的器物文明引進不同，梁啓超上升到形而上的精神領域，從文化心理上更加徹底地進行變革。梁氏是清朝末年到民國初年一個橋梁式的人物，被譽爲『輿論之驕子，天縱之文豪』，其影響力不但在學術領域，同時還在文學領域，他所倡導的『詩界革命』得到了譚嗣同、黄遵憲、丘逢甲等人的響應，黄遵憲的《日本雜事詩》，丘逢甲的《嶺雲海日樓詩鈔》都體現了這種主張。這一主張要求反映新的時代和新的思想，用『我手寫我口』（黄遵憲語）的方式直抒胸臆，對長期占詩壇主流的擬古主義、形式主義産生了巨大的衝擊，解放了寫作者的心靈和頭腦。

與社會變革同步的是早期對西方思想著作的翻譯，這裏面影響最大的是嚴復，他翻譯的《天演論》《社會通詮》等書直接孕育了民國一代的知識階層。魯迅、胡適等人在文章中都曾提到《天演論》對他們思想所産生的震撼。與嚴復略有不同的另一位翻譯家是林紓，他的譯作雖然參差不齊，但却在更細膩的心靈層次對讀者産生影響，許壽裳曾回憶，他和魯迅都熱衷于林譯的小説，如《巴黎茶花女遺事》《黑奴籲天録》《迦茵小傳》等作品。

辛亥革命之後，進步社會思潮成爲主流，比之清末思想啓蒙者『求存』的追求，民國以來的知識階層深入到了更加細微的肌理，一方面呼唤社會變革，另一方面進行點滴的建設，革命并不能使所有的一切一蹴而就，在更加深廣的領域，事物的改變是由微觀而宏觀。通俗地説，比之于革命，建設的意義更大。如《中國商業史》《中國教育史》《中國倫理學史》《中國哲學史大綱》《中國小説史略》等一大批作品都是進行系統的梳理與建設的理論作品。其中，以胡適和魯迅二人的影響最大，他們的作品一紙風靡，從而成爲新文化運動的主力人物。

《清末民初文獻叢刊》收録的文獻大致上可以分爲三個階段，其中龔自珍、張之洞、魏源、郭嵩燾、薛福成等人的作品可視爲『早期啓蒙』，康有爲、梁啓超、黄遵憲、嚴復、林紓等人的作品可視爲『中期啓蒙』，胡適、魯迅、蔡元培等人的作品可視爲『晚期啓蒙』。當然，這種劃分并非嚴格意義上的，大部分啓蒙思想者隨着時代的變化，其思想在不斷進步。縱觀整個近現代史，可以發現，要求變革不是在某一個領域，由某一類人發起和完成的，而是全社會的要求。

變革，已經成爲全社會的共識。

從清末民初的文獻中，我們能够發現一種豐富性。這些作品涉及政治、經濟、軍事、教育、外交、宗教、心理、情感等方方面面，從内而外地净化着中國兩千年以來的封建積習。它不衹是對社會的改造，更是對人心靈的重塑；它首重國家社會之建設，同時亦重靈魂心智之唤醒；它是宏大的，也是微觀的；它是嚴肅莊重的，也是活潑靈動的；這些作品結構精巧，思想內容深刻，擁有濃厚的人文主義色彩，對推動社會主義建設，實現中國夢有重大意義，是近現代中國一百年來最宏富的智識與情感的寶藏。因此，整理這些文獻作品，無論是出于資料保存的目的，還是爲圖書館提供資料副本，都有不可估量的意義。

特定時代下的文獻，當它一旦形成（既指草擬，創作的完成，也指其成爲一個載體），就不可再複製了，也就意味着它將面對消亡。對于文獻資料而言，越接近歷史事件發生的時代記録，越具有研究價值。文獻本身具有不可再生性，它衹會消亡，而不會增多。盡管文獻本身的文字可以保留下來，并進行傳播，却失去了當時的時代氣息。當時的作品可能在技巧上，文字的成熟度上不及當代，但它所負載的信息，創作者的情感都反映了當時的歷史，也就是説，它具有不可替代的歷史意義。

影印的版本有三個特點，第一是擁有文獻的『原始性』；第二個特點是『未經改動的』；第三個特點是『歷史的原貌』。所謂『原始性』，也就是説，它是第一手資料，而非轉述的，回憶形成的；『未經改動的』，是指未被篡改、删節、挖補的；『歷史的原貌』是指在影印製作過程中，完全依照文獻的原來模樣……這樣製作出版的作品，無异延續了文獻的壽命。

近現代思想史上的一個最重大的思潮就是『開放』，從林則徐的『開眼看世界』到蔡元培的『兼容并包』，都是在倡導一種開放式的胸襟。而《清末民初文獻叢刊》最有魅力的部分就是『開放』這一主題，衹有融入到世界文明發展的進程中，中華文明纔能歷久彌新。

《清末民初文獻叢刊》編委會

二〇一七年四月十四日

凡例

一、《清末民初文獻叢刊》（以下簡稱『叢刊』）爲影印本，舉凡所用之底本，均爲該書之早期版本。有清末刊本，亦有民國印本。

二、《叢刊》均依底本影印，未予删改；原刊本有誤，不予校改，以保留文獻之原貌。

三、《叢刊》所用之底本，因時日久遠存在漫漶的情況，均進行了修復；底本闕文、印刷不清，均保留原貌。

四、爲讀者閲讀之便，《叢刊》中之舊底本目録未標記頁碼者，編了目次；原底本有頁碼和目録，未予重複編目。

五、爲保持文獻的原始風貌，影印本保留了原書書影（原書爲多册，則保留第一册書影）、扉頁等信息。所用底本無相應信息者，則不予妄添，以免錯訛。

目録

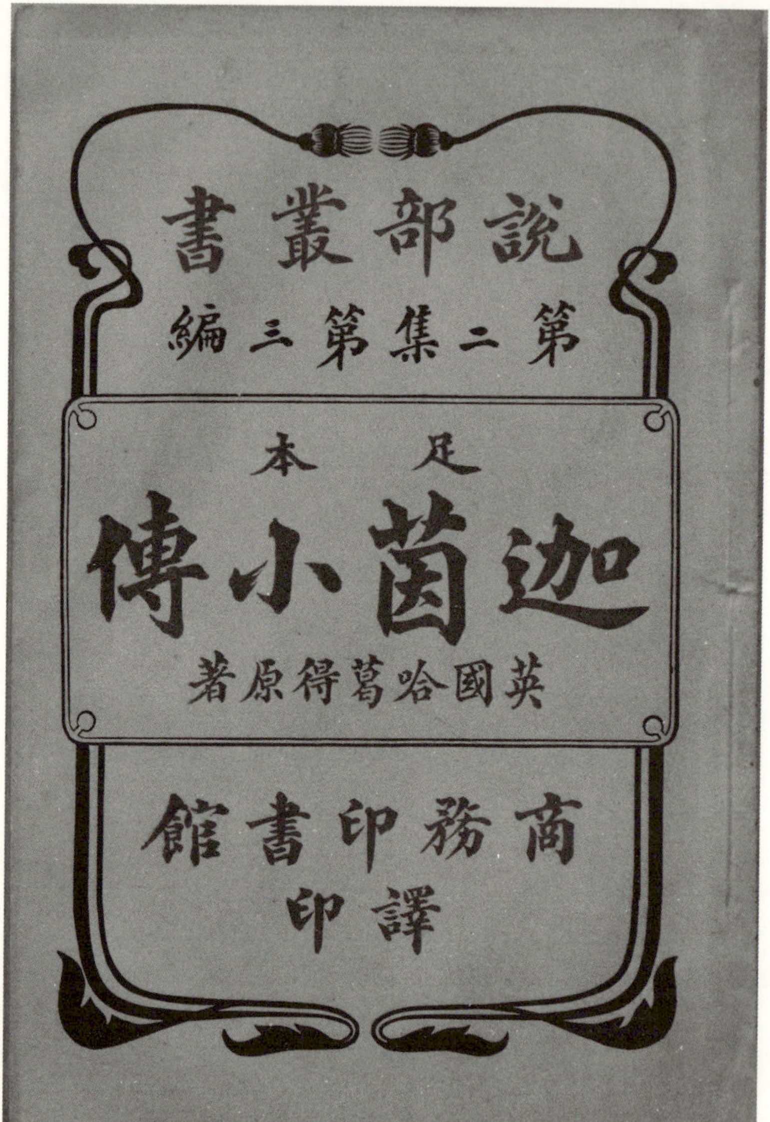
說部叢書
第二集第三編
足本
迦茵小傳
英國哈葛得原著
商務印書館
譯印

說部叢書 第二集 第三編

足本迦茵小傳

中國商務印書館印行

小引

余客杭州時即得海上蟠溪子所譯迦茵小傳譯筆麗贍雅有辭況迨來京師再購而讀之有天笑生一序悲健作楚聲此漢書揚雄傳所謂抗詞幽說閑意眇旨者也書佚其前半篇至以爲憾甲辰歲譯哈葛得所著埃司蘭情俠傳及金塔剖尸記二書則迦茵全傳赫然在哈氏叢書中也即欲郵致蟠溪子請足成之顧莫審所在魏子沖叔告余曰小說固小道而西人通稱之曰文家爲品最貴如福祿特爾司各德洛加德及仲馬父子均用此名世未嘗用外號自隱蟠溪子通贍如此至令

人莫詳其里居姓氏殊可惜也因請余補譯其書嗟夫向秀猶生郭象豈容竄稿崔灝在上李白奚用題詩特哈書精美無倫不忍聽其淪沒遂以七旬之力譯成都十三萬二千言於蟠溪子原譯一字未敢輕犯示不掠美也佛頭著糞狗尾續貂想二君都在英年當不嗤老朽之妄誕也

畏廬林紓書於京師春覺齋

題詞

積雨臥病讀琴南迦茵小傳有感　錢塘夏曾佑

萬書堆裏垂垂老。悔向人前說古今。薄病最宜殘燭下。暮雲應作九洲陰。旁行幸有伽婁筆。（悉曇三密鈔稱伽婁仙人造右行書印度與希臘通在通中國前迦書殆希利尼文也）發喜難窺大梵心。（如聦亞之上帝印度之大梵天王也發喜者謂梵王以遺地獄而喜見瑜珈師地論）會得言情頭已白。撚髭想見獨沈吟。（聞琴南多髯然余未見也）

買陂塘　幷序　畏廬居士倚聲

秋氣既肅。林居寡歡。仁和魏生。時時挾書就余談譯。齋舍臨小橋槐榆蒼黃夾以殘柳池草向瘁鳴蛩四徹寥然不覺其詞之悲也迴念身客馬江與王子仁譯茶花女遺事時則蓮葉被水畫艇接窗臨楮歎喟猶且弗懌矧長安逢秋百狀蕭瑟而迦茵一傳尤以美人碧血沁爲詞華余雖二十年庵主幾被婆子燒卻而亦不能無感矣。爲書既竟。仰見明月。涉筆窗間。卻成此解。

倚風前一襟幽恨。盈盈珠淚成瓔紅瘢腥點鴛鴦翅苔際月明交頸魂半定倩藥霧

茶雲融得春痕凝紅窗夢醒甚恨海波翻愁台路近換却乍來景　樓陰裏長分紅
幽翠屏消除當日情性篆紋死後依然活無奈畫簾中梗卿試省碧潭水阿娘曾蘸
桃花影商聲又警正蘆葉飄蕭秋魂一縷印上畫中鏡

足本
迦茵小傳卷上

英國哈葛得原著

閩縣林紓　仁和魏易　同譯

第一章

居英倫北海之濱。潮音所及地。有蘭保洛禮拜寺。壞殿之基存焉。寺盛時。寺外有城。今亦圮毀。遺跡留遺。則壞寺門趾。猶殘骨之留於人間者。寺之東偏爲草磧。磧外海也。立寺基北望。則瞭白拉墨司小村。漁家紅瓦鱗鱗然。方蘭保洛未經圮毀。白拉墨司爲海埠。人物繁夥。數百年來潮汐起落。沙崩崖傾。所謂海埠者淪於海中矣蘭保洛已代謝。而白拉墨司亦從而替焉。凡前此城中雉堞連雲。林墅縱橫。遊人如織。今則徒遺一壞寺之基而已。壞寺基於高埠之上。後臨荒圃。纖草如氈。而草中纔縷有行人微徑。自蘭保洛經行至白拉墨司。則小湫縱橫當路。水色正墨。海鳥時時飛集其中。循草徑直上高阜。多杉木。衆杉環繞中。有小屋巍然。人稱之曰。摩亞莊。

居人結宅者。頗心賞其地之佳。而詩人則謂其地過於幽蒨。識者亦甚以爲然。地當春夏之交。草木翳綠。不見穠花。但時時觸蝎虎出沒壞牆之上。野花一一輒作慘紅視之。令人無歡。似造物特設慘淡悲涼境地。以撩行客悲懷。益以今昔變遷。遂愈生其憑弔。

吾書開場之首章事在夏之六月。時天氣清佳。赤日無雲。海水澄碧。光景奇麗。遊蜂作聲於墳塋野花之上。求蜜黃鶯飛鳴樹間。有女子迦茵者。坐於風光之中。如感秋思。雖當盛年。而生此家鄉。所接於目。半皆窀穸。似此荒寺古墳。咸若來告此女子意謂愁患之事。吾輩已前經。今皆成過去。特汝之憂患。正未有窮期。行方來耳

迦茵者非名門閨秀。蓋村墟中一好女子。美文而通文。通之弊。其憂患轉甚於日。不知書者。顧蹇運雖乘。而賦秉絕厚。姿容既媚。復涉獵文史。操守至嚴。以清儁之才。乃所託不類。因是頗鞅鞅於造化之弗公。

迦茵此時懷抱。雖非殷憂。然女子善懷。是其恆狀。蓋迦茵有姨氏臃腫無知識。常與

迦茵處。同時有一人欲圖娶迦茵。而女殊不當意。姨氏素以酤酒爲業。惡少羣飲其肆。長日喧豗。迦茵意雅不欲。女性明晰。而所接均蠢蠢。臭味既不相類。長日嚴扃深居而已。凡人命運雖蹇。尙足以理自勝。特外至之凌踐。則枘鑿不復可耐

以上敍迦茵之身世也。迦茵系出渺茫。莫省其父之姓氏。其母卽姨氏之女弟。生二歲時。母亡。亦莫名其所由死。母氏所遺。僅髮縷一束。及模糊之影相而已。影中亭亭倩影。貌與迦茵髣髴也。姨氏嫁格林華德。出遺物授迦茵。並指示其母容貌。令珍藏之。

餘物則禮拜寺後三尺斷墳已耳。此墳迦茵亦問諸格林華德氏而得者。因是迦茵始識其母墳。墳不表不樹。無碣可憑。格林華德氏曰。是婦也既無夫氏。又非室女。則墓碣一方。祇能鐫諸死者之心。勿須碣之墓上。迦茵聞言大戚。自是以來。遂不復問其母之身世。迦茵性孝。終不以其母失節。遂鄙其所生。又自審命薄。匪特不以爲辱。轉傷母氏之飄零湮沒以死。於是長日恆念其親。一日病中。恍惚間若見死母來與

接吻。後此追思。愈知世界之中。摯愛者無若死母。於是躡影追形。結一團凝想。悉向其死母。每遇弗適之時。恆至母墳。伸訴意。一身之血。均死母墳中之血。息息無不相通。此時迦茵之家。正去墳近耳。

迦茵親戚。但有姨氏。然實不能得彼之憐。細審隱情。似死母生前與不協者。即迦茵意念。亦非甚服其姨。特勢方依人。不能不屈就驅策。而姨氏終如冰雪。遇之無恩。亦不令其外出圖活。有時與姨氏辯論不協。將欲舍此而去。姨氏則強留之。迦茵知強勉之留。非出悃愊。又念所以強留之故。不必衷之愛情。亦非用以自助。留後閉置屋中。不令他出。久之大悟。姨氏夫婦。蓋恃之以活。非己身寄活於彼夫婦也。復念酤酒所入恆微。而格林華德復喜揮霍。既無生財之道。何由浪擲至此。然姨氏家中財用。則源源如流水。即迦茵求製一二新衣。而姨氏亦恒予之。一日。迦茵求其姨氏入學堂。自審必無成功。逾數日。而格林華德氏已送致城中肄業。且日給膳費。助讀。迦茵既至學。則多屠沽之子女。自他堂視之。恆蔑不爲齒。迦茵者倔強負氣。歸時自言是堂賤。欲更進於高等。姨氏夫婦駭愕久之。似有所商於人。逾數日。姨氏復入語迦茵。謂吾業賤。爾亦不能自致於高等。當循分而已。

迦茵遂又入中等學堂。居堂至十九歲。堂課所得。萬非貧家可幾者。尤有女友。門第恒高。而過從甚樂。迨至十九歲。姨氏忽趣迦茵立時去此堂。顧前此亦未聞有言及此者。迦茵愕眙莫名其所以。深思率爾去堂。又何以故。然侵晨中有來文杰者至家。是人爲居停主人。指揮屋舍。言將葺其滲漏。意吾之在堂關鍵其在此人耶。來文杰時來。迦茵與接談者。僅五六次。而來文杰每遇迦茵。恒注視如有所念。是日來文杰復來。垂別時。迦茵適過其側。聞來文杰語姨氏曰。是太肖名家女也。迦茵自審是必爲我而發。迨來文杰出。復鄭重與迦茵道數語。悠然而去。其人頗甯靜有威儀。

迦茵歸自學堂。情狀益無聊賴。以堂中多貴族閨秀。論文極歡。迨歸。酒肆湫囂如昔。益形鞅鞅。思欲引去此地。意惟爲教習於外。始足避此猥雜。然須請之姨氏。而姨氏仍不敢專決。久乃報之。卒無成功。且迦茵所學遠不如人。又處館者多。位置遂闕。時有女友密告迦茵以君國色。爲此動生覬覦。轉足自累。尋館筆根家。半爲保氏。半爲課讀自活。迦茵居筆根家九閱月。以聰明美麗之故。筆根大惑。因之恒與其妻反目。其妻趣迦茵行。書中所謂迦茵坐於風光中如感秋思者。卽辭館之第二日也

迦茵無聊不適之故。非必抱此絕代麗質。都無愛慕之人。顧愛者雖多。而迦茵恒不屬意。其中最愛最慕者。則又迦茵所不愛不慕之人。其人爲三母爾洛克。洛克土豪也。有田五百畝。中三百畝爲己產。其餘則賃而耕治者。以地望衡之。迦茵宜求偶於洛克。無洛克下顧之理。乃洛克之顚倒迦茵。如顧惜其性命。常情度之。必謂迦茵當迴身就抱。而迦茵則冷澀若無覩。絕不與通。旁人遂莫喻其故。此日獨坐荒曠之墟卽所以趨避洛克。以此地僻人稀。洛克必不能至。蓋爲洛克糾纏。毫無情趣。遂覺觸目所及。在在悉寓淒涼。方凝想間。陡見人影蕩漾。矗立其前。脫冠爲禮。則洛克也

第二章

洛克行年三十五。儀表亦不猥鄙。旣頎而癯。睛作蔚藍色。却甚流轉。五官端整。惟下

頰稍長而鉅。洛克惡之。因蓄長髯以自蓋。臂修而掌温嫩如女子。時伸時屈。對人若無可自容。服飾則介於教會及村居人之間。黑衫長袂冠氈冠圓頂而廣簷着騎士高鞾。橐橐然。

洛克既見迦茵。稱曰。赫司德姑娘。日來安乎。聲極和婉。而右手瑟縮弗寧。弄其毡冠。未敢出與迦茵爲禮。迦茵大震。顫聲應之曰。先生佳乎。胡以語至此。止。意謂胡以至此。得我耶。既而改曰。胡以來。騎來耶。步來耶。洛克曰。步也。語次直頳其頰。意步行非貴。因而中歉。徐曰。吾莊去君密邇。聞攬勝於此。因步而就君。迦茵曰。先生非詢吾姨氏始知吾行止乎。洛克笑弗答。於是相對無言。迦茵但見洛克以指撚其冠簷。數數環復不止。迦茵無言。久乃曰。先生曷冠。此間涼也。洛克曰。我不畏涼。特以女郎見愛。敢不如教。遂冠而立。迦茵自念洛克誤會吾意。以爲愛也。乃峻止之曰。可毋須謝。言已儼然。洛克仰天久之。意似求天助其感動迦茵者。久復曰。女郎胡爲好行叢塚中。迦茵曰。洛克先生是間樂甚。吾能長眠於此者爲狀當更樂。洛克聞言。毛骨竦然。洛克體幹素堅實。初不冒寒而顫。顧以迦茵言。不期惶竦如中寒。大抵男子求偶。恆不。願聞是言。以意中人既嗜死如飴。則愛情殊無所用矣。因曰。女郎盛年。何可言此。女郎之宜嗜者多矣。此中何味。迦茵曰。吾宜爲者何事耶。洛克赬顏久之。曰。女郎不當蓄搖牀耶。搖牀者。生兒置之牀上耳。意諷其嫁夫。迦茵曰。此非吾願。吾所喜者。仍奄穸。洛克聞言思退。然洛克貌類婦人。而殉力無與倫匹。因曰。赫司德姑娘尋又稱曰。迦茵吾有秘語相告。迦茵知來意弗良。思以他語挫斷其詞鋒。因曰。吾坐久欲歸。洛克曰。是安可行。吾將求盡吾言。因橫阻其去路。迦茵曰。趣言之。其聲似驚。而復似怒。洛克囁嚅不能出口。至第三次。乃曰。我愛女郎。且曰。上有蒼穹。下有冥司。均鑒吾誠。吾至念君。甚於他人。迦茵廢然欲僵。此時洛克性情迷惑。唇翕翕上下動。以手撚鬚。狀甚凶頑。迦茵生平殊未覩此狀。因而大震曰。吾甚有隱憂。洛克曰。以女郎抱絕世艷質。隱憂胡爲。迦茵乎。爾亦知愛之一字。關係至鉅。卽以我論之。天下婦人安有如是之奇遇。吾家清白。而又素封。屏卻無數因緣。均爲女郎。方爾十六時。我已注念無已。彼毛登婦。姿容既好。且挾嫁貲六千鎊。甚欲偶我。我立卻之。尤有牧師之嫠。係出名門。彼亦眷眷。我亦卻之。且吾之戀汝甚於戀產。及其靈魂。白日相過。夢亦沾滯。脫吾不得汝爲妻者。吾於世界中尙復何樂。語已。神竦肉顫不已

迦茵始特不悅。至此大窘。洛克呶呶時。而迦茵百覓不得一言相抵。始特不願與接。至聞其談吐。竟如目觸道殍兇穢毒人。思覓地自脫。忽得奇計。立而語洛克曰。先生何由徑欲得我。我赤貧如洗耳。彼毛登之婦。廣挾多貲。偶先生。佳耳。洛克曰。女郎誤會。吾疊舉彼二婦者。非意在得錢。特用爲女郎之比例。我之愛爾。恐觸怒不遑。矧敢唐突。

迦茵女郎。爾終竟待我如何者。我之對君。誠謂君爲吾意中第一之婦人。用敢吐其情悃。如荷見屬。則吾願立志爲好男子。以服事女郎。即以生事而言。苟至吾家。復何憂貧。吾之生平未嘗求人。然必求君者。蓋非君不能得生。語已。淚落如繩。迦茵見之心頗爲動。蓋婦人之情。見人誠懇至此。雖堅亦磷。因强對之曰。洛克先生。君縱鍾情

如此。而我卻無情。洛克聞言。頹幾爲落。久之曰。吾生何福。能得君憐。然君誠告我。意中果有他人否。迦茵瞋目言曰。此地何人爲吾愛者。洛克曰。我知之矣。此地之人。甯足爲君愛爾之門地。吾固不問。特以玉色花容論之。已踰於貴家。願女郎求偶。當於其類可也。女郎果不見愛者。吾尚有正言誠告。幸女郎勿希高閥。轉滋異日之累。且告女郎。脫有人愛汝者。堅囑其人幸勿遇我。遇我必無倖。然吾尚有機緣。可以自遂。迦茵女郎。吾不逼汝。汝宜澄心思之。我雖焦思酷恨。急欲自遂其謀。然雖久候數年。吾亦無悔。意在必欲得汝。吾適所言。躁妄已極。驚及女郎。吾罪重矣。嗟夫。迦茵爾能自決計。俟吾更來陳請耶。究之女郎如何。吾可仍至汝家。脫吾氣尚存。必終得汝而後止。迦茵曰。此何爲者。天下豈有情緣既慳。而久俟乃反牉合。吾不相愛。何緣能作君婦。以吾決之。此議可以自是罷矣。茲事非我之罪。幸先生容之。

洛克曰。女郎卽拒我。初亦無害。移時將轉念好我矣。幸勿以至情人之語。如沃渾水於地。且爾自入學堂。遂不垂青於我。我固知之。想君姨氏。於君必有所言。當力爭而從我。迦茵曰。此事切勿語我姨氏。洛克曰。吾已言之矣。彼尚許我以成功。我知此姥聞女郎見拒。必且弗悅。迦茵聞言。顏色大變。知姨氏好利而嚚。必先入洛克之言。與之爲難。洛克得間。知姨氏可以爲助。遂借之以刦迦茵。因曰。迦茵聽之。爾能迴心向我。我決不令若姨苦汝。且後此能令彼不敢更出一鯁言。吾之所求至恝。惟迦茵能於六閱月之後許我至此。探取消息。於願斯足。想此事初不爲難。於我亦間得一絲之希望。迦茵自念此時妙訣無若斬釘截鐵決絕之。然拒之過深則弗勝阿姨之虐脫僞諾之。則阿姨或不窘我。而且遷延此六月。爲時甚緩。尚足自圖兎脫。因語洛克曰。吾若許君以六閱月取決。必此六閱月中勿得呶呶作情語亦不能沓至吾門如是者可許也。洛克曰。吾誓不窘女郎矣。迦茵曰。善。惟所允六閱月非允婚成若思索不能自決則吾六閱月後之言儘可如今日言也。洛克曰。吾知之。迦茵於是出手與之爲禮。洛克得迦茵手。情網忽動。因親之至再。迦茵縮手怒曰。行矣。卽此一端。足爲爾失信之符驗。洛克曰。吾過矣。上帝知吾情不自禁也。至於諸責。吾決不負。語已向草磧中款步去。

迦茵見洛克行。如釋重負。趺坐地上。仰天噓氣。雖爲樂片晌。而愁緒忽潮起。以爲橛豈若洛克者能堅守信約耶。且吾此時悉力拒之。彼對吾姨。安能勿聲。蓋知阿姨嗜利。必欲趣嫁洛克。若如天之福。洛克不言。則時日少須。尚足自脫。既而又自念曰。阿姨殊怪特。彼洛克門第奚高者。胡以必欲廢吾終身嫁之。然則吾生若丐者之孤露。似一得洛克爲偶。已同繫援於高閥乎。此時迦茵所坐處。均來貢家之祖塋。來貢者聞家也。迦茵母家出於來貢氏。自念惜吾生不知父處。若知父名閥。則吾求託於來貢氏。較諸洛克不更貴耶。惟吾不知父處。故洛克敢自高其聲價。以勢相脅。然余縱無父。抑尚有自由。彼農家子安能迫我至於極地。

思至此。膽力復壯。自審年歲既富。而學問復足自活。且亭亭俏影。儵然出塵。奚患無託足之地。且爲人生而無姓。爲事更易。即使得罪有司。亦不至累及宗屬。自今以後。余惟自適己事。不審其他。矧父母既已不在。則我即爲我之主人。烏能以素所不愛

之人與之爲偶

思極仰臥地上觀天際飛雲片片相逐直至海上與水雲合蔚藍一色氣極清明自念驟歸見窘於阿姨不如偸閒斯須以吸清空之氣較爲幽靜時草蟲嘶咽野蝶羣飛仰見古塔之上老鴉哺兒聲牙牙然

迦茵方凝竚間忽爾念及筆根家兒囑其取鴉雛見餉因念二子戀別情懷極眞在禮宜索取乳鴉爲贈一念之間欲心已動欲心一動實事踐之矣迦茵知古塔之中有階級旋螺可登至二十尺以上此二十尺上磚石頹落成一缺口缺口中蒼藤蒙絡滿之而乳鴉之巢去藤尙有一丈之遠迦茵勇心旣奮一力銳前直趣塔級之下經至缺口凝立仰望鴉巢處高倍其身不能探手而取思欲躡足登又患古塔垂崩一觸且陷夷猶不敢上遂決計下塔釋此鴉矣

第三章

此時有水師船主曰亨利者姓格雷芙剛自海濱來至此徘徊風景沾戀不去忽注

目古塔隱約中似見一美人去地可二十尺仙裾飄然爲夕陽所影綽約如畫一時心動思欲究其踪跡且念此塔未圮時爲余少年遊覽之地今久不登涉胡不一覘其異於是下馬繫之樹根自念此美人或有所需吾且進而助之

亨利既繫馬。遂迤邐至禮拜寺基之上。忽不見塔上之女以爲已顚於塔中乃疾趨塔邊而美人已分花拂柳而行。然背面但見其執冠於手徐徐款步去亨利曰。幸此美人無恙也迦茵忽覺有人聲隨其後疾迴其眸二人成一照面迦茵於寂寞之境忽見男子臉爲之赬以迦茵平日未見貴冑之人履此荒寒之地不期而遇心爲霍然而亨利見迦茵美麗無倫精神全注遂亦不覺迦茵之駭狀實則迦茵雖美亦斷不惑人至是正以情緣牽引異日有無窮公案見時自不覺其惘惘耳

迦茵頎而長。面温嫩不類村女。脩臂下垂。兩手瑩潔作玉色。面容尤莊貴不佻。大抵英人閨秀。似此者亦多。而亨利見時。迦茵爲年恰二十二歲。櫻口絳色唇下作小窩秀眉媚眼睛作椶色髮栗色作椎結衣縞色寬博之衣。繫以白鞓粧飾嚴淨亨利眼

中度之。早決其非小家之女。意態似有學問者。然迦茵固美。而能撩發亨利之感情。倘非盡繇其美貌。蓋亨利眼中見刻象多以爲是女者可方羅馬古烈中之愛神。亨利出身水師。身材不能逾迦茵高也。健碩無倫。儀表極佳。以行海之故。被風。面作淡赭色。目睛尙光耀。蓋二十年兵間。以儀觀論之。謂之風流則否。而將家風範亨利倘爲近之。乍見其人。必謂嚴厲無悅色。顧亨利閱歷行間久。喜慍不形。人亦無從知其底蘊。但觀其笑。覺一段温和之氣。已溢於言色之外。

二人相視至數杪鐘之久。迦茵見亨利注視出神。而嫩臉益赬。亨利自省非禮。思欲脫冠爲禮。以辭。既復自念。遇此絕代麗姝。安可不一語遽退。於是進言曰。鄙人殊冒昧。乍縱馬過塔下。見塔上巍然出名姝。以爲將有危難。故奔救至此。迦茵顏色愈赬。欲迴首避之。然心儀來者偉貌。又聞尊之爲名姝。不覺微哂。自念吾身安危念及者惟有洛克。烏知此驕客亦能念我。乃答曰。謝君厚我。我固無苦。亨利大駭。復念渠風貌已類貴人。而吾吐復婉妙。至是荒墟中何從得此。乃復叩曰。姑娘誰氏。迦茵曰。吾白拉呈司迦茵赫司德也。亨利曰。吾爲羅司漢中船主格雷芙。去此非遠。女郞適在塔杪觀風物如何者。迦茵曰。風物良佳。第吾登塔時。未之留意。吾之登塔。蓋欲得兩乳鴉。用以饋我學徒。亨利聞言。欲少須其晷刻。冀與美人款接。乃出身自効。遂突至塔下。迦茵止之曰。塔垂圮矣。幸勿銳登。言時將以手止亨利。亨利曰。是何有者。鄙人前此大戰埃及時。曾奮勇登金字塔。迦茵尙欲前沮。而亨利已瞥然入塔矣。

既至塔中。遂停於缺口。仰見鴉巢。阽危莫上。少須去其外衣。擲於塔下。捲袖登塔。二腕極强懭有力。迦茵自塔下大呼。將軍勿上。亨利曰。吾至此不能退縮矣。右手仰攀壞塼。逐步而登。至於缺口之上。細審鳥巢。尙在轉角之左偏。亨利出半身塔外。宛轉攀角外嚮之塔簷。其地適有蟠藤。乃立足藤臂上。藤弱。不能勝足。又從藤上一轉。取面外附窗之巢。狀尤危險。亨利欲得迦茵歡心。明知其險。亦故蹈之。

亨利既緣藤。乃躍然捷起。竟至巢下。爲勢更不能久待。乃銳上取巢。亨利此時。如何尋條覓枝。巧捷而前取。記者不能曲摹其狀。但記其面下語。迦茵曰。吾窺見乳鴉矣。

吾擲此鴉君須以冠仰承之吾不能更挾以下迦茵曰將軍宜愼塔圮易跌亨利笑而不答探手巢中但聞鴉聲雜噪然尚不能飛一投卽墜迦茵以冠承之共得四雛最後之雛墜地稍飛迦茵健步追取進手而雛反啄迦茵乃以領巾蒙之此時迦茵聞亨利在上語曰雛罄矣我行且下語聲未已而塔上如有斷折之聲仰面見亨利攀塔簷欲迴身趣缺口右足已滑遂頓身於藤棚之上藤不勝載且折而亨利兩手攀斷藤以足覓取斷塼冀得駐足之地爲狀至危迦茵狂呻一聲捷如燕飛徑至塔下知亨利必墜然塔下臨叢塚塚主防爲人淩踐預布鐵蒺藜無數鋒皆仰出迦茵念墜此蒺藜上者奈何乃以身遮蒺藜仰受墜人咄嗟間亨利垂落俯見迦茵擲萬愁於面爲狀極悲乃呼迦茵曰趣避吾落矣迦茵見亨利所據之藤枝滑出其掌握一秒鐘間如大石顚自二十尺以上方欲抵地迦茵張兩手承之而亨利已仆迦茵之前迦茵側身欲抱提亨利顧體重顱觸迦茵之齒迦茵脣爲之破而左膊適當懷抱迦茵出兩臂挽之遂與同仆

迦茵此時知背後均蒺藜。仰跌必且貫背而出。乃力抱亨利右轉去蒺藜稍遠。臂上已着一創。時迦茵尚未知蒺藜入臂。但覺奇痛不可忍。二人同臥。墳次亨利顧後正觸巨石。皆暈。少須迦茵蘇。見臂血湧出不已。而脣血亦滴瀝胸際。尚有餘血沾及亨利額上。迦茵大咤曰。亨利。死耶。然則我。死之耳。亨利聞聲張目曰。女郎勿駭。我無恙也。方欲動足而奇痛徹心。迦茵俯視。見亨利曲一脛於股下。仰臥而此脛適爲體幹所壓。似膝蓋斷也。迦茵大驚而哭曰。將軍脛折矣。吾且奈何。亨利見狀。乃極力忍痛。言曰。女郎可於吾襟底。覓取小軍持來。迦茵乃起掀亨利所前卸之衣。得一銀瓶。中貯威斯忌酒。一手起亨利之首。臥其左臂。右手以瓶口當其脣。灌之。亨利飲既曰。謝女郎。聲未歇。復暈。迦茵愈窘。更以酒瀝其口。意其傷及內部。則莫救矣。然亨利少須復甦。見迦茵臂血縷縷。駭曰。女郎亦傷臂乎。我自顧一身。乃不復顧女郎。則誠有己無人矣。迦茵曰。將軍無念。惟脛折將如何。處吾焉能移君寘之他處。且此地僻無人居。去白拉墨司復遠。將何以行。亨利曰。吾尚有馬。惟不能乘耳。迦茵曰。我能向前呼人。特君一人臥於墟墓間。吾安能恝然而去。亨利曰。吾尙能忍。幸女郞稍前。爲將醫人來。迦茵至馬所。欲取乘之。顧臂痛莫能攀轡而上。且馬惡生人欲乘。故退。久卒莫乘。迦茵旣憂且痛。舍馬而奔。道中忽瞭見一赭髮小兒。素稔迦茵者。迦茵曰。惠烈荷德。趣前。吾有事需爾。刻有貴人自塔上顚。折其脛股。爾趣騎此馬往迎卻而池醫士。以多人舁繩牀來。護此人歸就醫藥。且語醫士。官貴人脛折。須以夾板及縛帶布幅至此。爾憶吾言乎。童子曰。姑娘何爲周身是血也。然吾素未習騎。如何。迦茵曰。吾傷可勿問。但騎馬非險事。爾第行勿遲。且爾男子。奈何畏馬。童子羞曰。吾何畏。特吾自愛其脛股。甚於愛彼人之脛股也。極力上馬。迦茵旣待其上。復語之曰。惠烈荷德。吾言能一一記憶否。童子曰。少須卽與醫士同來。姑娘幸勿焦思。迦茵曰。爾先往酒肆中。告吾姨。言亨利格雷芙傷絕重。請吾姨拓吾臥室處之。若易以他室。恐非所以待貴人。蓋他處去此遠。舁傷人勢不得達。惠烈荷德卽馬上點首。趣馬前進。二足去鐙遠。以手握轡不釋。左支右吾而去。迦茵待其行。遂至墳次。見亨利閉二目。似聞足音。

即啟目曰。君來何早。吾此時得毋睡乎。迦茵曰。吾安忍舍君而行。適得村童子。令其以馬召醫士耳。因復自忖曰。此童子或不吾欺。其能得醫者至乎。亨利曰。女郎弗行亦佳。至惟吾不欲累女郎。今尙有求。能以掌擦吾掌令勿冷。亦大佳事。迦茵即坐其旁。以衣裹亨利。出其掌擦之。移時亨利大發熱。痛徹心腑。而天復垂晚。亨利狂囈不止。自謂己在兵船之上。指揮士卒發號令。已又言外國事迹。且歷呼人名號。中忽夾語愛瑪來文杰。言此女至婉娫可念。少須。熱盡奇寒。四肢起慄。呼曰。吾凍殺矣。齒震震作聲。曰。女郎知吾寒狀否。迦茵此時無可處置。即欲褫己衣。衣乃單也。爲煖亦無幾。而亨利則極口求煖。迦茵此時愛憐之心勃發不可遏。遂盡掩其貞操。以身覆之。亨利得迦茵一覆。寒氣少祛。至此凡三暈矣。日色已落。迦茵念惠烈荷德安往。醫若弗至。則此人必死墳下。時迦茵臂血亦大注。氣力全索。亦暈。少須復甦。甦而復暈。時漸向夜。二人同臥於草際。彼此互抱而明星三五。朗照此二人之身上。（至此暫止勿敘敘亨利之世家）

第四章

亨利格雷芙者。年三十三歲。爲雷極那特之次子。長兄適殀。世居羅司漢。去白拉墨司凡四英里。少好水師之業。遂入水師。所業銳進。然無戀家之念。方未遇迦茵之前數月。家書趣歸。而亨利至弗欲。方以礮船遊弋於科倫比亞間。一日夜中電至。言長兄物故。蓋墜馬死也。亨利素不見愛於其兄。然得電亦悲極。

凡兄弟二人居室。而父母必有所憎愛於其間。長兄雷極那特自少狂蕩。然貌極韶秀。人恆愛之。亨利則廉素靜默。故父母及妹。恆愛其兄。且亨利就學於外。均不相暱。人情善妬。或將嗛於其兄。而亨利則泰然無忤。因是之故。二親恆以爲愚。故衣飾服御。均不能與其兄齒。實則亨利天性至篤。而家人遂羣目爲癡也。

亨利既長。自審失歡於其親。計去家力圖勳業。家人必不戀戀。既入水師。敦懇如治私事。每得軍令。全軍皆信重。以爲必不僨事。主者以其不辭勞瘁。咸以重事簪之。而黠者則冒匿其功弗錄。亨利志趣極高。悉弗置念。但計父母之惡我。以我爲不肖。故偏重吾兄。服飾飲食。判別貴賤。然吾苟能立功海上。得勳爵而歸。則親怒庶亦可釋矣。

以此之故。往往謙退自牧。其父名爲勳爵。而歲入恆寡。故亨利所得亦微。其兄復喜揮霍。亨利則從未浪擲。嘗以空乏之故。窘迫萬狀。人亦無知之者。天性眞樸。善於處衆。未嘗恣其喜怒。以好惡人。亦知廣交非所以省費。且暱近婦人。尤屬無益。非自尋苦惱。卽傾覆身家。故力遏嗜慾。久久遂成爲性格。歲月寖尋。亨利自安術業。樂甚。既而得電趣歸。電至後。約二禮拜。父書復至。書中大略曰。吾親愛之亨利知之。余電告爾以兄喪。余當審之。爾兄自是不立於世。以盛年橫夭。不得不歸之天意。余今無可如何。僅有安身立命之一法。餘文則言其病狀。及其葬儀而已。既而又迴述其家事曰。爾母及妹。痛哭不可自聊。余心已爲之碎。此後吾殘年衰朽。直待死耳。死期果至。老人亦極歡悅迎受。不以終局爲戚。且爾兄之橫死。不無過慘。然天心如此。吾烏敢違忤。爾與若兄雖南北各天。死耗所及。想爾亦當悲戚萬狀。當爾兄逝後。家事如毛。

吾無告不能不用以告汝今惟屬爾以事。用代若兄。吾家歲入。恆不敷吾用。年來度支悉屬爾兄。吾亦莫從詳悉。但知從中空耗實多。若負責不償。則家聲將因之喪。刻爾母妹所盼。殊望爾以身紓難。去其所業。歸理家政。顧茲事重大。安能咄嗟之間。令爾肩承。爾當知吾年已耄。精力日耗。萬難治此棼絲。外此尚有一事告爾。債負之重。無可致償。若不急爲之所。恐將來吾家食采。一一屬之他人。此事吾殊不敢致念。吾兒當思吾家食采。自先世以來。服疇者將垂三百紀。舍此以外。吾家實尠生機。以下語多悲涼。紙尾又云。及今圖之。尚有良法。惟趣歸家。方能了此債也。

亨利得書。忑忐數日。蓋生平注意水師。不欲舍是而去。亨利之隸水師。雖無升轉之望。然紀功之籍。勞績重疊。且與同僚及其所部。意氣浹洽。心中極念水師階級。猶樹縱不履其巔。然去之亦不遠矣。歷年辛苦。已能自領一船。若霍然棄擲而去。殊爲可惜。剗舍其盛業。往救垂敝之局。相較不復懸絕萬萬耶。

始念決然弗歸。正猶豫間。而母書復至。其母生平最喜亨利。亨利尤酷戀其母。書詞極短。言危局且覆速歸救我。書尾則云。尚有良法應爾之。身爾歸則大局定矣。亨利生平視己應爲之事至重。終始弗變其操。此時決然舍去其一人之術業歸救。倫常中應盡之責任矣。先告諸軍主。乞假。弗許。已乃上書。言兄喪不能任兵事。請辭職歸省父母。書既上。一夜翻覆不能成寐。自念一生願力。全在水軍。一旦澌滅都盡。胡以自聊。苟舍是而歸。終襲男爵之虛號。擁食采之空名。究不能自覓一錢用。副此勳臣之名閥。凡水師將弁。無論學問如何。恆爲五行家所狃。深信運之通塞。亨利此時思想。決還家必無佳運。心中慌惚。似大地墳莽。以赤手就中求生。爲勢萬難也。俄而海軍大臣批牘。准予退出王后陛下（即維多利亞）水師軍籍。亨利乃覓小舟。去其師舡。此時亨利心中情緒起落。不待著書者描寫。可想其狀。時舡中吏士。脫冠麾諸舷上。送別。而亨利酸淚幾爲之下。亦努力脫冠。對舷麾之。以報送者情款。

十八日。亨利至羅司漢古屋中矣。雖時居五月中旬。氣候殆似殘冬向盡者。房材既老。四圍環以香樹景物。如處殯宮。屋老人疲。家中相對。尤極淒黯。亨利入門時。似有冷氣鑿撲心為之震。亨利老父儀表偉麗。鬚髮純白。初見良歡。移時復如常度。蓋愁煩也。撫亨利曰。吾兒佳否。爾貌如恆。老人之心至悅。爾能如吾意。謝去水軍。吾尤欣悅。然吾意殊不期爾能至於是。吾續得爾書。言已上書求退。喜駭萬狀。然爾來。余心已慰。初不計爾之力量能至與不能至也。亨利曰。既云不至。不如縱兒歸舡。父曰。爾來良佳。吾決爾此來。必復成事。且爾見爾母及爾妹愛倫乎。渠二人方往禮拜堂。以花圈置阿兄之柩。火車每來必晚。良未知爾之亟至也。嗟夫。家事至此。吾老何以為情。已而言曰。彼母子來矣。此時亨利之妹愛倫。及母同入。母已六十。風骨尚未頹老。性情亦純謹。迎面。即知心中有萬重悲梗者。母性至端。信教復篤。生平鍾愛。即此兄妹三人。而於雷極那德尤篤。迨雷極那德死。精神猝然頹落。此時心中所極盼者。實欲力挽其垂敗之家局。而愛倫已二十五歲。其人風貌頗佳。性情獨別。活潑不可羈勒。讀書多。交遊廣。然情愫頗淡。獨敬事其兄雷極那德而已。且晚恆亦思自圖百年之託。顧難得其人。夙心則欲攀援富室。事之有密而華德者。心許之人也。顧密而華德庸庸無遠圖。徒擁厚貲。愛倫深審其家素封。託之或無患貧窶也。

迨亨利既歸。家人待之頗有情。而亨利自審。舍老母以外。父妹咸欲藉以爲用。前此力趣歸省。特欲仗之收復殘局。必非趣歸慰藉其家衆。於是頗鞅鞅。是夜家人聚飯。狀極索漠。飯罷。聚謀自救之策。夜深始寢。所謀大致。略爲敘之於後。羅司漢采邑所有。悉舉鬻之於人。苟得良價。可至十萬磅。然英國此時地價絕賤。殊不能一半之數。當亨利父初襲先疇。已將其所業質人。得一萬五千磅。迨其兄承業。復更質得五萬一千磅。較諸售價已高。亨利詰其家人曰。如是巨款。所需何所。家人吞咽其辭。不盡告。嗣乃詷得爲其兄賽馬所負。亨利念兄已死。遂亦不復更

亨利家業已罄。而外間舉債尚有一千磅。且采邑之佃人。於英國馬吉而節時。（此英國大節凡佃家辭受恆於是日決之）咸力辭其田弗耕。嗣佃者又難其人。於是責家子金。垂一年弗償。亨利告父母曰。家業彫敗如此。吾親何爲趣兒去其水軍自阨生路。若縱兒所業。尙足漸陟升途。以救家禍。今全家同餒。奈何。亨利母聞言。拭淚而歎。歎者。歎其家事至此。

哭則哭其亡兒耳而動爵尙夷然弗動。謂亨利曰。爾兒生時每及窘步恆能爲我措貲兒今且試圖之以娛我至吾生已促爲日無多爾當念母及妹爲二人圖全地我夜中苦乏宜早歸寢爾澄心思之可也

亨利於其父母歸寢後。取菸吸之。細詢其妹。吾債家爲誰。妹曰。來文杰耳。彼及其女。於明日將居此。至禮拜一始行。亨利曰。來文杰耶。是非曾爲吾父理田畝之出入耶妹曰。然。此老於兄十八年前外出時。在此行獵者。亨利曰。吾憶此老來時尙攜一垂髫小女寡言少笑者非歟。妹曰。兒言中已曲繪彼女兒狀矣。亨利曰。何也。愛倫曰。我思閨秀將來託身於人。凡爲男子者。必不加以惡詆。兄亦知此老將來遺產悉屬其女乎。彼心大半屬阿兄矣。父母挽兄回家。正復爲此。兄之此歸。有二要義。一則循吾家故事。須議娶一貴要多資之女。一則請阿兄觀吾家鬻產與人。亨利曰。家人趣歸。乃爲是事耶。因寘菸斗於几上曰。忍將以吾一身鬻此女郞耶。愛倫聽我。此着殆蒙天下之奇辱。我將何堪。語已。拂然歸寢。不與愛倫爲禮。

愛倫見其兄發怒。仍夷然如平時。自起至爐邊。溫其足。目視壁上祖宗遺掛中有十七世紀之先烈蓋格雷芙者英國故家也。雖所居屋宇頻更。然實永居其地。前此有一世。力効鉅款於國。遂得男爵。沿襲至今。累葉以來。無鼎貴者。亦無羈寒者。不貴不賤之間。門地頗舊。國人咸謂格雷芙家。恆有浪子。出乎其間。何由得保先疇。久久不喪。迨一觀其家譜。便知其不遽頹替之故。蓋其家子必娶富室。雖浪擲貲財而遺產實未嘗動。愛倫眼注先烈遺照。因詫曰。茲事吾祖累葉行之。胡以亨利鄙不屑爲若以。我論之。甯事俄羅斯之猶太人。萬不能棄我先疇。淪諸異姓之手。今毋論如何。吾必令亨利與來文杰女愛瑪偶也。世豈有身爲男子。乃忘其所自來者。謝我天主。須知吾亨利蓋深知本分者。或後此可以力挽其堅執之性。然愛瑪之爲人。如埃及之默妹。何由能使亨利愛好其人。（默妹者埃及祀先之尸也）特舍是別無良策。我今且睡。彼畫中先烈。或俯鑒吾言乎。

第五章

亨利生平從未聞此怫意之事。回家時。初意止謂財源塞耳。詎知家人之意。乃逾酷於初歸夙計所及者。家業本已蕩析。罪魁實自亡兄。而此時已無可責備。今欲補救其失。則惟有以亨利爲責家之贅婿。禍始可紓。以此之故。家人逼其辭職。亨利靜思復生狂笑。蓋自念稗官所紀。與世界之現狀。惟有女子贅婿。得紓家難。從未求贅高門。乞其奩具以自救者。

亨利寐時。追想愛瑪之風貌。忽憶及其人。靜默寡言。白皙而娉婷。眼睛灰色而巨髮縷縷作嫩黃。每至吾家。輙隅坐無言。而視人則清澈。如有所可否者。因念吾親及吾妹。皆欲吾娶之。且力言其注意於我。第我意則殊不然。以爲來文杰與我晤對恆少。其女何由遽生愛情。即使愛果屬眞。亦特重吾世閥。圖爲命婦而已。不然則來文杰別有所圖。特用女爲餌。至來文杰之爲。雖不恆見面。而常聞其爲人。因於枕上追想來文杰之行徑。

來文杰之僑寓羅司漢也。行年剛三十。貌魁碩而狀恭謹。家世亦清白。曾聞隸身陸軍籍中。亦數出戰。眞僞且不之辨。惟其人多閱歷。而洞悉世故。初至寓於白拉麥斯穹生之家。治田者也。來文杰爲人。既善處衆。尤精於行獵。因之交游日廣。後亨利父重其爲人。延致家下。授以田事。而來文杰因而立業。專爲村人筦領田畝。家衆即賴此自活。

來文杰天生媚骨。婦人見之。無不狎近。後此致富之由。即係乎此。當日思嫁之者極多。來文杰終娶愛瑪穹生爲婦。即居停主人女也。一時慕戀之女子。多鞅鞅。遂絕不復通。無何岳氏穹生死。遺產在五萬十萬之間。罄其蓄授其婿及女。外人乃恍然來文杰之娶此田家女。舍羣閨秀弗念者。蓋爲財也。穹生遺囑。殊與衆異。殆爲顧託之律師誤傳者。囑中言產與其女。畢一世。若女先婿死者。則歸其壻。壻更百年。當授其法律中之子女。外婦野合。不得與焉。如照其遺囑行事。穹生之女果死而無嗣。來文杰續娶生子。而亦可得其產。然愛瑪穹生獨生一女。亦名之曰愛瑪。而來文杰自娶富婦。力業亦漸怠。岳氏死後。遂不更爲人理田政。移居於蒙克洛淇。去白拉墨斯四英里。廣廈紅瓦。即岳氏別業也。既移居。深隱不出。交遊亦漸絕迹。來文杰倦遊。復不時出。日閱田畝。撫弄古器用自娛適。

明日爲禮拜六。晨餐時。愛倫語亨利曰。今日來文杰先生及其女愛瑪將莅吾家。至禮拜日始歸。亨利曰。諾。而愛倫則欲誘致其兄與愛瑪親。乃曰。兄必以禮禮來文杰矣。亨利曰。吾從未嘗以非禮處人。愛倫曰。吾烏敢斥兄無禮。特禮之中又有禮耳。吾家與彼往來應遵何禮。兄當一燭而得。亨利曰。吾知旨矣。家人之意不過使吾求娶其女彼不索償於我以我爲償責物爾雖然妹當念我我此時殊無心及此愛倫曰。兄且勿怒。兄言殆憤激之談。殊乖吾之夙期。兄若無意者。孰敢强兄所爲。我之所求於兄者。不過求兄加禮此老。後更將父母之意。澄徹思之。若以吾意決之。父老多憂而愛瑪又綽約有致。兄果諾我。則省老父無數隱憂。即以私情而論。男女婚娶。得婦家奩具。亦不爲逾分。吾輩女流。殊不審男子氣節。然私心期望。若得阿兄垂憐。仰念父母則吾家勳伐之後。或不入流民院中。於父母亦不爲無補。亨利思欲以語拒之。

顧不能如其婉妙而嚴正。而且愛倫不待亨利發吻。已趨避矣。少頃。亨利隨母入禮拜堂。省視亡兄墳墓。亨利自念家業兄敗之。顧已奄逝。即亦無如之何。迨歸途中。老母則以來文杰家世語亨利曰。阿兒爾知今日來文杰同其女至吾家乎。亨利曰。愛倫已告我矣。母曰。汝猶憶得來氏閨女乎。其人甚婉淑可念。爾兄往時。甚愛其人。亨利曰。兒甚憶之。惟亡兄嗜好。實與吾殊。母曰。亨利。余老矣。甚願汝能如吾意。此事關屬終身。即吾爲爾母。亦不能強致。爾須知吾家負彼責重。汝能俯聽吾言。則吾與爾父。可少伸自由之氣。余鐘漏且歇。何須於汝。但望爾能拔爾父於阨中耳。亨利曰。愛倫亦屢告我。宣示母意。惟此事須少試之。能如二老之願者。吾亦何恡。特吾私念此女。既擁厚貲。胡爲必欲婿我。母曰。吾亦莫知其詳。特以此女於十八月。爾動身前。曾一至吾家。來文杰遂求婚於爾父。言彼父女絕器吾兒。且其父言。彼女得婦君家。吾死且不朽。亨利曰。此語烏可憑。十八月中。安知來文杰不中變其策。即其女目中所接。甯無佳士。母不見愛倫來迎乎。此事且置勿聲。

午後之六句鐘。亨利歸。門外停一車甚澤。爲素不經見者。驅之入廐。亨利知有生客到門。然雅不欲接。遂自入密室。意晚餐時始出見之。時室中燈光黯黯欲滅。歎息不止。方欲就座。而屋隅有衣裳綷縩之聲。亨利視一女郎。坐於小榻上觀書。亨利曰。愛倫。爾曷不就燈。乃黯坐此。大費目力。而女郎微動。遂掩其卷。視之非愛倫。爲狀至羞澀。款步至前。衣蔚藍色。修短合度。髮淡黃。白皙而雙睛作灰色。十指纖峭如稺筍。至燈影圓光之外。愈羞澀不卽進。嫩臉遂泛淡紅。少須則全赬矣。亨利一望。不知所爲。亦愕然癡立。私念此必來文杰女也。彷彿尚憶其狀態。而此時殊不能自覓一語以詢起居。但自怨胡以不卽登樓。乃沾滯於此。致觸生客。亨利者。貞操男子也。驟見此女郎。而此女郎復爲衆所共知其必諧伉儷者。乃亨利一見。竟頳頓如病風痺。久之始出手與爲禮。囁嚅言曰。吾似與姑娘曾見面者。女曰。然。去年聖誕日。晤於君家。因出手與亨利之手。微觸卽縮。情致殆不可耐。亨利曰。吾憶晤君。爲時當不止此。幸女郎尚能省記。女微笑曰。吾見人少。故爲吾所見。咸能憶之。公子處外日久。當不瑣瑣及此而吾閨人沈屛靜寂。故每有所見。輒復不忘。亨利思欲止其言。俾不更述。遂曰。君言當在外與處家固有別。吾適昏瞀。以君爲吾女弟。然君胡爲隅坐背燈而讀書。吾在舵樓望海。每當洞黑之夜。輒自不適。故亦不欲人就黑影中坐也。女曰。吾目力遠。雖昏亦能審矚。亨利曰。君常讀書耶。女曰。吾長日無他事。骨肉之親單薄。而吾父又恆出治外事。至於蒙克洛淇僻處。又無佳鄰。卽有之。吾亦不相過從。語至此。臉復大赬。亨利始悟來文杰之爲人。落落寡交。故其女亦然。因曰。君所讀何書。女曰。家有藏書之室。拾得卽讀。不專一部。大致以歷史爲多。迨隆寒情生。愈讀書以自娛樂。然吾性欲洞悉人情。而交遊旣寡。故卽書中求之耳。言至此。愛倫入矣。着坦胸之衣。胸瑩潔如雪。咤曰。密斯來文杰下樓矣。襆被部署訖否。然何捷耶。遂目注其衣久之。曰。君與吾亨利晤面乎。甯待吾爲君介紹否。女曰。吾已久晤。愛倫曰。然。前此吾兄行時。君固一來者。今日雅集。都無外客。卽欲延致。亦屬無人。以吾之親知。方俱赴倫敦。獨密而華德在此。吾母已柬速之來。言已。顧曰。彼果來矣。此時侍者款扉曰。先生密而華德至密而華德者。頎碩年少也。眼高額廣。衣夜服至。狀極修整。傲岸自若。見貧家兒。恆多所揮斥。蓋其人材。特如臃腫之木。文理麤笨。而亨利家慕其財勢。引短推長因之意氣愈張。亨利一見其人。怫然而怒。殊鄙夷不之屑。獨愛倫進與爲禮。然語亦尋常。不甚親密。而華德亦如禮相酬答。既而曰。吾今日須以電告勿駭爵夫人期與同至古司文納燕集。今既至此。當託疾致辭往謝。甚願其不以仵招我也。愛倫曰。吾家安抵古司文納耶。既曰。吾爲君介紹。見吾兄加必丹（官名）格雷芙及密斯來文杰。密而華德與亨利略點首爲禮。忽迴顧來文杰女足恭至不可狀。且曰。吾終晤君矣。前此在克林而登園中與君左至今尚悵悵。來文杰爵夫人近如何。腦筋之病愈否。愛瑪駭然應曰。先生得毋誤乎。吾生平從未至克林而登。至吾母密失司來文杰（此常人之稱非命婦也女言此蓋正彼爵夫人之誤）死久矣。安有腦病者。密而華德鞠躬曰。吾果誤矣。吾以爲君卽於意大利中與吾一見之人。彼家宏富。將來卽襲其父之產。殆大聞家也。且聞來文杰夫人語我。無第二家足與埒富者。愛瑪曰。然則我家與來文杰爵夫人直有意反對。耳言已迴身避去。愛倫聞密而華德言。寸心欲腐。防其更作俚語。方欲遽止之。門適闢。來文杰入矣。愛倫父母卽踵其後。亨利欲詳來文杰之爲人。遂進而與握手。當亨利視來文杰時。而來文杰亦方睇審亨利。來文杰者年六十。而其風貌則在六十以外。行步盤散。雖少越一閾。亦必以杖助之。髮已二色。龍鍾不可堪。以見狀觀之。在二十五年以前。必一魁碩好男子也。雖目眶深陷。而英氣尚鬱勃。其人類宿然之火。忽然忽隱也。廣額豐頤。五官位置絕佳。甚似壯年。而僞爲老態者。然爲狀固少。而實則少年之英氣已盡。所餘者殘灰耳。來文杰見時。以簡括精當之語語亨利。其言適與密而華德作反對。言已鞠躬。乃與格雷芙爵夫人爲禮。此時侍者言席已設。亨利與愛瑪乃隨來文杰之後。直至餐室。亨利私念此老年少時。不省作何狀。遂私問愛瑪曰。尊甫曾在兵間否。君幸恕我。不應言之言。似尊甫氣概。曾以武階自進者。語已。見愛瑪愕然對曰。吾父事吾幼不之審。大致似曾蒞兵。以吾常聞吾父述開米亞戰狀也。至其少時所行。則吾未之前聞。於是入席行禮。此語遂輟。

第六章

坐飯時。亨利坐次。適當來文杰父女之中。亨利就近。恆卽與語。而愛瑪輙恭默弗對。亨利每有所問。多以簡語答之。亨利無聊。遂迴語來文杰。而來文杰老謀更事。議論風生。每語一事。徹始徹終。晈如列眉。亨利愕然。自念此老風烈如是。何由閉門養晦至於今日。席間漸漸語及古物。而亨利初亦嗜此。遂與考論。滔滔不窮。其最古者。則英國東方。狉獉時所用之石標。石弩。相與考其年代。以定眞贋。來文杰所藏。則有石弩一。及英國。丹國。與撒克遜之婦人首飾。二人嗜好旣同。遂成莫逆。來文杰堅訂亨利至其家。悉其所藏。就以取正。亨利許諾。斗然迴顧。見密而華德以語餂愛瑪。如抽汲篇。呶呶不休。語愛瑪曰。格雷芙女郎語我。君所處別墅。甚幽靜可人。然老屋。患生魔也。愛瑪曰。我固居蒙克洛淇者。君言卽其地乎。爲屋固老。當倫敦大疫時。教會中人。恆避疫至其地。最後爲漏私之傖所竄宅。地固幽僻。然吾實未聞其見眚。密而華德曰。吾言鬼語。滋確。吾昔與爵夫人馬商麥卽常帶眼鏡者。同馭馬車行。車中夫人告我。此宅中時時見怪鬼狀。蓋一僧一尼也。以吾思之。爵夫人之言。安得愚我。愛瑪曰。或爵夫人見之。吾久殊未見。密而華德曰。吾絕信夫人。夫人言能洞視。且能白晝見鬼。彼言定復不謬。想君已識之矣。其人善人也。愛瑪曰。吾曾一遇之。然未通款曲。密而華德大驚曰。爵夫人君乃弗識耶。人而不識爵夫人者。猶自居北海中。言不睹北海也。矧馬商麥之爲人。匪地不遊。胡言未識。來文杰姑娘。此言果由衷耶。抑見愚耶。愛瑪窘極。乃謝曰。吾家素門。殊無位望足以友爵夫人。亨利怒甚。自念此狗更狺狺者。吾將鎖其喉。封其吻矣。然密而華德仍弗止。復謂愛瑪曰。然則姑娘與爵夫人有所譴卻耶。我若爲姑娘計。必不當出此。此人殊不易馴。爾既欲與之周旋於筵會間。何爲峻絕。愛瑪窘不可狀。亨利此時憤極。然尚未發。來文杰知旨。遂以笑靨語密而華德曰。幸君恕我。我將有言。老夫癱廢杜門。故愛女亦隨我不出庭戶。且又微賤。故足下所歷舉之勳爵及夫人。吾均未之識。老夫之言止此。足下當能解吾意矣。密而華德曰。丈言至有理。來文杰曰。然則甚善。乍聞足下言。似未解人意者。時格雷芙夫人出席。愛倫及愛瑪亦隨行。雷格那德（亨利父）遂與來文杰作長談。而亨利與密而華德相嚮坐。不作一語。密而華德私問亨利曰。此老何人。狀甚癃憊。而出語何銳厲乃爾。我語其女。問馬啇麥爵夫人。此何過者。亨利曰。君言患太絮絮。至此老如何。我未審其底蘊。特其人我父執。但聞其家擁厚貲。年來多閉戶不出。密而華德曰。是人我識之。初亦困頓。已娶一屠酤家兒。產乃暴增。國人皆賤之。吾今日不幸。竟涉足其樊中。然我殊無心。以語窮其弱息。亨利曰。此亦細故。何足語者。君欲得菸乎。

後此席中光景。甚幽靜無歡。愛瑪患更爲密而華德所窘。遂暗坐於巨鏡之後。噤不發聲。愛倫則痛惡密而華德。蚩鄙齼齡不復出話。有時酬對密而華德。則往往出惡聲。而密而華德望而蠢伏如豚焉。來文杰見而大奇。以爲樸騃如是。乃亦畏一婦人。至罷席後。密而華德遂歸尼考德。臨別言曰。明日當更見於禮拜堂。亨利私念此人在者。禮拜堂我何可往。少須雷格那德夫婦歸寢。愛瑪隨愛倫亦登樓。亨利起言。欲至書室吸菸。而來文杰曰。郎君能許老朽同入耶。於是二人同坐。共談密而華德之蒙昧。咸共嗤笑。來文杰曰。論人亦未可太苛。若是種人。吾所見夥矣。其人心術未必遂惡。且其人擁厚積而孤。而所處之女友諛佞。使之蠢滯。遂生稜角。若能少貶其三數者。則近情矣。且我輩年少。亦從是中來。君家自有一人能制之者。我輩可勿過問亨利始聞其言。初不省索。亦知指愛倫也。至於愛倫與密而華德之情愫。亨利殊未覺爲愛倫隱中調護之苦心。然亨利得來文杰言。不期動其悲慨之懷。欲伸訴其情緒。因曰。先生。吾處兵間久。忽以尺書招歸。久久偵得。似吾家事與先生家至有關鍵也。但吾家事如毛。不省先生得容我伸訴否。今日先生惠臨吾家。吾忽及此。似非主人敬客之禮。然以實言之。則此屋屬君。君主我客可也。來文杰聞言悚然。已而微笑曰。郎君試盡言毋隱。君此歸良佳。亦知賢兄不能支拄此家乎。老夫初不忍以是言告君老父。使之鞅鞅。郎君此時所欲言者。殆羅司漢先疇事乎。亨利點首。來文杰曰。吾請以此事。綜括爲數語。告郎君。因自敘其授受之緣起。亨利曰。如丈所言。較吾所前問者。猶淩夷弗堪。綜而言之。吾家旦晚覆矣。然吾所至不解者。丈達人奈何以巨貲濟吾垂敗之家來文杰曰。鄖君聽我。君家已重貸吾貲。至巨。不繼。只棄產耳。而老夫則出巨貲假人。至此懸懸都無歸宿。危在老夫。轉不在君。亨利曰。丈所言但計一偏。尙未徹中邊。吾家之敗。不特淪爲貧丐。卽赴愬有司。亦無辭足以自解。吾家將來。竭其一花一樹。皆鬻諸人。猶不了君家之責。矧屬他氏。今實告丈人。吾父老悖。而丈以巨貲恣吾亡兄所欲吾心殊不以丈人爲直

來文杰曰。鄖君所言。良長厚。然老夫脫手數萬金。殊以爲緩急應爾。實未計君家之敗衄。至最後之一萬磅。卽不取子金。僅足以抵前責。後此之金。直同虛擲矣。而且後此之責。則賢兄所貸。尊甫尙未之知。鄖君必索底蘊。老夫亦不能不告。賢兄一日泥我。言不得此萬金。產且立覆。老夫辱在通家。奈何毋貸。後此偵得。蓋賢兄一人浪擲。未嘗達諸老人。語至此。亨利起立。僞取葵斗實則怒氣塞胸。又以亡兄已死。更無申詈之理。而又懷慚。盡赬其頰。故矯爲此態。以飾外觀。來文杰已覺。遂置其兄不言。但曰。格雷芙君怨我。諳於世情。乃用貲以攫取君產。然老夫知之久矣。且吾生又非居

積取贏者。蓋吾有隱衷。今請以俗物取譬。以語郎君。前此有少年人出於故家。風貌頗清整。廣有先疇。而獨無學問。遂墜落紈袴之習。方習兵時。所納交者。均貴閥子弟。致風月之事。匪所不習。久之家產遂蕩。復肩重責。同輩中咸加以外號。至鄉黨之中。疑爲穿窬。聲名旣汚。遂脫兵籍。踪跡所在。貴遊咸不之齒。其人路窮援絕。將以手槍自彈其腦。正凝想中。忽得一良友。其人亦少年之債家。見時悉出其劵。付之烈燄。力止其死。且出貲代償他責。此少年乃易姓執業。力新其門戶。以老夫觀之。此少年者能不懷感其友耶。來文杰初語時。尙和平。語至結穴。義氣凜然。雖不良於足。卻復起立。且行且語。語終。拄杖以覘亨利。亨利從容答曰。此良友安得不感。來文杰曰。格雷芙爾知少年爲誰。卽我也。焚劵之人。則若翁耳。此語余尙未盡。蓋歷史中之一節耳。若翁昔從泥滓中拔我。我安能中道而捐之。方我濶跡至此時。無一人靑目我者。獨若翁拯我。令我爲之治產。尋吾自立。始謝此責。我之不憚告爾者。卽以爾爲吾良友之肖嗣。又吾目擊郎君。至於壯大。知郎君審決其必能支拄此家。至余前此穢迹。旣不宜言。卽隱遁之餘。尚有無數軼事。亦一一不堪枚舉。須知浪子迴頭眞不易易者。也。郎君今卽鄙薄吾行。然吾往日所爲固可鄙。而自新後之事蹟則可自信不爲郎君所薄者。且吾生何有。所有者均亡妻遺產。與吾弱息者。卽吾償責亦祇假諸吾兒。尙憶先此數日。償一絕大之債。郎君須知吾之假貸君家。價逾其質。此中別有深意。若翁必以此爲尋常之舉責也。吾嚮日祕而不宣。今對郎君吐實矣。亨利曰。此意絕感丈人。丈人篤舊知恩。小子深服隱德。然舉責必償。義也。丈人縱有隱衷。無論其貸爲女公子與否。吾家在義不能不還。安能不咎丈人當日假貸之誤。丈人縱無此心攫吾遺產。然小子舉家匪特不能還母。卽子金亦將無力奉償。來文杰聞語。凝坐移時。復言曰、格雷芙言當此財果愛瑪者。吾所自有之財。只足自償其責。斷不能以吾女之財。恣我揮霍。余前數日曾爲吾女延一律師。付託吾家物產。律師一受事。首先告我。必欲得此子金。此財若屬我者。我念兩世交情。尙可漸置勿理。亨利曰。此局吾知之久矣。丈雖愛我。我將何物以償。律師來文杰曰。此顧無術。然少延至半年。於事亦無所礙。安知吾女必不能慊慨念先世交期者。且君產原値此數以時會不同故爾跌落然其中正復難料安知世事有不期然而恰得當者又安知吾女不於此半年奄然物化則律師尙何能按律以索舊逋此時來文杰尙有一語垂及口吻忽爾中輟於是起立秉燭與亨利爲禮別而就寢。

亨利於其旣去。吸菸而坐。靜念來文杰今日之言。頗怪特。觀其爲人。尙强正。然正自難恃。胡以出話隱約。不能詳盡。呑言咽理。莫罄所懷。縱在彼重視吾父。顧所揮霍者。特女兒之產。卽罄彼所有償責。可云信人。胡以取賚。乃及其女。思久頗形怏怏。亨利者。儁爽人也。行事質直。見來文杰出話隱約。遂不敢許爲正人。然思時。忽復牽涉其女。自念兩年前曾一見之。都不甚惜。而此兩年中。何以愛根暴長。意此女識與年增。令人見後。不無戀戀。雖彼形態如前。而筵中乍見。直如冬令中之含苞玫瑰矣。旣而又念愛瑪此時。風格儼然大家。而其母產自屠酤。胡能育此尤物。至其聰明酬對。均落落大方。無一似小家之女。但觀其對密而華德之言。已足略窺梗概。聞愛倫言。彼久有心於我以我思之必無其事且我家貧彼責纍纍就而乞憐奚名男子思至此。雄心勃然情根立沮迨既就枕。私念人生在世。榮枯正不可必。因之鼾睡至明。

第七章

明日爲禮拜日。格雷芙家法。家人必一至堂。亨利知來文杰父子必不出。然飯時來文杰忽令駕車行。愛瑪侍行。亨利遂步往。以其父母咸以車。故亨利步耳。既至。父母及客。均列前座。亨利坐稍後。既祈禱。牧師演説。特尋常語。無復精理。然亨利爲人至循分。既至堂。甚思求取新義。聽時。意不旁及。迨一無所得。乃始旁念他事。亨利所念。即念此前座之二人。或且憂先疇之不保也。著書者亦不累贅其語。惟觀彼父女聽經時。來文杰專心致志於經意。亨利知來文杰少年不檢。及此改過。可云勇往。且行事頗近眞誠。而愛瑪生小精於名理。當與牧師酬對時。不必檢書。脫口即應。至開講聖經要義。亨利之父雷極那德自登講座。選義既佳。而剖析精理。咸契道眞。蓋此時所講者。爲保羅與哥林多書。在經中之第十五章。亨利靜觀愛瑪。凝神壹志。似出其精神。直與天接。此時適有陽光射窗而入。直注愛瑪之面。亨利覺此人清超宵肅。已非俗間閨秀所有。因念此人高曠如是。愛倫何由語其愛我。我塵壒中人耳。胡足儷彼。此時微笑。轉覺自己心中。轉眷眷於愛瑪。少須陽光斜度。講經亦竟。亨利遂印一女郎小影於腦中。永永無模糊之日矣。

是日臨飯時。愛倫方默坐。忽斗起於座間。問愛瑪曰。姊氏於晚來以何事自遣。愛瑪曰。若不以爲瀆者。則閒行爲最適。愛倫曰。吾兄足待姊氏至海瀕閒眺。待吾自禮拜堂歸時。亦往尋君。爲路非歧。必可相遇。亨利聞言。殊不悅。及見愛瑪無言。意始釋然。愛瑪徐曰。未知格雷芙將軍。於意云何。亨利急曰。吾習海事。奈何憚於觀海。吾意以三句鐘行。女郎嬀得閒否。愛倫曰。亨利今日何乃言禮。若吾爲來文杰姑娘者。則不必願汝同行。即獨行亦可以至海濱。亨利曰。此何過者。乃復見駮。此時格雷芙爵夫人入。衆聲遂寂。迨及三點鐘。愛瑪已遲亨利於堂上。二人同出。至大道之上。駢肩而行。是日雲陰密聚。以宵來過雨。氣尙溫和。四圍環矚。適春盡夏初時節。百鳥和鳴。萬緣上下。愛瑪行次。似爲春光所感。怡悅見諸顏色。語亨利曰。佳哉春也。亨利曰。恨雲屯不見日耳。愛瑪曰。得日光則春景愈麗。然萬全之事。安可必得。吾意得此娛悅。爲願已足。亨利曰。由嚴冬中。拔出以受春氣爲樂。自佳。愛瑪此時如有所思。忽曰。吾心此時不止娛悅而已。即亦不欲告人。告人人亦無知者。亨利曰。試言以詔我。愛瑪曰。此殆佳光報人者。凡彼垂老之人。不能自明其故。胡以特愛春陽。且彼一遇春光。若告以重甦之望。授以生機者。此理匪特於世界中得償希望。即一道靈魂。亦似有歸宿。可以委身任運。無所牽掛。尤不患殘魄之無依也。亨利曰。女郎之言。較吾今日在禮拜堂中。所得者爲多。聖經不云乎。爾輩蠢蠢。諸如所遇。久久不均就死耶。愛瑪曰。吾之所言。亦屬古義。非我心得。且吾縱蓄名理。而詞鈍亦不遽達。悟一事。遂以爲新得。然一印證。皆舊談也。而愚陋者轉以爲奇闢。實則天下新理。得諸旁人之誘掖。均不能刻入。必身歷其中。既得而宣諸衆。則皆明徹。而轉覺其無奇。然其苦慮千迴。忽然則如陽春之睨我。爲彼世間育子之母。自以爲愛憐至於極地。與他人別。不知合普天千萬之母。愛子之道。恆如是也。亨利此時不欲更引以哲理。蓋亨利之爲人。聰明知道。特不願爲是絮絮。因謂愛瑪曰。姑娘信道之心至篤。愛瑪曰。君言何重。吾豈能知道。特試言之耳。亨利曰。吾於禮拜堂中見姑娘容至莊敬。知中心嚮道篤也。故言此。愛瑪曰。將軍獨不信教耶。亨利曰。吾安敢不信。且吾隸水師。海行固多。一日觸百險。非特冥冥在上者。爲吾擁護。吾何自生。吾意凡爲人類。必得一信仰之宗教。方足自立。吾每見背教而馳。其生平都無樂趣。愛瑪曰。信教亦不必卽獲樂趣。第吾見至域。儘吾生平閱歷。不能越此一村及書籍之外。但觀吾父信奉至篤。然亦不見爲樂。蓋死之一字。終竟不能破其關頭。而我則謂死時之苦。不過苦其軀殼而已。舍此別無可畏。亨利曰。阿翁似有腦筋之患。若姑娘則與阿翁正自不同。蓋死之一字。每人各有見解。愛瑪曰。吾翁果有是患。語至此忽詫曰。吾見海矣大哉海也。將軍去此善地。頗抑抑否。此時行經小徑。至於海灘之次。沙線延長。海波起落。蝕及沙際。澌汩有聲。更遠則作蔚藍之色。浪頭層起。作白色。遠遠作聲。愛瑪至時。而日光已漏雲出。

映射海面。光景奇絕。亨利曰。吾去此而家。豈徒抑抑。吾心且與俱碎。吾隸是間。於心滋樂。計將來事業悉發端於是。今則落漠不可自聊。如無生焉。亨利語至此輟。愛瑪曰。將軍何由舍此而歸。亨利曰。吾蓋爲名義所逼而歸者。自亡兄見背。家人趣吾歸。今亦祇能舍吾水師而已。無他術也。愛瑪曰。以吾思之。亦代將軍怏怏。今閒眺已窮。曷且歸乎。亨利點頭。二人遂同歸。道中均無語。

密而華德本言以禮拜日至羅司漢聽講。愛倫知其人所至。必貽衆嗤。於儀節恆不講。大爲躊躇。然密而華德之眷眷愛倫。垂一年矣。殊未宣其求婚之意。當夜中臨別時。私語愛倫以明日至堂後。須同出閒步。愛倫自念經年未宣之意。乃此日閒行時吐實耶。不然。胡以密切至此。渠果有是意者。吾決不峻絕之。以此之故。故先遣愛瑪與亨利同行。乃得以間隙待密而華德。密而華德者。塵滓人也。於情愫殊不省。其輕重。愛倫亦甚惡之。所以不拒之者。一則密而華德每見愛倫。輒降心抑志。無敢乖忤。一則家擁厚貲。貲財均女子所欲。計一至其家。可以意驅策。必無抗撓之理。且密而華德之過。特愚騃耳。生平殊無隱慝。雖爲識者所譏。愛倫自念必以微言祛其宿過。於是愛倫侍其母至禮拜堂。久俟密而華德不至。尋聞靴聲橐橐。自遠而近。座人咸回頭盼顧。愛倫知密而華德來矣。初不回首。堂中故事。村人晚至者。恆輕躡其步。而密而華德則蠢然無知。莫省禮爲何物。既入。遂卽愛倫座後而坐。思欲令愛倫回頭。時時將聖經墜於地。又時時移動其茵褥。欲令愛倫迴盼。而愛倫漠然若不相識。座人皆不悅密而華德所爲。愛倫之母素喜靜。尤不謂然。至祈禱事畢。母告愛倫曰。他日密而華德至堂者。爾須以正言告之。勿令擾及他人。且堂中尤不宜躁率如此。愛倫出門時。始作乍見密而華德狀。駭曰。吾以汝爲不來矣。密而華德曰。吾適來遲。若未見吾入耶。愛倫曰。吾殊未見。母笑曰。是但愛倫未見。合座則皆見之矣。言已歎息。自嚮其長子墓所。愛倫此時亦欲歸。密而華德曰。昨與君約。今日郊行。能踐諾否。愛倫曰。汝欲遊乎。密而華德曰。我來何爲耶。愛倫曰。吾以汝爲禮拜堂來。非爲我來。若不虞陰雨者。吾兄方與來文杰女郎至海濱。我二人曷趨而訪之。密而華德曰。今日安得雨。二人乃遵亨利及愛瑪故道。徐徐同行。行次。二人咸不言。愛倫見密而華德脣吻屢動。似有所言。噤不即出。愛倫大驚。以爲蠢人必爲求婚之事。此猶囁嚅者。苟道中遇吾兄。又焉得說。久之。密而華德忽衝口發一語曰。愛倫愛倫。答曰。諾。君將何言。此時容色極莊。密而華德愕然而悔。乃改口曰。格雷芙姑娘容我伸其腷臆。愛倫曰。試言之。密而華德曰。吾欲請君嫁我。愛倫聞言。嚶然一呻。非拒也。蓋遂所願而吐其眞款也。徐視密而華德曰。我殊未備。君有此語。來何驟耶。密而華德驚惶失措。顫聲言曰。汝乃謂驟乎。汝聰明絕世。應早知鄙人之心。吾拒他人之婚至三四次矣。既而又咽其言曰。吾過矣。吾未敢有是言也。究之女郎果許我否。須知汝之下降。於吾身世滋益。至今夢寐未嘗少忘。且吾家亦不窶。得汝必能爲吾理財。將來得進議院。亦可借汝護我所不及。吾肺腑之言。盡於此矣。愛倫自念其人舉止可厭。而寥寥數語。實出之至情。移時答曰。承君辱顧。吾殊不意。昔爲良友。今爲君婦也。此事重大。容我思之。且事屬重要。反汗非易。語至此。亦吞咽。密而華德曰。是何待思。思極而悔。將告我曰。仍爲朋友則吾將奈何。愛倫曰。適君所言者爲何事。胡急遽至此。君亦稍自明徹乎。密而華德曰。是奚不明。不徹吾之懇懇請君嫁我耳。愛倫曰。密而華德。我今許汝。永爲君家人矣。密而華德驚喜汗出如瀋。以巾屢拭曰。如是者吾足矣。然君胡遲遲不言。令我忐忑不可自已。此時密而華德思行親吻之禮。而愛倫尙微拒之。思此地此時。均非行禮之所。只與之執手爲禮。密而華德私念愛倫尙帶手套。躊躇未決。既而直前親之。親既。聞足音自遠而至。此時二人所立地。近轉折處。僅數武。故來人都不之見。二人正對語時。而愛瑪與亨利二人。忽闖然而至。瞥爲愛瑪所見。愕然而立。亨利則含怒不可抑。愛倫見二人至。雖心志堅定已極。然亦媿赧無地。亨利與愛瑪則陽爲弗見。嚮前而趨。愛倫乃謂密而華德。令語其兄。密而華德猝然謂亨利曰。格雷芙先生。爾見吾二人在此行禮。因是駭咤乎。亨利曰。然。密而華德曰。是無足異。吾二人已定婚矣。亨利曰。雖如君言。吾仍駭咤。心中則私念愛倫胡以眷眷此人。愛倫知狀。以目睨亨利。止其勿言。愛瑪則吞吐其詞。似爲愛倫道賀者。四人乃同歸。

愛倫此時少落後。與亨利並行。讓密而華德前步。顧亨利曰。阿兄尙未爲我賀。亨利曰。賀耶。天乎。吾何賀耶。愛倫曰。是何言。密而華德之爲人。胡過考其前迹。亦殊未有穢行之足錄。彼出世閥。而又有巨貲。且彼視我重。吾亡兄在日。甚欲吾合。今阿兄狀如是。吾正欲一叩所蓄。亨利曰。吾無他恨。第不欲遽伍其人。不解吾弟何以下盼此人所圖者語至此。遽止。愛倫大怒曰。吾所親愛之亨利。吾思將以爾所加於密而華德之言。轉加諸阿兄之身。於義始確。兄隸水師。歷有年所。乃竟弗達人情。我今語汝。甯爲一人家事。墜落至此。正欲以權謀補救。兄奈何尙懵懵無覺。亨利見愛倫盛怒。吾已決計嫁其人矣。兄若嘖有煩言。及以力排吾婚者。吾不汝宜。兄試念吾之行。此亦自念密而華德尙爲忠厚之人。乃迴面對愛倫曰。女弟念我阿兄久歷戎行。漫然無檢。故爾唐突。弟責我不達人情。我亦知之。且平日如是。今以垂敗之業。敦趣吾歸。吾之氣概。宜益悲抗。弟須念我。勿以是責我。可爾。我今亦思力改前過。願汝夫婦和諧也。且弟年已及時。當自有成算。毋待吾言。雖妹壻與吾意左。吾必尅勉以如其意。

決不令彼惡語家而悔婚。愛倫聞言而笑。雖笑而中懷實悲。知亨利言雖溫藹而中倘崛健自有此言彼二人之交誼已有畛域爲之限限分則少時愛情亦從是間沮。第以眼前觀之。覺密而華德家富麗之象。已類列其前。但無愛暱之情寓乎其中。惟盼他日子女之賢。則母子之愛。當逾於夫婦。此時婚約雖定。亦甚落漠。無甚希望。又患是人出身紈袴。喜新愛好。歡情久將凌替。縱極力趨承。而愚騃情狀。安能遽饜閨秀之心。既而又念愛雖不深。而求富之心已遂。則良足自慰矣。

第八章

愛倫既至家。遽入省母。密而華德聞雷極那德方居書室。遂同入謁。爵夫人聞其女許婚密而華德。夷然無歡。蓋自其長子之逝。人生百事。均不掛眼。而雷極那德聞密而華德來言。遂起與之執手。甚堅。示與親愛之意。然老人性質。實與之左。佯以示愛者正以垂覆之家得此或藉以援手。而密而華德憚丈人道貌。亦未敢有所造次。老人知之。因曰。老夫弱息。在閨秀中殊表表。既事君子。經年之中。當供如所費。方足稱老夫世閥雷極那德知其婿好惡不恆。猶鐵汁未凝。須猛下椎鑿。冀其成器。故先語及此。密而華德遂陳歲供之數。雷極那德少沈吟間。而密而華德以爲未足。即曰。脫不足於供者。歲當增以巨廈之賃値。雷極那德曰。婿言善。吾足知汝心矣。特老夫年來多難。又不精於會計。婿所言。或患遺亡。今請筆之於書。俟吾少間。質之律師。婿今趣愛倫來。吾尙欲與道賀。得佳婿也。密而華德躊躇久之。因曰。婿先趣愛倫。然後署諾。何如。老人曰。吾生最惡屑屑之事。不能更爲記憶。婿可趣書。勿卻。密而華德不得已。遂據案而書。迨既歸。造問律師。律師殊不謂然。密而華德乃大悔恨。律師曰。子今既書之券。更無翻悔之理。後此欲與赤貧之閨秀定約者。當先趨叩我。此蓋補述之言也。是夜。羅司漢老宅中。燈火燦然。人人咸飮香檳。且各自演說。獨亨利抑抑不樂。但與密而華德及愛倫伸賀數言。尋卽嘿然寡歡。來文杰私語亨利曰。郎須少假借妹聟。若落落如此。姻婭之間。防啓間隙。亨利微笑不語。讌罷。爵夫人先起歸寢。雷極那德及來文杰同入書室。此時亨利少憩旁舍。舍中卽彼新夫妻對坐燕語處也。亨心與索然。乃步入藏書之室。忽遇愛瑪。着白衣。坦其前胸。瓔珞滿之。坐於月下。小室中無燈。女郎對月而坐。景太淒清。在愛瑪之旁。石象矗立。象爲女神司情愛者。爲國工所鑄。神采栩栩如生。兩臂旁張。脣吻欲動。赤身露立。亨利旣觀石人。復相與瑪。彼此竟莫辨其妍醜。脫石象生者。令男子選之。亦莫審所擇矣。然以軀幹論。則石人爲佳。以聰明論。則愛瑪又勝。能合石質與靈明爲一者。則極人世之美備矣。此時愛瑪尚未知亨利之來。亨利且行且思。竟至其側。語曰。來文杰姑娘。鄙人擾君清趣矣。我之此來。特拔身於耳舍而來。以舍中方爲彼情人呶呶作私語。吾不之適。故來耳。愛瑪駭然答曰。吾亦爲是來也。君女弟之事。君當適意。亨利曰。鄙人無所可否。若以私意決之。必不許是人。愛瑪曰。君何惡彼之深。亨利曰。吾與何仇。且其人亦誠愨。特意氣與我不類。不復水乳。愛瑪曰。此事原不關我。我意亦殊不然。亦非以昨夜見苦之故。痛與之絕。但惜其人太俗。過俗則去風雅日遠。於心滋不慊。亨利曰。君知人之生於世。卽爲俗物乎。蓋人欲得意於世界之上。烏能不俗。世界者。聚體魄不聚靈魄言次視愛瑪更視石人復曰。我血肉之軀出自父母愛憎之性不能不近俗情。愛瑪曰。此見解適與君不同吾輩生秉靈性體魄偽也靈性眞也奈何概之以俗物蓋體魄者偶然與值遂負之出胎若以偶值之軀幹欲掩常在之靈性則煩惱因之生矣亨利曰。善。特此偶然之值人安得逃卽此塵壒之世界亦血肉所屯而成吾輩既落形氣之中則步趨斷不能自逸雖其中陷於世網深淺不同安知此道。不有一日忽能更革。顧革則吾生志嚮所在將隨之而遷特所遷者。不在此時。亦必不在此世界之上。君須知世途每有一事。必有宜其事者之時。故能逃脫生命中之實際。君縱自命清高。安能力禦天然之際會。不令墜落俗情。愛瑪不能駁詰。遂默然而坐。少須。乃曰。吾聞吾父言。君行須至吾家。亨利曰。丈人好我。我何敢違其指趣。特未省女郎能容我否。愛瑪頰微赬。徐曰。吾家安得此雅客。君苟能至。亦足光我蓬蓽。所患地冷人稀觸目寡歡且無怡情悅性之物惟野雀羣飛耳。然吾家儲彈極富。君能彈雀者。則長日亦殊不寂寞。亨利曰。諾。今且歸舍。彼二人語至此。當畢矣。愛瑪不言而起。

亨利即隨其後。及門。愛瑪駐足回視曰。君終不負諾。臨覛吾家乎。亨利曰。君不以我爲瀆者。定如約。愛瑪曰。吾不前有言乎。奈何卑牧如是言。次已及旁舍。

此時來文杰與雷極那德亦正坐談。來文杰曰。格雷芙君女偶密而華德老懷適耶。彼少年人。不能無過。特非隱慝。君女處事如觀火。當能相其父子。若以君家現象言之。於事亦不無少補。雷極那德曰。何益我。我今生趣都盡。若如吾意者。吾概置世事不關可也。自吾家子之殤。如以巨椎擊吾腰膂。吾身雖存。而吾心則死久矣。此世界中所不能謝絶者。惟稍能將吾家振作。於願斯遂。以此之故。遂於本日之午。亟與密而華德定約。若在二十年前者。則以爲大辱。今日暮途遠。家又赤貧。不能不蒙垢爲之。且深知密而華德之爲人。今日特爲新婚。故悦懌至是。少須必中悔。吾方慮其娶後有反目之傷。吾既無奩助嫁。不能不就今日爲吾女充擴其用費。至吾家貸款。君語亨利乎。來文杰曰。吾於禮拜六之夕。已畧告之。惟彼聞吾言。頗鞅鞅不自聊賴。雷極那德曰。此何怪彼耶。茲事仰承君惠。不爾吾將移家入卑田院矣。然策其後此因果。正復難料。產爲君女所有。君安能以他人之物。恣君浪擲爲義舉。矧君女任此事。已大耗其資。地價日跌。衆所共知。至爾我交期。復有何說。當日軼事君義人當了了於心。來文杰聞雷極那德將及其前事。乃止之曰。君勿言。是人死久矣。雷極那德曰。君止勿言。吾何敢言。特吾意滋不願君以君女之資爲報恩地耳。君既不能自決。則吾必以數百年之先疇。舉以屬君。屬君時。吾必先死。不願目睹其狀。語訖。欷歔不已。來文杰曰。君且勿傷。吾不前言尚有術可以自解耶。雷極那德曰。是非言亨利姻事乎。來文杰曰。然。以吾策之。彼二人必且訢合無間。至於愛瑪之意。吾決其必悅亨利。此女於二年前。見亨利恆對吾道亨利佳處。彼行事未嘗欺老父。且其識力明澈如鏡。安有不解人情者。吾意非必欲愛瑪強事亨利。特以此女與亨利極水乳。且佩其爲人。此足覘其大概矣。至郎君志嚮之高。殊流輩。君以恆人相待誤矣。即吾亦深悉亨利必不輕吾愛瑪。雖吾妻出自寒細。吾尤猥賤。而愛瑪秉賦則絕不類其父母。今其母已死。吾亦衰邁。就木移時。人將漸忘彼父母之穢迹。吾遺產之豐隆。貴府質款外。歲入尙得一萬五千磅。奩具亦豐。又其爲人修潔出塵。崇信天道。苟儷君子。不出一稔。吾料愛瑪所經行之地。亨利將望塵而拜矣。以吾思之。此事必不中變。雷極那德曰。吾何能料其將來。天下苟善於部署。循是而行。亦未必不濟。今君言及女公子。以吾觀之。大類仙種。非復人間所有。吾初與把晤。飄飄然如神靈。大不類吾嚮日所見矣。即以女公子沈默寡言論之。亦不謬於時趨。特吾所不敢決者。亨利素強立。不類老夫。彼苟知此重公案。特爲救亡之故。必抗而不承。來文杰曰。彼心中所蓄。於愛瑪必無間言。鄙人則欲假以時日。令彼自相款洽。至愛瑪後此能爲格雷芙之爵夫人。及仍爲來文杰之女。則恭聽公子一言決其否。泰雷極那德曰。善。特吾所不解者。君何以必欲成此親串。以老夫決之。女公子儘可仰攀貴胄。爾我故交。敢以衷曲奉告。老夫樸直。幸故人勿罪。爾每行一事。往往吞咽其半。不直語人。何也。昔君狂蕩。實蘊靈根。故得人一振。直出溷圊。今已卓然爲公正之人。奈何尙懷譎意。來文杰聞言微哂。意不介意。蓋二人隱事。恆彼此洞悉。故直揭幽隱。亦不之怒。因曰。格雷芙聽我。

世人行事。恆不願登高炫衆者。正以幽隱不欲爲人揭耳。吾之行此。本意洞然。君何必苦苦索我盡言。君亦知世界之中。足爲吾友者。卽格雷芙一人乎。吾旣有弱息。非託君之子。更將誰託。亦以此之故。欲力舉君家數百年垂覆之業。而保全之。且吾愛君公子。亦以生平閱歷多。從無坦邁如公子者。吾女苟事其人。終身必訢合無間。如另擇人而事之。恐孤芳不爲時賞也。卽吾家擇壻得此。亦可謂得均平之極。蓋公子產雖不豐。而軍中恆稱其忠勇。又系出貴家。將來可以承襲勳爵。若我者。猥賤潦倒。卽人亦莫審吾女爲何等人。但知是人爲蓄多船賃人者之外孫耳。吾意旣得爲壻君家。託玆令門。或足蓋吾宿眚。吾雖不能自立。亦冀有女能耀門楣。得自儕於戚里。非求繫援也。吾老矣。甚欲苟延一日之命。俾此小偶同居。爲吾一見。死且不朽。此吾精實之言。故人其鑒我乎。雷極那德曰。君言至近理。吾尙疑足下。必非傾筐倒篋而出者。吾今且不更詰。但能一一如君之言。吾願遂矣。此婚苟成。兩家得失。正爾相準。吾夫壻亦極愛君女。和婉有儀。旣默無怫。雖出身爲賃船者之外孫。顧吾得賢壻。而亦何恤。吾今且往慰吾婿。令彼甯家。於是起立出戶。來文杰私念格雷芙雖老。而言語銳厲。能爬搔人痛癢處。吾若決然許以愛瑪者。彼亦僅能笑而不答。心自狂喜耳。天下窮人恆不擇雞人多自眩哀哉吾老友也此事果成者。彼晚年當得噉飯之地。吾今但祝亨利勿膠己見。則事或可成。若齦齦講節概者。則大事去矣。明日來文杰父子辭歸。臨行時。亨利與約以三禮拜後。六月初十日。至其家。越日。亨利赴倫敦謁帥府。以請歸時。帥府允以常祿。又勾當他事。故自家至倫敦。此行亨利殊不慊意。以謁帥時。帥言亨利勳績纍纍。可立躋升途。不應半途引退如是。幕府中尙有人語之曰。格雷芙將軍。何爲輕去其軍以誤勳業。惜哉。老夫若幸延年壽者。必見將軍得水師將領且府中功册多記將軍今既辭職悔無及矣將軍歸因終養襲爵家居爲樂亦滋可味非復長年海上死生懸於礮彈時矣然吾愛將軍切殊不忍。遽別將軍將軍雖脫軍籍異日必入議院主議尙須助我水師中舊伴也亨利曰吾甯居鐵甲船中爲軍官。殊不願退襲遺蔭。得二萬鎊歲入也。今二者均空。尙復奚語。

凡人固不能於世界之上。自定主見也。於是與帥爲禮。悵然而出。帥府見其惪惪而去。太息久之。以年少正宜立功。胡爲引去。意其家庭必有不得已之事。亦復難言。自彼一行。舊職已爲人襲。惜此梟將也。亨利歸家。嗒然如喪。入室四盼。尤慘淡無歡。不特拋撇水軍。長日抑鬱。而家事蝟集。尤足增惱。第一陷人者。卽屬銀幣。自家產一蕩。日用尤拮据。不復如前。至於饔飧。亦日費籌畫。而老母傷子憂貧。日惟歎泣。老父亦漸就委頓。似成老病。密而華德又常來。惡狀殆不能忍。思欲强顏爲歡。而終弗肖。若愛倫者意嚮既左。初以骨肉之愛。尙略款洽。殆既忤密而華德。而愛倫憤激亦形於顏色。愛倫者有志女子也。亦不以家門窘狀。示諸其夫。防爲鄙薄。中道悔恨。故語言動息往往支吾。亨利見此。尤不能耐。於是沈晦十餘日。及於來文杰見約之期。亨利日中得愛瑪代其父速柬。趣其來遊。字法娟秀無倫。亨利報書。言以行囊付火車。自以馬至。必及晚餐之候。自愛瑪別後。亨利恆不之念。卽涉及之。亦但奇其人無乞婚意。又時在艱屯。不能以婚姻之事爲累。特此行欲漸脫貧家苦趣。少圖翺翔別墅。而愛倫此時。亦不更及愛瑪之事。防以密而華德之婚議。爲亨利反脣見譏。惟亨利臨行時。與其父別。父則詔之曰。孺子。此行幸自謹攝。去後可隨地蕭散以展神思。來文杰者。譎叟也。不能託以道義。然其人尙可語。至其弱息則娟淑無比。我非必違汝意。但願汝能與諧合。老父亦不更囑汝。當善體吾意。亨利曰。諾。甚願能仰體吾父之意。勿致乖忤。雖此女佳絕。然以山窮水盡之中逼人爲此。正不能無所介介。於是騎馬行。移時至蘭保洛禮拜堂古塔之前矣。

第九章

此章覆述迦茵矣。迦茵及亨利伏於荒墳之上。極久。時延醫之童子惠烈荷德年幼不嫻於騎乘。行經半里。馬大驚。勒觸馬齦。馬痛懲躍。斜趨入微徑。時童子囊中多實野鳥之卵。馬騰。卵相觸而破。液乃四溢。馬腹淋漓不止。而童子顚頓。久乃力挽馬鬣。馬愈驚。及人家籬落之次。馬一起擲。力掀童子下。騎墜於荆棘。皮革見刺者凡十餘處。馬帶韁而奔。已及五六百步之外。氣咻咻然而喘。童子力前挽之。迨上馬。夕陽已没。又左鐙已失。鞍側不能上。乃牽馬至白拉墨司。已十句鐘。叩卻而池醫士之門。擊其鈴。女傭出問。童子自言求見醫生。女傭駭曰。汝非墜馬耶。胡身上淋漓如此。童子曰。趣醫生見我。我入。不能莞此馬。此馬脫繮逸去。一次吾不能再縱之矣。女傭大笑而入。卻而池醫生出。年近四十。意態和平。問童子曰。童子何爲者。童子曰。先生。茲有人自蘭保洛古塔上墜地。股折矣。迦茵赫司德者。與同跌。遍身均血也。至迦茵如何。吾不能知。渠趣吾來請先生。以繩榻舁歸。醫生曰。塔上顚自何時。其人何名。童子曰。吾不之知。但吾見迦茵時則六句鐘耳。見迦茵後。卽騎此畜來。因怒指其馬曰。吾甘力推磚石一車。亦不願牽此馬。雖然。先生問顚者之名。吾憶之。其人爲格雷芙男爵之子。醫生意此人曾聞來文杰見告。今日往客其家。奈何搆此奇禍。乃疾進其室。出二輪馬車。並挾從者數人。以繩牀出。至禮拜寺廢基。醫生就月明中四瞭。竟無所見。乃大呼病者臥何處。隱約中似有嚶吟之聲相答。醫生乃下車。循聲而行。至於塔下。見二人同臥蒺藜之次。一女郎挽抱一偉男子。狀已昏惘如死。女郎周身皆血。縞衣爲赤。其狀似暈後纔蘇者。氣力全微。見醫生至。尚能一一告以墜塔之狀。醫生無言。諦視傷人。咤曰。此股斷處甚劇。幸其人不遽醒。創尚可爲。一刻鐘間。就月影中。爲之包裹。移時舁繩牀者。亦以車馳至。時亨利仍未醒。徐徐寘之繩榻。醫生侍其側。同赴白拉墨斯。迦茵遂上醫生之車。馳歸酒肆。以醫士言。病人不宜遠涉。宜擇近地。故迦茵先馳。摒擋住處。迨至。亨利微醒。遂進迦茵所居之古屋中。此時醫生之佐亦至。啟視斷股。迦茵姨氏。格林華德氏亦旁助之理傷既訖。醫生予亨利以甯睡之藥。遂昏然而寐。醫生尚徘徊審視。格林華德氏曰。先生得間爲我醫迦茵。迦茵臂上大創。方噤不可止。格林華德氏遂引醫生至小屋。省迦茵。此屋爲格林華德氏之夫別榻。迦茵此時方臥於胡牀之上。如寐如醒。狀甚酸楚。時姨丈已大醉。執燭視迦茵。歎息謂好女子死甚可惜。而酒醉手顫。蠟淚滴滿迦茵頰上。且歎且哭。此時格林華德氏適領醫士至。叱之出戶曰。醉鬼趣行。勿溷吾室。室吾事。且爾欲焚此室耶。左手奪燭。右手推其夫顛於戶外。然亦自慚。謝醫生曰。先生勿駭吾妄。此人洪醉。非如是處之不可。醫生微笑不語。遂俯視迦茵之創。以水滌血。既曰。創至無傷。惟鐵鏽陷於肌裏。奏效稍遲。此創更低寸許者。中要害矣。乃以止爛之藥敷之。亦予以安眠之藥。因曰。明日侵晨。當少痊。惟此房潮濕。不審此女郎能安受否。語已。格林華德氏曰。二人究何事。均狼狽至此。醫生曰。吾不知其他。但聞格雷芙將軍上塔取雀雛。下墜。迦茵女郎趣進救之。一折股。一傷臂也。姨氏曰。迦茵惟蓄良心。故爾若此女幸不死者。轉爲吾覓取得佳趣。（意謂亨利養病其家可多得錢耳）此人養創吾家。殆數禮拜方愈乎。然則吾家不爲無補矣。醫生曰。若吾藥奏功。亦非數禮拜不能遽起。格林華德氏曰。然則此人危乎。醫生曰。中年人斷股。奏效非易。若不卽愈。非斷卻不可。醫生前行。格林華德氏隨之以出。沿途咎恨。謂一鴉雛。竟至於此。卽迦茵亦不能無過。又云。迦茵者薄命人。雖風貌如仙。而恆不利於人。行藏酷類其母。殆種然也。醫生不答。令侍者留侍二人。自以車他往。明日醫生作二書。一與格雷芙男爵。一予來文杰。二人均舊好。因語二人以狀。書中語。卻不復張皇。防猝驚此二老人也。既遣伻。遂自至視二創人。迦茵此時血止。

惟創口微痛。人尚如故。大變昨日驚惶愴楚之色。不留影響。而亨利略醒。所進藥多雜以鴉片。醫生曰。此病卽瘳。須以貲雇一看護婦人。吾已電至倫敦。今晚可以立至。格林華德氏曰。看護婦至吾家。實無地足以相容。如居迦茵之室。則迦茵將安往。今以我護病人。助以迦茵。不亦可耶。且我之護視病人絕佳。人人見許。鄉黨中死人。均我代按其目令瞑。我固精此技者。矧先生居近。我卽有事。可以奉挽。於事亦易。醫生沈吟曰。試看病情再決進止。至十二句鐘。使者覆醫生言。爵夫人及來文杰將同來視亨利。醫生遂出見二人於客舍。愛瑪亦至。面如死灰。爵夫人一見醫士。卽曰。先生。吾子。如何。格林華德氏告我欲見公子者。非問君不可遽入。余今晨得書。尚沾滯牀蓐。愛倫本可同來。因往訪密而華德。吾夫老憊。不能以車來。故老身扶病至此。語已。靜對醫生。待其對答。醫生曰。夫人癯極。我初意決必弗來。以女公子至耳。公子左脛中兩骨均折。奈何且跌後露臥草際。而又中寒。久之。今幸無他危狀。來文杰曰。究竟如何。醫生曰。迦茵赫司德言之能詳。彼已早起。吾試呼之出。來文杰一聞迦茵之名。

駭然。而醫生已覺。爵夫人猶頻頻語曰。甚善甚善。來文杰無語。醫生遂出。少須。迦茵已入。面色純白。下唇微傷。着樱色衣。右手絡以繩帶。此時雖極憂愴。而容色愈媚落落。有大家風範。迦茵見來文杰與之點首。來文杰亦點首答之。至見爵夫人。則進而爲禮。此時方欲出口。忽見愛瑪語復咽。此二女蓋自少已晤面矣。迨長遂不復遇。此時相見。彼此互相詫異。迦茵猶憶亨利暈時口中尚頻頻呼愛瑪。故此時相見。乃凝睛盼視。私念亨利昏惘中何以頻呼其字。豈此二人密有婚約耶。以今日事勢卜之十得八九。既而又念亨利囈語時亦時呼吾名。然則定情之事又似非實。卽使亨利注情愛瑪。亦不爲奇。如此麗人。惡得不愛。愛亦何奇之有。此時迦茵意中全屬愛瑪。不知愛瑪意中亦疑慮迦茵。當愛瑪一見迦茵時。即奇駭。以爲女子意態丰姿至此可謂美滿已極。雖外貌之美屬之皮囊。然猝見之亦不能不嘖嘖稱許。且聞迦茵忘其性命力救亨利。亨利非得迦茵攬抱懷中。在勢萬無一生。以美人中品第其可謂勇烈矣。及再相迦茵身體健碩。自較一身弱不勝衣。頗形羨慕。匪特羨慕而已而嫉翫亦緣是而生蓋愛瑪之來一心專爲亨利偶然間忽睹迦茵然則亨利生平危險之局救者乃出迦茵於己無功焉嫉之之意亦因是而蘊此時愛瑪心中似言此女斗遇亨利如此鍾情必不能遽爾撒手且極力膠糾亨利就之若一身之自保其性命焉者雖爲時尚淺情愫未深而愛瑪已戚戚爲之危懼實則莫名其所以然忽復奇想斗來謂與迦茵能分住天南地北者則於己事亦無所窒礙此時二女各有所思均飄瞥如電良不如吾書敘述之冗蓋此思想只算在一杪鐘中耳爵夫人忽謂迦茵曰。迦茵赫司德爾無恙乎。老身固知豚兒墜塔女郎實在其側。能一一語我以狀否。迦茵曰。夫人是均貧女之過也。女初不料公子竟至塔上。乃以簡括之言敘亨利傷狀而獨不言己功。爵夫人曰。謝女郎存吾兒。勇義均可嘉。尚然女郎不自傷其膞耶。老身祝汝早瘳耳。迴語醫生曰。能容老身入視否。醫生曰。一二分鐘中可以入視。幸勿驚駭創人。遂領大衆入。此時亨利服安眠之藥。藥性已盡。爵夫人入時。亨利方與格林華德氏語。亨利聞足音。知老母至。遂忍痛歛容。和藹如平日。語其母曰。母至此耶。母見狀。尙不知此刻較前愈多矣。吾方墜塔時。殊不料其能如此。此天相也。母來視我。母恩深矣。然幸勿驚。吾父吾甚願此惡消息不令老父知之。爵夫人聞言。鞠躬與之親吻曰。傷哉吾兒。汝不苦耶。亨利曰。母勿患。偃臥數禮拜者。患當平復如常。母視此屋甚湫隘。然猶室女之閨。此姥姥格林華德氏語我者。此屋雖老。臥之尙安穩。吾聞迦茵姑娘被蒺藜傷臂。弗劇乎。母知此女耶。義勇出諸血誠。吾墜塔非彼仰承抱我。我墜入蒺藜中。骨肉糜爛矣。爵夫人不及其語之竟。即止之曰。若無迦茵者。汝胡登塔。老母不審汝何所見。以二十許人。乃爲是蠢笨之事。此時亨利負痛。口不擇言。趣曰。吾戀其美。實欲媚之。故不憚險。然須以書告來文杰伯氏。不爾且以吾爲負諾。母曰。來文杰固在此。吾已一一語之。亨利曰。母幸爲兒謝來文杰先生。愈時更造其家。引咎。今茲未能。亨利言至此。頗著力。醫生示爵夫人旨。令出。爵夫人曰。兒母今歸矣。明日吾更以愛倫來視汝。兒欲得看護婦乎。亨利曰。母須。兒最厭見病房之女傭。一見之。即念前此臥病外國之窘狀。病且增劇。今有醫生二人。及姥姥格林華德氏足矣。爵夫人曰。然則吾更來視汝。汝患當早瘳。更與親吻而出。醫生出寒暑針入亨利口取熱度。視訖。又與之藥。令睡。爵夫人既出。迦茵隨之。方二人之入視也。愛瑪私語來文杰曰。此女娟媚絕世。緊何人者。女聞人言。彼乃無父。來文杰曰。彼爲格林華德氏之從女。我何知者。聞彼父母均死。我所知者如是而已。愛瑪曰。女聞其言。似尊貴人家之閨秀。非傖人女也。來文杰曰。吾聞此女學問高逾其身。天下寒人之女。一經嚮學。即爲終身之累。蓋彼目中無荒傖。傖即非偶。彼出素門。何從婦貴閥耶。彼令格雷芙顛連至此。吾安能恕之。愛瑪曰。彼人舍命出格雷芙於險。己亦瀕死。尙何責者。來文杰曰。此均女子之流弊也。先以勇健之男子。置諸死地。己乃出死力救之。直自命爲兒女英雄。不幾多此一重公案乎。以理衡之。先前勿令男子趣禍。亦不必以性命與易。義名詎非兩得。然女子之心。非得如是者。不能造就一番事業。爾試思此女先慫恿格雷芙登塔。己乃張兩膊以拯其死。見者無不同聲以韙神勇。而吾則甚恨其人。試觀亨利。即使因藥得愈。其健碩亦不如前。來文杰平日和平。今日忽暴烈如是。愛瑪大爲驚詫。復問曰。格雷芙病乃委頓如是乎。來文杰曰。醫生之佐。語我。此患在跌傷之例爲危候。且斷處爲體中之要害。血出如沸。露宿至五句鐘。又繩榻舁過數里。安得不危。愛瑪駭曰。女以爲得救即不死危候已過乃猶不可必耶。來文杰曰。此老父安知者。今惟得天之庇。與其人平日體幹如何耳。醫言必不能瘳者。則惟斷脛。令終身跛行。愛瑪聞言大驚。四肢均憊。遂仰臥於榻上。來文杰曰。吾輩久滯於此何濟。今且歸。傍晚以書來問。可爾。父女乃同行。愛瑪即車中想念。心乃大悲。其始深盼亨利至其家。今則彼重創而臥。遂覺平日溫柔之性亦變易爲惱怒迦茵矣。

第十章

逾二三日。亨利雖仍呻吟。然外象觀之。似有起色。爵夫人與愛瑪日偵消息。於心略慰。明日格林華德氏他出。令迦茵入侍病。迦茵臂雖被創。而外狀如恒。既入門。亨利方沈睡。迦茵遂坐榻下。頃之亨利甦見迦茵駭曰。赫司德姑娘。無恙乎胡乃降格護視病人。迦茵曰。此值將軍一問耶。阿姨方他出。故以我視動息。亨利曰。女郎仁惠。顧病人臥處。豈容溷君玉趾。吾此時方渴萬死。請女郎授我以麥水。迦茵授杯。以右臂託其頸。令就杯飲。亨利飲既。曰。活我之恩。吾尚未謝。赫司德姑娘。我佩盛德終身矣。吾方墜塔。不得君。當糜爛其軀。方吾攀籐。藤斷時。自分死期已屆。迦茵斗憶亨利墜時。防下壓己身。尚顫聲呼曰。趣避。趣避。至情可感也。因謝亨利曰。此何待謝。吾念危險時。以纖芥之事累將軍。至今心猶隱痛。語時眼淚奪眶而出。淋浪襟際。亨利曰。幸勿哭。女郎哭。吾心碎矣。吾顚自塔上者。均我少年狂愚之誤。迦茵曰。吾安敢哭。阿姨出時。令我伺將軍。俾毋多言。亨利曰。女郎不哭者。我即不言。自是以後。迦茵遂爲亨利患難中極暱之膩友。姨氏則專主麤笨之事。其稍近尉貼者。悉迦茵任之。蓋亨利病中。非迦茵不樂。一日家衆憫迦茵力瘁。欲以看護婦代迦茵。亨利聞之。病忽增劇。於是迦茵更至。然踴躍之狀。甚於亨利也。數日之後。亨利病狀忽轉入危候。血管熱度暴長。遂動狂囈。醫生言血中受毒。故外象暴變如此。思欲鋸斷其脛。既而又念亨利贏頓至此。更斷其脛。必死。因置不議。此三日中亨利性命實關於生死之界。爵夫人與愛倫長坐客座上。伺動息。爵夫人癡如石人。愛倫焦悚。顏色亦變。然把握尙堅。他人則嗒然莫出一語。愛倫謂迦茵護視病人非是。且恨迦茵肇禍。即不令迦茵進前。別雇看護之傭。此計畫亦出之愛倫。後此醫生欲力斷其脛。亦愛倫止之。愛倫又謂吾雖不審醫學。亨利固欲死。然脛斷則死尤速。醫生韙其言。因曰。彼軀幹尙偉。或能禁此熱度。於是脛乃不斷。此時愛瑪父子亦至。數日中。愛瑪憐念亨利之心。人人無不洞見。前此愛瑪從未語人以憐惜亨利意。至亨利此時生死呼吸。愛瑪乃按納不住矣。心中謂勿論亨利吉凶如何。吾必爲亨利之秘友。長侍其側。至於所以親近亨利之故。亦不能自白。大抵天下情之所鍾。正有不能以言喻者。情愫既眞。嫌疑至不能避。非亨利危殆者亦萬萬闕不示人。正防其事情中變。即使二姓歡好。竟遂亦必俟定情之後。方能示人。一日下午。亨利疾大劇。衆決以爲必無倖。醫生與伺病者。意甚惶擾。百計思以術生之。爵夫人與來文杰及愛倫愛瑪同在客座上。翹盼吉凶。

一句鐘後。愛瑪焦思欲狂。乃出客座伺諸病房之外。聞亨利在榻上熱而猛喘。醫生則輕躡其步履往來數數移時門闢迦茵自內出。面如死灰抖衣而戰。愛瑪密牽迦茵之衣。曰疾如何。迦茵梗咽不能語只搖首示意。愛瑪見迦茵悤悤行目送之而嫉妬之心狎至私念此人胡以出入自由而吾轉不如且彼於榻中一舉一動儘可宣力而吾則轉屏門外何也以理論之。此事應屬我而彼何親乃據爲骨肉思已惘惘至客座坐於小榻以巾自掩其面爵夫人曰。爾何所聞。愛瑪不答。而露其微呻。聲甚哀咽。愛倫曰。更勿爲此態。令人悲梗。愛瑪仰面曰。請姊靜賜吾悲也吾始以爲託天之庇可以令亨利病瘳今乃知其不然矣在我固有此悲以我之戀彼不覺悲從中來不能自禁奈何今吾亦不恤人言矣卽未嘗與之署諸而心則亨利人也亨利果死吾心烏得不碎愛瑪此言在平日言之。則令人奇駭。此時家衆惶劇中。亦不深異其言。只有爵夫人答曰。女郎言是。吾全家悉憂之。言已。滿座寂然。然使愛瑪斗然回首者。必見複室中尚有人臥哭慘狀甚於愛瑪者矣此時迦茵入小屋以身覆榻上。

兩手搯其被哭不能聲幽咽可憐至於萬狀口中力囓羅巾不令嗚咽之聲發吻蓋欲力制其悲而周身筋骨已策策而動方其侍亨利疾時。尚足支拄。此時醫生力麾之出。似亨利情狀與彼永隔。故不能自持。悲梗如此。尙微聞其呼天曰。天主有靈願生亨利而死我也以我之故令亨利至此。罪均在我。胡屬亨利天主乎。當憐我苦心也。不知我罪伊何。今日乃橫阨如是。幸天主赦之。赦之。

逾半句鐘。黃昏之色已漸上客座。爵夫人曰。噫。如是夫。久乃一無生機耶。愛倫曰。醫生弗卽出疾似可爲也尋又寂然天色漸黑忽聞履聲自內而外衆審爲醫生出也爭凝立待之以爲來報死耗然夜已深黑醫生之入莫辨其喜懼之色但聞微問曰爵夫人在此耶。爵夫人顫聲應曰。老身在此。醫生曰。我來告夫人公子元氣戰勝其病矣。以我力量所及公子必生言旣衆噤不能答忽聞怪聲一發愛瑪跌矣狀如中彈。

迦茵初亦聞醫生足音由牀上徐徐而起至於客座之次偵取醫生消息在理法。不能倚戶竊聽人言。然恩遽之中。理法亦所不能盡講者矣。迨聞醫生言尚有生機。乃微喟。以爲得天主之援。此時迦茵所言。與亨利本無親串之義。爲語甚突兀而深情所發。亦不自禁。其至於此。此時復無知覺防檢。已款款入於情網中矣。但覺亨利得瘳。即天主擲授其人付己懷抱。正夷猶間。聞愛瑪怪聲。又聞其跌。初疑愛瑪與亨利素有情款。今見狀。信之尤篤。斗然忽悟愛瑪之跌爲情跌也。然則吾身之忽哭。忽臥。忽起。甯獨非愛。亦正與愛瑪同耳。此時情景。如人夜行山坳中。不省所履何地。殆電光一瞥。始覺塗徑所出。是曾經人行者。且四圍危險萬狀。而已身已到盡頭之地。於是大震。蓋已歷此地。前無可進。即後無可退。迦茵昏迷中。聞客座中呼曰。趣以燈出。愕然而動。乃四嚮尋燈。但覺百事都不掛懷。只知亨利生矣。猶不知吾何以故私求天主。即天主見允。亨利以生。已逾彼所求之分。方其求時。至於弗惜其性命。正恐亨利尚未知吾何以故而遽出其性命。以易其一人之生。然而亨利生矣。顧亨利之生則來文杰佳婿耳。我又何人耶。於是取燈而出。助大衆啓愛瑪衣領。以冷水噴其面。

時無一人目及迦茵者。蓋衆心方慰亨利之有生機而震愛瑪之斗然暈逝遂無暇審及迦茵之作何狀亦不計迦茵執燈在前且頻言迦茵之所不願聞者。醫生止衆人曰。衆勿駭。吾生平未聞得善狀而足死人者女郎之暈。殆懸懸於死生之消息用神過疲意一釋而神越耳來文杰語爵夫人曰。老夫不審此女。乃與亨利情深如是。若醫生言。亨利非祥者則此女必死無疑矣爵夫人曰。女公子惟甚愛亨利。所以至此。惟謝天主耳。女公子殆世之情種。若蒙天佑亨利得以更生。則老身或冀二人之能好合。如亨利意嚮猶左者。則極天下之至愚者矣。此時愛倫方旁矚斗見迦茵矣。因曰。君勞頓久。曷歸休乎。迦茵嗒然俯首行胸中紛裂不復能忍然猶有一分欣幸。自謂此身已充看護之役。在勢必不能遺我。前此去我而亨利病加篤。亨利之心固不欲去我者也我明知病愈時。人歸愛瑪若病中未嘗不屬於我脫令亨利遇我時。已與愛瑪前定婚約。則吾生之望亦絕。已而又念縱彼二氏定情。而我自有情根。安能盡劃。然以二女同眷眷於一男。此世界中最惡之果。無如冥冥之中。似有牽絲而弄我者。則我甯以愛亨利而被荼毒斷不能舍亨利而自覓樂趣方吾乍見其人。已深悅其淹和。而猶不省所謂愛者但覺舉生平所見此爲最偉高出於流俗不期有先我而得者望絕而心冷矣事既至此。酸梗何爲胡不破涕而生一笑

亨利之病。既出危候。氣脈漸漸入於和緩。三禮拜後。始聞於三禮拜之前。幾死者數。蓋迦茵語之也。以其親屬之人。醫生格不聽見。卽略款語。亦禁其追述險狀。此時元氣大復。創亦漸平。醫生乃告迦茵。患者欲聽人讀書。爾可進書以娛。卽欲聞瑣事者。儘傾吐以拓展其襟抱。七月中天氣絕佳。迦茵近亨利病榻之外。古窗之下。治針黹。窗外野花作香時時觸鼻而村外之聲隨微風而至亨利懵騰欲睡迦茵置針線於裙上流目盼亨利。亨利忽張目見迦茵。迦茵急俯首取針微言曰。將軍欲何需者請告我今日患如何莫增劇否亨利曰。吾患良已亦他無所嗜惟嗜觀女郎耳女郎坐近窗天光蔚藍猶紙也竟畫出美人倩影矣迦茵二頰均顫默然無言移時亨利又言曰。迦茵吾前此患如何不擾汝否迦茵曰。君前患至劇。三禮拜之前。衆以君入危

候矣。醫言生一。而死據其九。亨利曰。怪哉。吾乃一無所聞。然此亦佳事。吾前此溷於世界中。日牽引於瑣事。竟無暇念及於死。今日驗之。死亦易易。果得死者。世界中事尙不能溷我也。言已。歎息少須。又言曰。吾累人甚。乃不自檢。致諸人爲我憂悚。而感迦茵尤甚。吾頗憶惛惘中。輒見女郎蹀躞吾側。不知此病榻狼藉中。如何苦汝者。汝素喜及天氣。乃鬱鬱此中。甯獨非累。迦茵曰。是何言也。爲將軍効勞。吾分也。亨利愕然曰。迦茵業不爲看護。胡能以分自任。迦茵曰。我雖不業看護。而君家今日。尙欲以資酬我。語至此。似怒。亨利卽曰。吾家固不審輕重。然於事理言之。亦不爲越禮。迦茵以足頓地曰。吾甯槁餓以死。斷不能以此自輕。且將軍之禍。我肇之。感媿已不自甯。若更以資見酬。辱且無地。亨利曰。迦茵勿怒。家人誤耳。然吾意殊不審迦茵何峻拒如是。方吾病急時。吾家人至此作何狀。幸拾以告我。迦茵乃簡舉詞要。以告亨利。亨利聞言。追念及迷惘中。家人惶悚之狀。與醫生往來告語。忽駭忽慰。情狀百變。一一如畫。因問迦茵曰。此時若亦在吾側乎。迦茵曰。先此咸在。嗣醫生告我疾革。麾吾行。

吾亦不忍更視故忍心背將軍出。亨利曰。若出此安適。迦茵曰。吾歸複室。亨利曰。歸寢乎。迦茵曰。我我無術但祈天耳。亨利曰。如是見顧。感且不朽。此時亨利目迦茵。見迦茵轂觫不可自甯。因別問曰。餘人如何。迦茵曰。家衆均處客座。洞黑而坐。專盼存亡之耗。待醫言逝時。趣入哭耳。嗣醫生見君譫囈稍已。知疾尚可爲。遂出詔家人。吾聞醫生足音。急出探取消息。亦自悔不應如是。然醫生之入。似欲尋人而語。而衆皆駭慄。沈寂之境。有非言所詳。幾於墜針亦聞其響矣。醫生乃語君母夫人。謂君託天之力。可以得生。迦茵語至此。復咽。亨利急趣之曰。吾家衆何言。迦茵曰。他無所聞。惟來文杰女公子。怪呼而暈於地。亨利駭曰。彼何暈爲。豈夜餐不時至。饑而腦動耶。迦茵微哂曰。此語似也。然女子之心。凡聞其所愛瀕危。既而又聞得生。喜極而暈。容亦有之。亨利曰。此亦近理。然愛瑪之於我不類也。迦茵聞言不期而緩緩起立。竟墜其針黹於地面。亨利曰。君纔所言。果未與來文杰女公子定婚約耶。亨利愕然曰。有是事乎。至起病後。未知與人如何。若未病以前。固未有此蒼皇舉動也。迦茵曰。吾言過矣。幸將軍勿更介介。吾姨氏且入。吾將外出。領取天氣。亨利見迦茵。私念此事絕怪愛倫所言。何復可信。此事胡爲疥吾懷想。吾置之可也。

第十一章

明日侵晨。爵夫人及愛倫來視疾。坐談極久。咸追述病時。家人憂鬱之狀。語咸亨利所未前知者。愛倫復覼述愛瑪暈撲之事。極力渲染冀動亨利之聽。亨利曰。吾亦微聞之。但自愧不檢。累及來文杰姑娘爲我惶怖至此。愛倫駭曰。誰語阿兄者。殆醫生乎。亨利曰。否。是迦茵赫司德看護吾病者。舉以告我。愛倫曰。彼外人。何與我事。此女狡獪已極。吾家事何與彼者。乃敢屢屢干我。且尤悖理。竊聽吾家人聚語。而復以此事告阿兄於瀕危之中。是又何說。亨利曰。愛倫。吾誠開罪於汝矣。吾感迦茵至於次骨。若非迦茵調護。垂死之身。即今日欲覓一語。以謝迦茵。甯能出口耶。至沿壁竊聽亦非有所偵伺。特以愛我之故。欲聞醫言如何。奈何怪之。愛倫曰。彼愛阿兄太過矣。此時爵夫人以目止愛倫。愛倫乃易以他語。移時爵夫人出覓格林華德氏室中相對者。祗亨利與愛倫。愛倫曰。乍妹言太銳厲。阿兄當念吾素性如是。或不見罪。惟大病新愈。幸勿暴烈。兄當知吾之告兄以愛瑪暈狀。阿兄聽之冷如冰雪。吾故怏怏。亨利曰。吾安得冷。惟自憾無以見慰。是人以吾思之。來文杰女公子慈祥愷惻。從未聞朋友之中罹此奇禍。今死一良友。中情哀感。不期其爲此狀。愛倫曰。是乃朋友耶。亨利曰。以我二人之情愫。乃屏我不足交際乎。愛倫爾言直令人昏瞀。不能索解。愛倫曰。阿兄所言。殊令我驚怪。阿兄果昏瞀。不省人情。抑僞爲此言以試我耶。亨利曰。吾弟試明言告我。我從未慣解人迷團者。愛倫曰。阿兄素聰慧。胡爲顚倒至此。兄乃不憶吾於阿兄歸里。明晰示兄以父母意耶。亨利曰。吾解裝時。弟絮絮作苦語。大半非吾所樂而聽受者。愛倫曰。我實告兄。愛瑪來文杰已眷眷於兄。將臻極地。亨利曰。憶之。特不敢深信。愛倫曰。今則可以信矣。彼心已傾倒於阿兄。亨利搖首曰。吾非堅與弟悖。此事吾終不之信。愛倫曰。天下殊不見滯固如兄者。此事阿娘審之。兄如猶弗信者。卽問之愛瑪。彼亦將慨然自承。何弗信者。於是詳述愛瑪在客座自述之言語。

已復曰。言此。則阿兄當釋於懷矣。亨利曰。果如是者。吾安得不信。雖然。或且腦筋亂。時往往作駭人之語。亦未可定。吾弟奈何以室女惛惘之言暴之於我。若令來文杰姑娘知者。能堪此耶。譬如吾在病中狂囈。醫生及迦茵述以告汝。汝亦以我爲由衷之言乎。吾弟所言。固屬美意。特吾後來再見來文杰姑娘時。相對何以自處。今吾德矣。幸吾弟趣以護病者入室。愛倫廢然出戶。惆悵萬種。自念此來。不特於事無濟。轉以趣亨利之。果決初意以爲愛瑪情狀。亨利驟聞。縱不動其情愛。亦足生其欣悅。乃亨利聽此二者。均無所動。反以負友之言見責。然愛倫夙心必欲全此美舉。雖亨利嗔責。而亦不復芥蒂。亨利此時性情。愛倫竟日索亦莫之得。謂亨利殆嚴冷而作僞者也。愛倫之僞亨利。謂必以復產之故。極力引嫌如此。引嫌即僞之見端。不知亨利豪情盛氣。較愛倫高絕。愛倫俗見滿腔。烏知亨利之爲人。縱生平至契。一諷以利。則亦自遠。不復與卽。矧爲圖婚救產之故。則尤非亨利所欲矣。且愛倫累與亨利言愛瑪情愫。顧亨利平日踪跡。與愛瑪甚落漠。世斷無不相酬酢之人。乃傾襟推抱至此。

則亨利之心。亦未免不直愛瑪所爲。凡此均亨利自遠於愛瑪之故。而愛倫則一俗女子。何由知之。以爲亨利別有他腸。求索不得。已而得之。以爲必爲迦茵而薄愛瑪也。因悟亨利病篤時。迦茵焦思累泣。此何爲者。且亨利沈頓之中。亦屢呼迦茵不欲其離去病榻。即迦茵之服事執役。逾於慈母之撫嬰兒。因念病坊之中。男子恆悅看護之婦。此恆事也。愛倫此時心緒。起變萬種。宗旨悉恨迦茵。而亦不能不驚迦茵之美。且聞其談吐舉止。殊不類屠沽中弱息。又念吾兄幾爲此女所蠱。不爾。胡以性命博數鴉雛而反謝其惠愛者。愛倫思至此。因復大懼。念亨利果悅此女。則愛瑪之事望虛。而吾家破矣。矧此女朝夕事新愈之人。安禁不無意外之事。又知迦茵娟妙絕世。則迷人之術。必工。正躊躇間。欲商之密而華德。冀得善着自救。而密而華德亦知來文杰與格雷那德欲聯爲親串。惟救產之事。則瞀不之知。一聞愛瑪之言。莞爾而笑曰。爾所言事。猶伸椎以擊壁釘。恩遽中。咸能中。若兄心緒。可云沈密。不可摸捉。彼病中方暱其所歡。愛倫怒曰。是何言者。後此語我。更勿以下等社會之言見答。吾兄亨利平日清操可信。況又在病中。事何疑者。彼見迦茵時。正在性命呼吸間。後此郎病。又何疑者。密而華德曰。前此固潔。今好事近矣。故得新而亡其故。吾實告汝。亨利烏可議。即吾生平言之。眼中所見。亦以迦茵為第一。亨利之愛迦茵。亦屬人情。孰能舍絕代麗姝。弗近而近愛瑪。沈寂抱鬼性之人耶。凡人所近。惟血肉之軀。斷不近鬼。吾決亨利殆與我同嗜也。密而華德此言。乃盛觸愛倫之怒。蓋有三焉。愛倫欲以語斥之。顧不能為辭。遂弗答。徐曰。若言乃如是耶。爾須知今日不入少年之吸煙會矣。奈何猥雜如是。吾之問若。蓋請計於若。冀得善策。以全此二人。俾勿離異。密而華德曰。若勿矯矯。幸移其狡獪之言。對亨利。勿更瀆我。若必問策於我。我只能以計靡去迦茵。則愛瑪自與亨利水乳矣。若我易地為亨利者。則斷不為此言。已以兩手納於衣囊中。憤然而出。識者謂密而華德臉皮固厚。而愛倫出其鋒銳之矢。直貫入痛處矣。此時密而華德出戶。自念婚約甫定而跋扈至此。則定情以後。狡逞當甚於今日。此何可者。彼常憤怒。如枯幹槎枒。我自視直一柔條弱枝矣。若後此縱其所為。我將不堪。不如趁此決之爲上。且吾與彼家聯姻。尙有窒礙難行者。一則彼家旦夕垂斃。我奈何婿彼貧妹。而亨利尤嶽嶽不肯下人。不省愛倫何由必聯此姻好。我微聞愛瑪之父。放蕩無檢所娶又屠沽之女。貴游咸屏跡不履其門。而愛倫如是殊令人難解。遂邐迤行及餐房。此時愛倫知言語過激。將生他變。故於更見密而華德時。即反顏與之款語。不待天晚。而密而華德一腔忿恨。已瓦解冰銷。歸於無迹。

愛倫自念密而華德語雖鄙悖。而至有條理。然欲去迦茵甯復有術。既不能力驅迦茵。復不能令格林華德麾此孤女。晝夜凝思。忽得奇策。乃造來文杰求策。知此老至有權謀。亦思來文杰之意。願嫁其女。而格林華德氏逆旅之居停主人。又來文杰也。計欲驅迦茵非決策於來文杰不可。於是以車趣蒙克洛淇車經酒肆。遂入問亨利病狀。見亨利以枕自倚而坐。迦茵近榻讀書娛之。其書爲詩篇。然哦詩初不爲患。惟前聞保洛與佛藍攝司加故事。頗用介介。大凡少年男女聚而哦詩。則情感必復難遏。愛倫入門。先問安於亨利。既而作態駭曰。此何爲者。亨利徐答曰。吾弟來耶。吾在。

此。聽迦茵哦詩。音調佳絕。迦茵此時掩書起立。愛倫昂然不復盼睞。因語亨利曰。吾不省阿兄病中。胡危起聽此無謂之言。因語迦茵曰。房中胡未洒掃。復對亨利曰。吾來此省兄。將赴餐於來文杰家。未知阿兄與此老有問訊否。吾當爲兄轉語。亨利曰。無之。第爲我謝來文杰女公子。彼以書及花果見惠。均拜登矣。愛倫曰。吾當更來。遂不待其辭之畢。忽忽出。愛倫既出。亨利歎曰。吾正欲問吾翁何病。彼乃忽遽如此。因顧迦茵曰。吾女弟已行。請若更吐珠玉。迦茵曰。請將軍赦我。我不更念此詩。亨利曰。吾甚嗜詩。胡爲不續妙文。吾二十年來。不讀蘭昔洛及愛泠傑攡矣。迦茵臉赬久之。曰。乍格雷芙姑娘不令讀此。且此事本非吾職。至房中灑埽與否。此將軍所目覩者。亨利惶劇而言曰。吾所親信之迦茵。幸恕我。勿復見罪。吾安能受制於女弟。即一哦詩之人。亦須聽其召遣者。特女郎已乏。須息。吾亦不敢相强。

愛倫之車。循海瀕行。半句鐘之久。至蒙克洛淇屋。屋以赬色磚築成之。年代則圖德時也。屋之三面。均種蘇格蘭杉樹。屋東及海。均大草磧一片。狀極空曠。一開窗。可以極目至海。屋後爲花園。林石位置。雖陳舊。然尙歷落有致。以杉樹多。敷陰絕廣。而屋前則草木不長。以東風厲。又海波洶湧。鹺溼接於地脈。不能萌生。故不長一草耳。愛倫既下車。侍者引入園中。見愛瑪坐於西黛樹下鐵椅中。讀書。此時天氣酷熱。故追涼於此。愛瑪見愛倫。驟起曰。愛倫何來。且來何早。愛倫曰。早起亦恆事。何奇也。言次與親手爲禮。言曰。吾至此清嚴幽澈之地。塵機爲之一息。吾於前數禮拜。即欲造謁。今日始排冗至此。君亦知吾家否運。非臥病即痍傷。吾抑鬱至不可耐。愛瑪曰。俗冗大累人。然君早晚于歸。何可戚戚。以損容光。愛倫曰。吾婚雖定。然拂意者正多。君亦知密而華德之爲人。呶呶好作兒女態。吾又磊落至患其擾。愛瑪曰。君既定婚。即彼家人則彼或不至於如是之慕戀。弗釋。愛倫曰。或如君言。吾今日往省亨利。得君所賜書。及玫瑰花朶。阿兄至欣慰。道謝。命吾來此問訊。言君見待如此。感激無已。愛瑪以目視地。對曰。非玫瑰也。蓮華也。愛倫曰。吾乍言玫瑰耶。正說蓮華耳。愛倫因問曰。吾方語。蓮華君何由色變。愛瑪曰。君不知耶。吾榮衞素少王相。故顏色多慘白。吾不審邇來何以心中恆多弗適愛倫曰。君置身意東園中。尙弗適耶。愛瑪曰。無他窘我。特我之思慮如此。君亦知昔日夏娃在意東園中嘗知識果後熱惱因之以生。愛倫曰。吾聰明不及君。焉知哲理者。若必欲見語當降格以示淺人愛瑪遂起立至陽光所燭地步於小石徑花巷之中少行卽停如是者再狀似看花愛倫自後觀之。自念是人衣服僊僊而舉行諸花中直蝴蝶耳若果化爲蝴蝶者吾亦不甚奇之以其狀正如蝴蝶類也今其夷猶如此似欲有言吾且勿踵其後俟其思得後再問此時愛瑪徘徊至再復歸西黛樹陰之下。語愛倫曰。吾今實告姊氏前此欲言如有所骾不復敢吐吾懼言之適以取辱吾蒙辱至此常欲逃去之勿令人見愛倫張目言曰。妹氏所觸何罪至不自適如此。愛瑪曰。吾安得罪罪在愚耳吾之墜落愚網較陷法網尤窘姊氏當知前此夜中彼人危候吾所直陳不諱者姊亦當知之矣愛倫曰。聞之然彼安得死。且妹氏所言入吾耳者覺世間美滿之言無逾此矣以吾意中所至樂者。實願亨利與君得如是之偕果愛瑪曰。是言姊氏以爲暢遂者吾正以此杌隉語時以二拳對握絕緊。因曰。吾不審何因。乃蒙恥忍辱至此。而彼人前此固未嘗以情話見及。未及彼人心中好惡如何。吾良難必其不歉我也。吾故以心鞫心。自成刑讞。有時追念當日冒失之言。殊以不能自遏之故。乃至於此。非狂囈也。實則吾於初面之時。已傾心相屬。不解當日惘惘中何以徑情直道。故媿不可止。愛倫曰。妹氏。男女相悅。亦世事之常。此何怪者。且此事非肇之自汝。汝又何憾。愛瑪曰。吾之自憾。非憾用情之誤。蓋用情宜置之懷抱。不應宣洩於人。卽聖經所謂聖潔之性者。吾本賴此聖潔之靈光。自照其一生之行事。今用情旣喪其源。卽吾一生操行。將隨是而隳。此一翻語。貞潔女子之恆言也。而自愛倫聞之。則擬之猶太人之言。以爲愛瑪秉性固執。始有是言。然此時百索不得一語以答。但搖首示意而已。愛瑪此時有焦急之態。復言曰。吾心所不能忍者。深恐此言轉輾入於賢兄之聽。當時語此。聽者僅三人。一姊氏。一老夫人。一吾父。吾絕信老母及姊氏萬不向賢兄言之。以母及姊氏均女人。固善體人之苦趣。所最慮吾老父或語之耳。吾深信吾父欲贊成吾事。或以吾性情所寓借以語亨利以堅其信則大可慮。近吾父已許我不告賢兄。蓋賢兄聞此必鄙薄吾之生平。愛倫曰。嗟夫妹氏。幸勿自窘。君須知天下人安有如此無情。乃用此語訴吾兄者。妹氏諸無所患。祗有一事。實足以累妹氏者。愛瑪曰。何患之深。愛倫曰。卽逆旅女子迦茵也。此女親肇其禍。乃陶心研慮以熒亨利。吾且惡其伏匿扉後。竊聽醫生之言。難保其不聞妹氏衷情傾吐之語。愛瑪曰。迦茵赫司德卽密髮虛鬟亭亭弄姿者耶。彼果聞吾言。聞吾言必告賢兄矣。我當日忽忽相見時。中郎有悋。吾今知旨矣。此事特彼與我發難之見端。我深知之。愛倫曰。此莫須有事。何復介介。儘彼見知。儘彼見告。蠱惑之事。固難必其無。彼若悉力行此者。則亦蠢蠢無靈性。吾固知此等人得此機倪。必排人而自進。然吾決吾兄必不屑蹈此。且彼前此所甚不願爲者。今亦決其斷不肯爲。特能祛去其人。則於大局亦無所窒礙。卽使亨利偶爲所惑。亦暫時浮花浪蕊之戀。何礙於吾事。愛瑪曰。所關非細。吾決是人必非一彈指間可以驅遣者。試觀彼儀表。實深沈有志之人。苟一上手。安得遽釋。愛倫曰。此事非二人同心。

安得成就。以吾決之。迦茵縱欲遂所欲。而欲移亨利之意。亦非易易。愛瑪曰。姊氏何所憑藉而然。愛倫曰。吾即決之。亨利一身。斷不同時牽戀乎兩美。愛瑪曰。是有所眷。於區區耶。愛倫曰。然。我固審之。愛瑪曰。吾猶疑之。即使彼果屬心於我。迨一聞吾率臆之言。事且中輟。以我決之。阿兄必聞吾言。此時萬感交集。以手自掩其目。忽忽入室而去。

第十二章

愛瑪既入。愛倫默坐樹陰歎息。時尚微炎。愛倫拾座旁新聞紙自扇。此時心絕煩擾。知茲事絕難措手。且此來匪特於事無益。而又增劇。自念此時所與愛瑪言皆謊也。上帝見譴。何以自脫。蓋愛倫之為人。絕不以妄語為過。其天良汨沒久矣。自謂上帝有知。亦必不譴。以為吾所行為。均措置人家良緣。帝聽如達。亦當哂恕吾罪。而此時仍自煩擾者。實患妄為人覺。斷無置身之地。深念亨利愛瑪二人均童騃可笑。愛瑪行為。正如學堂中雛女。不歷外事。而亨利則頑固不可啟導。因此至為悵悵。復念愛瑪之性格風姿。及其資產。若男子猶不欲與之締姻者。其人已屬風漢。矧愛瑪深情如是。而仍峻却。則眞不値一粲矣。就愛倫心中謂愛瑪之眷眷亨利。在亨利得之。宜自詡爲榮寵。乃詎詎不可理喩。至累我居間興訛造訕。亦所弗惜。況此利益得者爲吾二親。及於兄弟。於我一無所與。然或失之。則家世淩夷。我之終身亦不能自直於密而華德矣。觀此知愛倫之爲人。殊非傾仄懷諼之比。舍計其一身利益之外。第二事卽欲力拯其外家。俾勿頽墮。其心亦可佳也。果令此事弗成。則家且立破。而勳爵世臣亦將淪於編戶。不能更圖恢復。因實力欲拔其兄。而亨利乃愈推愈遠。平情論之。士各有志。又不能專咎亨利。然愛倫心志雖至羸憊。尙如行軍勇士。必至於戰局收場。然後始釋其甲。此時公然以玆事爲愛倫一身之責任。百挫而仍弗卸。方愛倫焦思間。忽見來文杰自門中出。一手倚杖。冠廣簷之冠。衣夏衣。雖跛而癃廢。而風采尙弈弈。從容向愛倫曰。格雷芙姑娘。早來佳乎。老夫久聞姑娘見枉。遲遲不出者。恐中斷愛瑪及姑娘議論。今吾女安適。愛倫旣與執手。卽答曰。不知誰往。來文杰曰。彼必當來。此地暑盛。不宜露坐。且至老夫書軒。待進食。於是引愛倫入一法蘭西式穹門。亦面臨草磧之上。來文杰書軒也。頗高爽。圖書插架。高近屋樑。几案上。亦積書滿之。此時出戶。尙攤書於几。似纔罷讀。愛倫一望大駭。書均太勒所著。言天道微渺者。來文杰延愛倫坐後。問曰。賢兄創如何。愛倫定神一時許。意來文杰之問。即以心緒語之。因答曰。謝丈人。阿兄尙健旺。然吾心有至悇憛者。來文杰曰。何哉。吾以彼爲必無恙。第患愈時蹩耳。女公子胡戚戚。愛倫曰。吾之所憂者不在阿兄之病。丈人若不以我爲狂恣者。則請徑告丈人。來文杰無語。點頦以待其言。愛倫曰。此事阿翁曾語我。即丈人亦數舉以語我者。即亨利愛瑪姻事也。來文杰復點首。愛倫曰。此事殆吾兩家所深願。即愛瑪當省疾時。亦慨然自言。衆皆聞之。今所隔閡者。即屬亨利。丈亦知亨利爲敎憒之人乎。每至錢幣交涉之地。必斬然不苟。然吾知亨利之心。至屬意於愛瑪。間亦偵得其微旨。邇日果能一至丈家。迨及此日。二姓之好已合久矣。無如事情中變。幾於九死一生。臥病彌旬。奈何。來文杰曰。以彼少年。焉能久滯床榻。老夫亦甚盼此。至願一日得如吾意。愛倫曰。亨利固無礙。然吾兩家戚好。必爲此中梗而擔誤焉。來文杰曰。怪哉是言。請姑娘恕老悖。不卽知旨。愛倫曰。此語正當乞丈見恕以不宜言而冒言之。長者見白拉墨司酒肆中赫司德女郎乎。愛倫一言及此。來文杰斗起。座間面羣書中佇立久之。始回首面愛倫。愛倫見來文杰面書時。顏色似大駭愕。久乃曰。吾知此女是肇禍者。姑娘言此何故。愛倫曰。此女至酖毒。今若不以術止。吾恐種禍於亨利。心中尋且更鉅。吾雖不省其中關鍵。然充吾識竭吾明。已索得八九。以吾卜之。迦茵之心。已不釋亨利。卽亨利亦然。此女方弄其鬼蜮之術。以鈎取亨利之心。若天設機軸。亨利病臥其家。日夕相對。禍胎將成。且病坊中往往愛曬看護之婦。而亨利正坐此病。來文杰大駭。曰。姑娘有所見耶。愛倫曰。憑證多矣。方亨利病時。晷刻未嘗與離。今日仍爾。在亨利瀕危之一日。迦茵悤悤如有所失。至如乘人不覺時。垂盼亨利。至篤密。可駭此在他人。以貴家公子。看一村姑。亦屬恆事。特以阿兄固執之性行之。將來正有匪人所料者。來文杰聞言。深韙愛倫有識。而愛倫復渲染其詞。來文杰遂亦不能斥駁。因反詰愛倫曰。姑娘將如何。有良策否。姑娘於巾幗中。固有智局者。何以教我。想未來之先。必懷善後之策。以示老朽。愛倫曰。吾意必欲迦茵身遠此地。情絲方中斷。且吾之謁丈。正以丈於亨利愛瑪二人之事。至復廑念。惟丈之力方能麾去迦茵。來文杰聞言。又大駭起立曰。姑娘何遽言此。彼村姑與老朽胡涉。安能以力驅之。愛倫曰。丈人謀略極偉。若能靜籌一策。良足出奇制勝。吾知酒肆居停主人。卽爲丈人。而格林華德氏冒利而愚。足爲吾助。語已。聞鐘。因辭來文杰曰。就餐矣。吾且赴愛瑪閨中盥手去。來文杰目送其行。因曰。鐘動赴小食矣。吾今日盼此鐘聲爲吾生所未嘗行之事此女言語險怪吾殊未知其言爲鑿空而談耶抑知吾隱事耶。彼既盥其手而吾手從何處盥耶其語峭銳如針而其意則未嘗非正以吾卜之。愛倫不悅迦茵。則迦茵與亨利之姻緣。決無望矣迦茵之母已具絕世風姿若以迦茵較之正復遠勝其母然欲逐去迦茵而去迦茵良有何法於是左右四盼欲覓一策忽覩天道之書陳於几上。因急掩之曰。吾此時安得及此吾以爲茲事已斷藤葛不來見累今家人復趣我赴食令人向何處洗滌此手耶因自顧其手曰。此手良不大污而愛倫又從何處見吾污者思極而笑遂出書軒向餐房愛倫既去。此日之下午。來文杰趣格林華德氏聚談極久。所議之事。人不得而聞。但聞三母爾洛克之名常夾於言中數見不已

明日三母爾洛克忽得來文杰書。先是洛克賃來文杰家五十愛克地畝。洛克思卽地上蓋牛棚。請貲於來文杰。來文杰未之允。洛克頗焦煩。此時書中忽及於此。洛克得書。於停午時。已至蒙先洛淇。衣整潔之衣。冠廣沿之冠。來文杰見其入門。哂以爲類教士也。然殊未知格林華德告之以何語。計先以語餂之。少須侍者引洛克入。來文杰命之坐。而洛克以臀近榻沿。跼蹐不敢安坐。以帽置其膝。洛克之禮。來文杰於分爲地主。自以肅恭如是。在禮已屬適中。俗例以佃人見主人翁。必引手近額。洛克則否。然亦未敢遽與來文杰握手。一見趣點其頰。狀如平等。自以爲得禮之正矣。洛克意中。蓋不願忘其舊例。又視天下人均爲平等。故不願自屈其躬。來文杰遂與問

訊。且曰。爾開春時來議。欲蓋牛棚。故吾今日延爾畢其議。吾見爾於此事頗焦思。欲必踐其諸久矣。洛克以溫和之語。對曰。然。吾意甚欲主翁行之。以此地牛棚。萬不宜缺。有棚則交秋風雨不常。儘可放牛其中。勿致受寒𤺥𤻉。否則牛將大疫。則請主翁別署他佃。吾不敢更爲主翁役矣。來文杰曰。一棚。關係至此耶。若必不願承吾佃者。請俟馬吉而節。屆時可以釋然而去。吾無責焉。吾不敢相語。茲方有人承乏此田也。洛克以手爬梳其髮。且急口中猝爾發言曰。有人乎。吾殊不料有此舉動。蓋洛克之意。覬來氏之地甚腴沃。故不願釋此他覓。久乃曰。來文杰先生。吾意非敢阻翁易佃。第以吾宣力多年。翁此舉於佃人似寡情矣。佃人素未嘗靳輸納。奈何遽爾易佃。此時二人辨駁頗煩。吾書亦不盡敍。惟洛克之意。蓋棚之費。必盡出之來氏。而來文杰堅弗承。嗣議成。來文杰爲搆材償工。而劃地編茅。則屬洛克。來文杰議成。彼此簽押。來文杰忽謂洛克曰。爾何須愚我以貧。年來雖苦旱澇。而一鄉之中。實推爾爲素封。蓋爾着手之時。已據勝算。一則母財多。且己地己耕。不假諸佃人之手。爲力當倍。益以居積取贏。故猝擁厚產。較諸他佃。一家殍矣。奚如汝者。爾奚以弗娶遺種承此巨業百年後亦可付之替人。洛克曰吾田家。仰天卜豐歉。實則生世如弱草耳。語雖如是而心口殊不相副。洛克復曰。佃人仰託天佑。尚頑健能耕。且一生避寒就暖。爲力尙勝村莊中數年少也。至於得妻一節。爲生人之要圖。若一人能飼一妻數子者。在力吾亦勝之。特得人難耳。主翁須知吾輩修襍爲基督教人。安能不稍擇閨秀。來文杰乃出酒飲之曰。爾言良確。試飲此自酡其顏。因亦引觴小飲。曰以老夫決之。爾亦當能決擇一當意者。洛克曰。飲此爲主翁壽。遂狂瀉入咽。來文杰又爲之酌。洛克舉觴復言曰。吾意非謂佳人難覓。今已物色一人。惟選才與成事不能併合爲一。來文杰曰。爾物色得佳人耶。洛克引觴吸其半。是酒釀絕不入以水。而洛克又適饑。走至此得釀酒立醉。而聲乃愈高。曰主翁恕吾狂謬。能爲佃人畫一策。曲全其事否。佃人久知主翁沈毅有識。出話不爲虛苟。來文杰曰。吾意至欲助我老佃家。成其美舉。且爾請計於我。究何事介介不了耶。洛克又盡其餘瀝。聲吐愈洪壯。曰吾所難者語至此。復乞酒曰。幸賜我玉液此酒吾至嗜而不敢飲以其價貴不忍沾也此物良佳聖經中所云。能令人心美滿者此也我今簡括告主翁我有意中一人魂夢均不之釋特此女與我殊落落來文杰曰。胡不去此而他選洛克中酒遂大聲曰。舍是無當吾意。吾不得是女甯鰥吾卽虛度半世亦欲得此而甘吾心來文杰曰。汝惟勿急急且爾所云之女爲誰洛克曰。此間復有何人迦茵耳來文杰曰迦茵乎是女絕佳洛克曰。良如主翁言吾於是女猶稻之得日魚之需水蓋不得是女吾生何樂蓋吾自少直覘其長成。於此有年矣。從未與之言。思得時方求婚於彼。吾惟極力盼是人之來嬪。故力省吾貲以治產正復爲此來文杰曰。爾太小心遂其素分故事轉中梗洛克曰。吾忍俊不禁於前月已面語之矣來文杰曰。爾自語迦茵耶洛克曰。然彼姨氏早審吾意特愛不能助來文杰曰。迦茵意云何洛克曰。彼言於我無情且並無屬心之人來文杰曰。此事在格雷芙亨利傷股前耶抑或在其後吾別無他意特因亨利見傷之日與爾見迦茵時爲比例先後何日也洛克曰。卽於是日午餘追吾行後亨利將軍到也。洛克語次。至以爲奇。遂無語。來文杰就詰之曰。以下尚何語。洛克曰。此人生晦蹇之事。此物垂入吾口。竟爾傾覆。蓋吾曾問其生父之姓名。以爲系出渺茫。彼怒我。遂致參差。來文杰曰。此語安可告之婦人。然則爾二人之事久仍弗諧矣。洛克曰。此亦未決。此女畏其姨氏。彼姨氏處我厚。吾已與約六月中須以信見覆。吾亦不以其事。怨之彼姨。來文杰曰。此近要脅。又安可者。洛克曰。主翁知狗餒不擇食乎。翁今日若能以善策見餉。感且不朽。以吾聞白拉墨司人言。翁知迦茵根株所在。又受顧託。足以左右其人。來文杰曰。如此耶。然則白拉墨司人耳聰而舌銳。可畏也。顧若旣垂涎此女。吾亦不妨誠告。彼白拉墨司人言。此正自有因。我與迦茵之父頗善。亦不必語其姓氏。人亦脩立特物。故久矣。彼留贈其女。尙有遺奩。特不甚豐。實委託之我。惟其父遺囑。令其女勿太自高。與貴胄齒。彼見託時。都無律師爲證。特彌留一語而已。吾今不能不示意於爾。爾若語人者。則吾萬不出一謀相助。以吾與爾中懷坦坦。俾爾自知而已。洛克曰。吾何敢聲主翁之名。所恨此女風態已似貴家。因不屑與農家子偶來文杰曰。此別有說不必以學問之高鄙爾田間顧此事吾至欲爾成之特後此得婦時資其日用者尚須豫爲部署吾知爾作苦人儉也洛克曰。苟得耦是人吾財何惜。主翁固愛我。而於迦茵之得我良無關涉。奈何。來文杰曰。待之。此事逾數日必得當吾特告汝汝且毋恃六月之約屏跡不至以吾策爾須急往造之爾亦知迦茵近何作者洛克曰。知之彼方日日侍亨利疾也來文杰曰。然此事非吾汚蔑其人以此盛年安可爲病夫看護矧其人又爲爾所屬意安可憑其所爲亨利人物俊穎吾恐先時彼此將有情愫且大不利於爾彼於六月初十日迦茵告爾不愛一人吾恐一至十二月初十中則迦茵之言不如是矣來文杰此語。猶以酖酒灌諸洛克之身若來文杰預知洛克癡迷則亦萬萬不出諸口已見洛克臉際全赬脣吻翕闢作響以手自撚其鬚不已一躍而起以足頓地曰是物非殺之不可似指亨利者且云。彼誘人閨秀如是。無論其人善也惡也。吾必窮治其罪。彼若求完其膚革。則當以羔歸我。（羔指迦茵）來文杰一見。知投火於炸藥中。尋將大爆。顧亦無術足以挽之。因語之曰。爾且甯坐。爾後此處吾前。不能無禮至此。洛克翕然無聲。歸座。來文杰曰。此時爾須自承其過。且當誓言後此不應以此兇頑之意。置之腦中。爾若抗暴如此。則吾所前允之約可以作廢並不令爾與迦茵直接一談。洛克此時怒氣遏抑都盡。色慘白如死人。而手筋微掣。似大波已過但餘微縠紋也。因語來文杰曰。謝主翁。宥吾過。吾之言此。非欲必實吾言。翁亦知迦茵之別有所暱。吾嫉妬之心。忽枯冷如履冢窆。故口不擇言至此。且吾迦茵何由能有所愛。矧所愛者爲貴人。貴人之愛迦茵。必且如彼苟賤之浪子。當日之虐待其母。吾怒之於心。故必發之於口。來文杰曰。止止。可勿言。爾此時可勿更起惡念。吾在此常常覘爾行爲。更再如此。則萬不能得迦茵矣。爾醉。曷行。因與點首爲禮。洛克執冠鞠躬而出。行步趦趄。如履雞子。惟防其碎者。來文杰於其去後。亦甚悔。以爲迦茵一落其手。必且無幸。終身定無欣慰之日。吾計固如此。未知後結果如何。良用悵悵。

第十三章

來文杰之語格林華德氏以迦茵定局。去結果之期不遠矣。此時迦茵姨氏。日防迦茵。不離跬步。其與亨利近也。則尤注意。動息皆咎。迦茵自是以來。與亨利相對坐談。初不易易。而迦茵自叩天君。亦知近亨利爲不祥。顧情不自禁。非卽亨利不能自聊。猶之劣馬。鞭策愈厲而性愈不馴。故格林華德氏雖極督責。而迦茵之性愈堅。雖百折無所迴卻。覺一身血絡。專注亨利一人心中。莫省其爲愛爲戀。但覺生平所見無一能如亨利。迦茵之爲人。在英倫中頗殊特。而方之臘丁則常有其事。顧結局多奇慘不堪敘述。迦茵前此空空洞洞。於人毫無愛憎。及一遇亨利。覺一身之精血靈魂全灌注於亨利身上。每遇亨利一言一動。咸動情感。如樹葉着風。全樹皆械械作響苟得亨利見愛者。雖以性命與易。亦所弗惜。凡尋常之人。遇此輒止。其止也亦非一人之力可以逃此風潮。是必取助於人。方能袪卻。須得其父母遺訓。及教會之規條尤有朋友規諫。方能慨然斷絕。以全其廉恥。若迦茵者。自少既蒙無父之羞。於廉恥道德。已浮視久矣。復無父母訓誨。又不得教會之匡弼。而親戚中則蠢蠢一無知之格林華德氏。卽中等學堂中女友。亦踪跡不相往來。名門閨秀。尤不屑與友。故其不教不檢之性情能善而亦能惡。佳者在温藹如春和性質堅固對人無僞特無循分之見解道氣之彌綸遂不能坦然登於義路享一身之安樂縱使有之猶恐不能自振於迍邅矧恃質而行純無道力裁制則跅䟰之爲遂成終身之累迦茵到此時會。議者不忍言其性質之乖。祇能謂其時命之不偶而已。蓋非內行有虧。實事機所觸。至不能自拔於泥穢。譬諸全無保護之身。置諸萬怪千變之地。恣其所如。故留戀於亨利。收場僅有羞赧之一道。他無有矣。

此數禮拜中。迦茵處白日昭昭中如卽長夜漫漫也。意嚮但牽目前。遂不暇爲異日之計。一心已屬亨利。都無他念間雜。此時罄其一身所有盡注之亨利病榻至於事之成敗福禍咸非所較亦不必亨利卽爲其夫顧愛念所鍾似非一心可以自劵蓋一日在此一日纏綿至明日之海覆江翻都不念及矣。顧迦茵之情如是而亨利如何者。不知亨利一見迦茵卽已感動覺女子之能感人如是實爲亨利生平所未閱歷者。迦茵爲人。纖新靈警。對之已自心愜。迨病臥迦茵之家。則兼戀其恩。不專醉其貌矣。迦茵每一舉動。咸寓柔情。此時迦茵用情之吸力。似已戰勝亨利之心。兼足力撤亨利平日拘謹之藩翰。亨利素抗俠。從未屬意女人。即女子頻頻有情。亦復無覺。此時感自病中。性情尤不能自勒。遂亦舍去本圖。取其目前之適。故於初見時。魂已爲奪。嗣復奮其柔嫚之軀。舍其風流之質。忘死以救墜人。至扶持抑掩。侍病又不遺餘力。甯復不生感激。且又年少美貌。長日亭亭侍側。此又安能遽責之鍾情者。一禮拜中。日夕相見。語言文字。亦無波瀾足觀。惟一相見。而格林華德氏必蠢蠢相尾。不留閒隙。至格林華德氏出。而愛倫復入。且與密而華德同來。此尤亨利所腐心之事。

一日格林華德氏趣迦茵外出吸受天氣。迦茵以天陰且雨。弗出。姨氏約束極嚴。不敢與抗。遂出向蘭保洛禮拜寺而行。行時未挾雨具。雨乃大至。迦茵心懸亨利。兼恨姨氏。亦不覺雨集其身。因念我非小兒。偶對良友。何由必趣吾出。且吾室居。尙能爲亨利少供其役。今出誰進茗與亨利者。又亨利以時進藥。我出。人必忘之。病中人詎宜有此參差。迦茵且思且行。遙見半里以外。隱約有人影。自念地僻而天復雨。何人臨此墓田。因款步欲歸。以此時不願面海。海上適結黑雲。突怒作態。觀之弗適。故趣步歸耳。乃沿積水潭上羊腸小路返。水草沮洳。衣襟盡溼。迦茵初不之顧。嗣過一田塍。復見有人影。忽又不見。自念其人蹤跡與我作平線遙行。而地又空曠。此人胡來。因之疑懼交迸。顧生平膽力頗壯。以爲牧者尋亡羊也。遂縱步行。積水潭猶大湖。天陰雨溼。以一弱女子踽踽其上。思之亦爲愁煩。而雨復大至。舉體盡溼。迦茵沿至第二潭。潭上多蘆莖。迦茵卽循蘆行。陡見蘆中鵁鶄鸂鶒之類作陣從蘆中出。似有人驚攪之者。哀鳴衝雨而去。漸聞有足音出蘆中。一人矗立。去迦茵爲地僅三武。則洛克也。迦茵大駭。以彼路要將何作。怒曰。密斯忒洛克居此何事。洛克曰。吾在此閒行耳。迦茵曰。此語非誠。何爲存匿蘆中。洛克曰。避雨不可耶。迦茵曰。雨從東來。爾乃面東以受霤。云避雨。吾今亦不更語汝。請行。洛克曰。我無他意。乘此空曠無人之區。有言相聞。遂亘其去路。不令直前。迦茵曰。爾胡食言。不許我以六月約耶。趣避我。且歸。

洛克弗動。眼光四射。言曰。此時吾不能更卻若退讓卽無地吾事敗矣至答君之言。今亦不能更踐宿諾。迦茵爾且小立。我有衷曲奉訴。爾若患雨。請以外衣奉贈。我願爾立。迦茵曰。吾甯死雨中萬不受爾衣服趣言之吾欲歸也此時洛克怒氣方騰上。脣盡縞白。忽言曰。以吾思之他人衣物想爾將謀近之矣迦茵曰。是何言。洛克曰吾言水師少將耳爾蒙恥乃終日與共坐處且爾所行余皆稔之彼第一日自塔上下顚爾以膊承之久且弗釋先以媚術誘脅己而立斷其脛股因指迦茵兩臂曰。爾非。用此抱彼人乎迦茵怒極不能以他語辨駁。祇累頓其足曰鼠子烏敢爾洛克曰。敢乎吾奚不敢者且爾實使吾至於不能不敢吾今問爾何時處吾家者。迦茵恨塡胸臆。都無一言。洛克忽變其音吐曰。迦茵吾盛氣中所言。爾幸赦我。至於爾之隱慝。吾悉屏不念。以爾之絕世風姿。吾不能不頻頻求請。迦茵曰赦汝乎洛克不待其詞之畢。卽曰此貓狗之爭我輩詎宜有此吾二人婚約其以明日定爾勿妄念彼少將已屬。心於來文杰女郞矣至爾之從我我適爾樂。語已。張二手。引首向天。示迦茵以遂意狀。洛克此言。正有一語直趣迦茵心坎。因念此語直突出之蠢子之口。意其眞耶。盛怒之中。忽爲此語所中。而怒氣轉爲之遏。洛克見之。以爲迦茵心諾其言。更欲以言媚迦茵。顧百索不得一語。力抱迦茵與之親吻二次。而迦茵精神外越。都不之覺。洛克以爲迦茵諾也。欲更無禮。迦茵已如夢中乍覺。狀力推洛克仰臥於泥滓之內。然跌時尚挽碎迦茵襪幅一片。握之手中。洛克起時。迦茵語之曰。爾語竟乎。吾亦欲言。爾後此更如是者。汝當無倖。吾力足以致爾於死。三母爾洛克。吾恨汝次骨矣。一則爾妄而無信。再則今日辱我。爲天下女子義所不容。我卽貧薄至於凍餒。亦不願作爾家婦。請爾避面。勿再苦我。迦茵怒氣凶悖。凜然如女將軍。洛克大恐。面無人色。徐曰。爾勿恐。我更不親爾之吻。蓋吾再行夫婦之禮。於願已足。於約已定。特爾所言如此。爾心中幸勿如此也。爾言誓不吾適。此尤大誤。吾決爾後此必歸吾家。後此來嬪時。吾當更述此時之語。吾今不更請爾。爾須防後此勿來見溷。則爾爲有志矣。爾末路所蒙之羞辱。方知非我哀汝。汝哀我耳。於是鞠躬仍向蘆中而去。迦茵見洛克已行。而尚有餘恐。自思洛克此語。似又純實。謂後來路窮。反顏求爲其婦。此辱何復可耐。雖然女子死耳。卽死何懟。定不墜彼術中。自面潭水。思欲投身其內。忽爾念及亨利。復又中止。蓋迦茵體質堅實。且有膽幹。不類弱婦人。一臨窘逼。遽卽死路。然到底終爲婦人。頗崇信天命。卽使後此婦於洛克。而今日仍然還我自由。後此淪我犴獄。而今日仍然居之天堂。乃冒雨歸。既歸。姨氏遲之客座之上。曰。爾在此盛雨之中。遲遲不歸何也。此時堂上洞黑。迦茵索燭燃之。告姨氏曰。阿姨以朋友三母爾洛克要我於路。何反見詰。格林華德氏曰。朋友何礙。吾果得朋友如是者數人。吾事亦濟。語已。燭已大明。格林華德氏見迦茵前襟碎裂。因斥曰。爾何作。袒襟行路。詎閨女所爲者。迦茵曰。天下事非我所料者。卽亦何法。吾襟之破。卽爾良友所爲者。吾今卒告爾。苟不告者。彼亦將來告。彼要截雨中求婚。至於挾我親吻。吾以力仆之。彼遂碎我衣。姨氏曰。爾奚爲不聽其行禮。甯非愚執之過。爾開罪於彼。彼不來矣。爾甫得新製。卽爾狼藉。不甯可惜。天下男子。猝親一女子之吻。此何過者。迦茵曰。吾甯與鼠接吻耳。斯人何可晤面。即彼弗來。兩家各有善策。格林華德氏大怒。斥曰。不值一錢之破衲。爾今日乃作劇登場耶。爾怒洛克。以洛克較汝。二十倍仍弗相當。汝何求者。彼降格求婚。汝乃渺然不報。彼家素封。即得十閨秀爲力亦足。於分亦當。吾今告爾。非嫁彼人者。爾當自料其足以當我者。迦茵大恐曰。吾不能鹵莽如阿姨。惟天性倔强。恨之至於次骨。至於報與不報。亦非我之過。我固不嫁。三母爾洛克者也。吾年雖及。然國家律法。亦無刼制以嫁豪暴者。阿姨既願相處。後此萬勿再言及此。

格林華德氏曰。爾趣止。勿聲。吾不予汝言也。吾決爾名字。與洛克聯署於婚約時。汝再言彼短處。尚不爲晚。且以汝性情暴戾如此。與我離居之日亦近。汝再敢負固不服者。則當出吾門戶。或鬻身於人。吾不汝管。究竟汝縱鬻身高門。尚須有人介紹。今汝佻暴如此。誰爲汝介。汝一生自恃丰姿過人。因矯矯傲世。不知正以此之故。自淹沒其身。如爾母者。迦茵無語。倚於榻上久之。念阿姨激烈。既已決裂。則無物足以撓制此人。較之洛克。尤梟烈不可近。格林華德氏少須。復怒勃而言曰。我知汝意嚮所屬矣。在汝鬼蜮行爲。以爲足以愚我。汝意。蓋屬他也。（指亨利）他亦朱邸中人。頗純謹。吾亦不敢督過。然其人在軍多年。不審世事。動爲殊色所熒。吾今卒告汝。爾我情非母子。不能於汝多所假借。爾自少高抗吾他日所得。較諸悉力規約汝者。得失初不相準。吾今欲汝嫁洛克者。正如畜雌伏卵。育多雛耳。吾今不必誠告汝以嫁彼之故。汝第不問可也。爾不吾允者。趣行趣行。爾今先易其衣。伺病者。吾尚有他事。不能絮絮。爾敢再抗吾言。則此爲終局之決語矣。迦茵起立。如其言入。格林華德氏於迦茵之入也。靜念此女絕佳。爲吾所未覩。彼母亦婉妙。然較之尚遜。彼能自立如此。何嘗非是。卽不嫁洛克。在分亦不爲悖。無奈吾已受賕。諺云。得一日費。備一日事。實則吾心欲令嫁此少將。將來同至禮拜堂定婚禮。馬車在門。長帔加身。綽然類大家風範也。若嫁洛克。則三家村中禮拜堂上。追逐者多汗面小兒。以彼壞潤之身。卽爲男爵夫人。甯復有過。若由此澤以學問。當成全人。卽彼少將而論。彼此相處久。兩心歡洽。亦復何怪。雖然。吾得洛克一百鎊。處吾囊中。又安可舍之而去。且吾事若成。更乞一百鎊。亦屬易易。又念少將將來。必偶來文杰之女。若以吾易爲男子者。亦當圖娶迦茵。不娶愛瑪。如糨屑糊裹之慘白顏色也。思已。取冠出門。不審何適。或過從朋友家耶。或冒利而出耶。

第十四章

迦茵入室。易溼衣。衣溼直透肌膚之上。乃易取禮拜日禮服。煥然照眼。衣作灰色。而領緣袖口均白羅摺疊通明作雲態。盡梳整其髮作懶粧垂巨結於後。迦茵初不自覺而絕世風姿益以粧點。其一時無兩之秀媚殆出天然。粧畢至客座。啜茗而已。不能進膳。自念吾命胡爲人淩踐至此。覺此時榮衞之內。均如火灼。顧今亦不管許事。且進省格雷芙矣。阿姨十二句鐘可歸。今日殆終局之日。見格雷芙一傾吐其款曲。明日或爲阿姨所逐。正在意中。於是秉燭入面亨利。甫至門。迦茵足停。適見亭立一巨鏡。再以燭奴一照。遂得備細自照其姿容。此第一次已與己相見。而驚其美也。自覺具此絕世風格。在希臘古史中。正宜演出無窮事業。乃一身竟孤飄至是。曾見己之雙波如翦秋水。睫毛秀潤。適當雙蛾之下。櫻口微綻。如乳嬰濃睡弄笑狀。皰犀微露。燦白如象牙。兩頰微赬。如桃子新熟。一堆金色髮。蓬蓬若結雲氣。此時衣色深灰。愈顯其傾國之貌。迦茵徘徊審視。久之曰。鏡中人良不吾欺也。以此之故。希望遂生。因想洛克之來。亦俗情所難免。然吾貌既能傾動一人。則餘人亦正復易動。嫣然一笑。覺自有力量。足以自立。蓋挾有生俱來也。

亨利於是日日中。僅得格林華德氏一入省。進茗一次。餘無一人也。創後已九禮拜。足雖未動。然已平復如恆狀。惟顏色慘白。以窮閉久。不得陽光也。頰下栗色之髯亦寖長。醫生命去其病榻。遷別榻。少舒其肢體。而猶不令其歸。防車行勞頓。創又增劇。此事爲亨利所心願。而愛倫則氣勃勃然。深不謂然。蓋亨利本意。殊不欲甯家。矧又得新交之膩友。晨夕相對。至有樂趣。念一歸。則憂虞憤怒之事交集。以冷面日對愛倫及密而華德。深不願意。尤不願至來文杰家。患一至則愛瑪之姻事又呶呶。增出煩惱。此時心緒深不悅愛瑪。而愛瑪當日所對愛倫之言。謂亨利尋將不悅。至此果驗矣。亨利夙心。本非冷落愛瑪。轉以愛瑪故。增出一重癥結。且愛瑪既有此言。則亨利後此相見。遂不能以尋常朋友見待。事體隔閡爲多。計事已至此。非趣論婚。則宜遠引。斷無共處之理。故醫言不令甯家。轉以生亨利無限之欣悅。是日午後。愛倫忽以書至。言父病增劇。一身覊絆。不能卽至。於是人踪俱絕。亨利四顧蕭寥。不能不盼迦茵。且此兩禮拜中。與迦茵相見日少。雖無人見告。而亨利早料迦茵絕迹。必屬引避嫌疑。乃自念迦茵之與己。何以兩情顛倒如是。每念及此。亦莫名其所以然。輾轉不能自決。至於昏惘。蓋一生兵間。從未墜此温柔之網。一經束縛。何復計及結果。則又毛髮悚然。蓋亨利爲人。初不論門第。顧必欲引迦茵爲伉儷。則窒礙更有萬端。以亨利自審。非自由之人也。若進止可以自由。儘可娶迦茵爲婦。今則遺產且燼。家人待救方殷。一娶迦茵。則先疇彌不可問。卽令逃家自便。又念身無所事。餬口無資。又何能資及家口。仔細思維。惟有仍圖去家之一法。此在他人。或有圖全之術。特亨利爲人。純直無僞。再無他想。入其腦中。亨利一生長處水師。染濡習尙。故有此堅剛不貳之思想英之將士惟有此思想故能防衛國家亨利念退敵易退此溫柔之敵難非舍此而行不能完我正直之性質乃決計以明日歸甚望迦茵之來為之收拾零星諸物事時偃臥別榻適對火爐小火尚微然以天氣陰沈故以火自溫正凝想間忽聞有聲出自戶外亨利驚視見迦茵以燭入視吾書已前言迦茵對鏡自憐其貌而此時適為亨利所覩烏得不驚因曰迦茵爾今日奈何為此俏狀也此語直奔心而出出於不覺及欲止之已脫口矣欲力忍之而顧不能又深悔素日與美人相對未敢造次冒為是言知言出必生無數膠葛故不敢也迦茵答言如尋常士女之酧對初不駭異而亨利自念明日行矣今日奈何以情絲自縛思欲以他語掩護之乃曰今日午後何出迦茵曰閒行喙受天氣亨利曰一人冒雨出耶迦茵曰吾未言一人自出亨利曰何人同行吾決必非爾阿姨作伴也迦茵曰洛克遇我於道亨利曰卽阿姨所稱某傖父尋常贊美爾者耶迦茵曰然阿姨向將軍何語亨利曰彼言洛克將論婚於女郎吾亦不復留意思其家世人品與女郎懸絕遠甚迦茵曰懸絕固

遠而今日狹路相逢正坐此與我呶呶語時目光不定胸臆翕張亨利念迦茵竟爲此狀。必愛洛克至於極地。以理言之。迦茵既愛洛克。則亨利一身有歸宿之方。且能脫禍狀宜欣悅不知亨利此時之心乃已大怒佯爲美言慰迦茵。而機鋒均含嫉妒因哂曰雨中求婚至爲美觀彼與女郎親吻爲禮乎迦茵微瞪其眼曰然。彼親吾吻二次亨利此時答言從昏惘勃怒中突出絕鋒利後卽自忘不復審記蓋以胸中有無窮嫉妒幻爲烈火騰騰而上蓋以迦茵亭亭立其榻下一顰一笑均深印入腦筋故陡聞是言遂不禁出口無擇此時迦茵注視久之。曰吾不省今日何由觸將軍怒亨利曰。吾不知也吾本不應遽怒然弗解何以動輒狂獷問心亦不自覺且不省記大概以女郎與洛克定婚聞而驚慘特此言幸勿介介請女郎外出勿擾吾睡迦茵曰。此語烏能不介介者吾固未與洛克定婚也將軍如肯容我片晌者吾尚有長言奉瀆此言正欲於吾二人未分袂之先稍自申愬以我二人已爲良友安能無肺腑之言至於後此南北分天而得一微影之留則當一一如聞謦欬亨利點首許之。迦茵抑其幽怨之懷依罏隅坐二目注視亨利撫膝而言曰實告君吾言亦非累重者第一要着蓋問君子曾否有人語薄命人身世如落溷之花者吾生實不知父處然思及一人（此時迦茵已疑及一人特不敢質言）與吾母殆有情愫而來文杰先生則常照拂及我似與吾家有係屬者。吾赴學堂時。學費盡取之來氏而吾所不能自明者何以來氏殷勤至此。三母爾洛克者。爲白拉墨司中土豪。彼重我有素。特未矢口求婚。我亦不自知其何故。見輒斥之。至學堂歸後。阿姨則苦勸垂青於洛克。而吾特與避面。此卽遇君子之第一日也。彼一日見我於蘭保洛禮拜寺前。此時我適避地於此。彼來絮絮求婚。言語惡濁。吾聞之而懼。其尤懼者。吾若不承。彼卽與阿姨道長短。而薄命人生世。旣無父母。復無兄弟。一身飄泊。寄食姨氏。姨若怒我。則後此無立錐之地。思及因而生畏。乃與約以六月之期。此六月中。不能更道長短。如期吾必告以成否之言。此傖中道負約。今日遇我雨中。大肆狂佻。至有不堪告人者。竟强親吾吻。至於衣襟盡裂。無禮之狀已極。吾大怒。推墜泥中。戟指痛詈。而彼仍立誓。必欲得我爲婦。恨恨而去。

吾歸告阿姨。而阿姨怒不可抑。且云。爾願嫁洛克。則留不則此一二日中卽當自圖進退。故吾亦將行。不能不以心腹之言告我良友。亨利頓足言曰。險哉洛克。彼若在兵艦中。則吾將告以爲人應盡之道。然則迦茵心中此時意計云何耶。迦茵曰。吾行後。依人圖活。必不能得者死。亦無慭。卽死亦何人見憫。亨利聞言欲哭。卽曰。迦茵勿爾。吾固重迦茵者。迦茵曰。如是足見深情。顧君子情之所鍾。已在來家閨秀矣。亨利曰。吾不言乎。與來氏固未有成約也。迦茵曰。時至安得無人。不屬他人。亦必來氏。且來氏美人。亦不弱也。忽起立。欲告行。且云。明晨爲別。卽此奉辭。此中當絕我履聲矣。若不自圖。待人逐客之書。則更無聊賴。於是摒擋亨利房藥爐藥裹。並爲摺疊衣服。事事安置妥貼。亨利默然坐視所爲。迨既訖將行。一心支拄不得。努力起坐。語帶悲音曰。迦茵。爾我安能分袂者。縱迦茵義在當行。吾力亦不能娶汝。然祈天請命。能得迦茵爲婦。死且不朽。迦茵疾行至亨利榻前言曰。君子所言。我殘生一日存者。必不忘此一言。我固知君子言出膽肝也。在理與勢。君子咸不能娶我。我已夙有所聞。若輕舉妄動者於薄命人固爲非分而君子先疇燼矣。亨利曰。迦茵言碻乎。然當恕我平日太惘惘不省至情。迦茵曰。吾之於君子。正不願君子得我。自增身心之累。我深不忍。君子以我一身。被喪家之慘。則轉非我之所以報知心人矣。且君子娶我。所失滋大。吾一身之外。都無長物。至於身世亦出渺茫。何以取貴於君之家人者。然一心屬君。殊不能覓取一言。足以自攄己之懷抱。當第一次晤君子時。吾已斗變其平日之思想如更一世人矣至君子身被重創墜落吾腕臂之上覺前此之我與後此之我覿面已不相識吾蓋不知有故吾已久後此人言君子瀕危我之哀慘活畫一今日之我我固爲君子號泣祈天也然冥冥之中似有人見告以君子必無恙者嗣見愛瑪崩暈堂上。方悟吾一嚮行爲。對鏡亦爲愛汝者。此時吾若覺悟者。當力斷情絲然吾力實不能逮君子須知吾爲孤露之人在襁褓中已無人見愛迨長亦不得朋友之憐今欲妄意攀高得絕大之良緣詎非無聊可憐之想今君子垂青於我。我俯仰前後。雖無父毋之慘得君已足自寬前此固一意暱君今此志亦復不懈正欲於意中人離棄之前奉白吾之積愫吾亦知君必不忘我後此縱有愛君者其懇摯亦斷不如我今諸事瓦解矣在君子第有煩憂而我亦第留此無窮之記念存我破碎不完之心坎蓋君之娶我既已不能特能得君一念及我此懷已足亨利聞言憤然曰迦茵我不得汝者不復爲人我何事以田產之故悉將爾我固結之深情終身之行樂悉擲諸烏有迦茵曰此萬萬不可君子奈何舍愛瑪之溫存愛倫及老母之親愛而近我羈寒之貧女且於君子尤有不利此何可者今惟與君爲永遠之訣別乃伸手爲禮而淚落如泉復曰亨利可以舌舐吾血淚也從今以後君子識之無論千災五毒吾斷不更哭矣

第十五章

逾數日侵晨亨利方濃睡中聞人叩關聲且似有馬車停於門次亨利大驚而起躄行至窗下見門外車式極修蓋家蓄以行獵備載多人者也叩門者爲密而華德亨利念此必迎我者然何事以破曉來意家中有事耶蕁密而華德入格林華德氏踵

其後。密而華德曰。格雷芙老人病革。昨夜中忽暴變。君欲一見者。趣登車同行。遲且弗及。吾以長車來。君可偃臥其中。此事蓋愛倫計及者。吾聰明殊遜於愛倫。亨利大駭。請格林華德氏助其理衣。十分鐘後。已登車。旣登而臥茵上。旣臥忽起。迴望肆門之外。格林華德氏曰。將軍勿爾。吾知汝將執別迦茵也。然彼方偃臥如死人。吾累趣之。亦弗醒。彼人於此數日中似亡其魄。將軍之言吾必述之。亨利曰。謝媪爲我傳言。車遂行。道新經雨難行。而亨利數月中未嚐受空氣。今驟發。如飲醕醪。體爲之舒。路中亨利詳詢密而華德以父病狀。始諗知其父蓋老而癃癈。初不甚篤。平日足未出戶。惟遇天氣清朗。始徜徉門次。前日以病態少減。下樓晨餐。十句鐘後。就寢。寢時極甘酣。十二句鐘後。家人聞爵夫人房中電鈴動。且急奔集。見男爵已昏暈。遂奔延郤而池醫生。醫生曰。以病狀言之。死候不能以早晚決。今先以藥醒其暈。男爵旣醒能言。第一語卽呼亨利。是日密而華德適宿羅司漢。故以晨遣迎亨利。亨利旣至。家人扶亨利下。階級旣高。亨利扶杖屏人自登。石滑杖去。亨利幾顚。創處大痛。然心欲見父。遂負痛力登。及餐房。遇愛倫問曰。老父如何。愛倫曰。茲又暈矣。兄來至佳。父頃問兄不置。父心殆為救產之事。欲訓示阿兄耳。少須爵夫人下。二目盡腫。呼曰。亨利汝歸。到淒涼冷落之家矣。吾家運蹇。死傷慘狀。乃不離吾門。爾試自覘面無人色。且先就飯。此時卽面若父亦無所用也。亨利對食不下咽。嗣衆扶之登樓。至男爵對楹室內。坐於旋牀之上。此牀出入以人推之。少省足力。一日一夜中。男爵暈不卽醒。亨利仍坐牀上守之。醫言將自是淹忽以逝。亨利心中至欲承受其父遺訓。而又患如愛倫所言者。頗忐忑不已。而男爵忽於明晨六句鐘。漸漸清醒。愛倫入告亨利。言父醒傳見。衆乃推旋牀面父。父居處。卽亨利誕時室也。小牕微闢。射入晨光。而室中尚洞黑。見病父癯極。疊數枕於背。勉力起坐。爵夫人卽男爵之旁。耳語曰。亨利歸矣。男爵迴首。而白髮滿被其面。搖而闢之。顧視亨利。以手四覓曰。亨利安在。亨利抱父手以口親之。男爵曰。爾之見我。蓋在垂死之界矣。亨利曰。老父男爵。復曰。吾兒天主佑汝吾之能醒。得以遺言付汝。殆天心惠我者。亨利汝侍此。愛倫亦勿行。老父將有遺囑亨利。汝知吾家頹敗。審矣。天時人事。并合而論。吾產當無遺噍。吾固老悖。若兄亦不能無過。吾死後。若一家將淪爲乞人。且較諸乞人尤慘。蓋自有歷史以來。吾家負鉅責。不還。吾先世所未有者。語至此。氣壅。不能聲。爵夫人進曰。少息。勿再言。男爵曰。速以白蘭地酒來。吾言殊未盡也。吾不省何日當閉口。須以酒振作吾餘氣。既飲。復言曰。亨利。吾死矣。此地吾三世均考終於此。吾老。正不患死。想上帝慈蔭之下。吾或能自存其魂。惟先疇付託。及吾而敗。吾責殊有忝。至於斷墳三尺。亦將蒙羞。吾今僅有一重希望。注爾之身。吾亦自量前此御爾。於父道未爲平允。然深知爾爲好男子。能恪守素分。故吾搾其垂死之殘魂。以言相託。想爾必不違背吾訓。即汝心有所屬。亦當力制私情。以全歷代先勳之門望。近已決得一策自救。意前已告汝者。即論娶愛瑪來文杰也。吾家遺產。本盡質其家。若得之爲婦。奩具正復不少。彼父已屬心於爾。即其女亦明言戀戀爾身。無所迴隱。今惟決爾一言。爾其從我乎。愛倫在側。密語亨利曰。趣應老父言。得間即娶。更勿累老人再言再言。憊矣。愛倫忽見亨利色變。大震。

以爲將與父怫也男爵見亨利無言又進餘酒謂亨利曰兒聽我死後以速娶愛瑪爲能念我也我能得爾一言吾死且瞑目趣言之趣言之吾尚囑他事也時家衆之目盡注射亨利亨利面如死灰欲言又止者再至第三次乃曰吾父吾不能娶愛瑪也愛倫張口欲喑爵夫人在旁歎息曰忍哉忍哉男爵以身仰就後枕如睡少須又言曰吾誤聞耶亨利爾言不承乎何事至此此關係非細也獨不念是言爲爾垂死之老父求爾耶爾何事不承爾豈得妻耶亨利汗出如蒸對曰未也吾亦欲有求於吾父名義所關與父命所囑兩者俱難得當兒不敢欺老父已與人定婚約叛之不祥且無以示信於天下男爵曰已有人耶然則吾言晚矣然尚有希望其人果爲誰者亨利曰女名迦茵赫司德男爵曰卽逆旅主人女耶吾兒須知老父祇有此兒奈何盡毀其家而娶寒人之女天乎天乎吾何爲延此殘喘而聽是言言已而逝爵夫人與愛倫奔視之告亨利曰父逝矣以適間所應對者律之汝可以毋留於此吾以人來推爾歸宿以至苦之言出之慈母之口於倫紀上爲大變局顧此時亨利已暈

都不之覺。暈時似腦中有人語之曰。爾惡果已胎於此此爲人間第一惡果也

亨利於是遂未送其父至於入斂。以病方大發。初以病脛觸石。既而怛極而暈。遂臥牀至於經月。亨利體固牢實。既以死父垂死之言而已乃以不孝達忤。天良不沒。杌隉於中。神經爲之刓敝。故病非累月。亦不卽痊。時母妹絕迹不視其人。凡諸家事。均老蒼頭湯生告之。至柩之長短。衣之厚薄。均遵故事。主翁之亡。凡諸佃戶咸來助喪。亦一一聞其足音。最後聞棺木移厝禮拜堂。就其先祖。車聲轔轔。亦於枕上聞之。時家人恨入骨髓。不令起視含斂。亨利天良不昧。乘父死之第一夕。家人都出時。自秉燭至父死處痛哭。然室中花香撲鼻。亨利觸之。不勝而仆於地。燭亦滅。迨醒。復然其燭。蹩至尸次。白布加尸。亨利戰慄。以手引布出死者之面。靜穆已極。不似生時之愁煩。雖白髮蓬蓬。而臉際尚如中年。亨利遂聚其愁眼。觀彼身所自來之死父。遂以手掩其目大哭。呼天。謂吾父最後之病。苦實我貽之。求上帝爲我懺悔。想死父此時升天。無微不燭。當知吾有不能不愬之苦衷。蓋兒自苗自穫。別無他法。能補吾過者。當

極力圖之。乃就親父額。以布覆之。自息其火外出。門闢時。見一。婦。衣。純。黑。視之。母也。
狀極。冷。靜。欲。語。不。語。忽見亨利淚被其頰。心乃少平。方審其子非忤。蓋有不得已之
苦衷。然仍不與之語。亨利俯首。躄入其室。
逾日。家人送殯歸。歸後宣逝者遺囑。家人初置亨利不問。以遺囑禮重。亨利又爲承
祧之人。故欲其一至聽之。又以亨利方病。乃奉遺囑入其室中。同聽者爲爵夫人。愛
倫與。密而華德而已。律師入室。與亨利鞠躬。蓋以男爵禮之。遂去封裹。宣讀遺囑。蓋
二十五年前所定者。家業方盛。適與今日頽替不同。讀時。與家事初不相應。囑中云。
家產無論田宅錢幣。凡爲祖遺者。悉付長子雷極那德。及其子。若雷極那德無嗣人
者。則付亨利。至吾妻贍養。舍其奩具應有者。每年助以八百鎊。至亨利長成時。予以
一萬鎊。俾自立門戶。愛倫則以八千鎊助奩。遺嫁。部署田產已。訖則言封爵。言長兒
在者。長兒襲之。若死而無嗣。則聽亨利承襲。律師讀時。私念其家產所值。尙不能如
此一戕之價值也。讀已。令家人辨認立遺囑人之花押。並見證諸人手迹後。律師置

賤於几。歎息歸座。四人中。聽後。三人均嘿然。獨密而華德大悅。以爲奩具尚富。且念亨利若死者。則爲愛倫承襲。絕大家私。當屬我耳。而其中質田之故。亦微知之。然英俗。凡產主出質其產。若主亡者。責家不得過問。以爲亨利之產尚贍也。因而大樂。律師見密而華德情態。因復自念。彼婿此時。必以豐奩爲樂。然後此衰敗之狀。言是耶。弗言是耶。愛倫靈警無倫。因拊密而華德之背曰。請君暫出。以家中尚有縝密之事。吾母不欲外人聞之。想君必能聽我。密而華德曰。諾。此時心中樂極。亦不欲更與外家之事。決然出戶而去。爵夫人此時。坐近牕下。以目外注。初未聞愛倫發遣其婿之言。而亨利靜臥。則熟聞之。因曰。密而華德爾且勿行。吾家殘破。正復不能隱匿不告。密而華德曰。止矣。吾正思菸。悤悤遂行。於是律師復語亨利曰。亨利公子。亦知此遺囑中語。與今殊乎。數年以前。已盡喪其母金矣。僕誠告公子。自有舉責以來。無如君家之特異者。亨利曰。如先生言。以先勳遺業。乃擲之無窮之谿壑。律師曰。田產今已屬公子。爲地正非小。然質之來文杰家。估値已不相副。至於子金。亦不時付。爲數鉅矣。亨利曰。吾亦知之。律師曰。事勢至是。公子當以法了此責。將來果得珠還者。吾於先勳交誼篤。更當効力於君家。然尚有一語。當賢兄未殀時。尊甫以鉅金付我爲賢兄償責。僕四詢並無責家。今敬以還公子。至吾所應義取者。已如例留之。餘錢固在此也。亨利曰。此亦佳事。正恐後此家產一蕩。欲留都無可留者矣。車停門外已久。敬送君行。律師乃收其遺囑。與衆執手。鞠躬自去。車中自念此事艱難。較諸送逝。尤爲悲梗。大概吾律業往還。與此巨家永決矣。然此局殘破。幸不令彼老勳爵見之。亦良佳事。今公子殊不了了。出語尖刻可怖。想彼心中。亦正有無窮酸惻。至以完全之產。作如此恩恩了結。亦殊爲生人所未有者。且吾屢以直諫。彼兄都不之聽。安能咎我。彼老勳爵昏聵無知。爲長子弄於股掌之上。今貧無立錐。奈何。彼女公子尙解事。能擇所天。不患貧窶。正俗所謂食麵包能知擦乳油者也。時已及車站。律師太息曰。彼家固殘毀。究亦何與我事。吾且登車耳。

第十六章

律師既行。亨利室中肅然無聲。人人咸欲有言。皆不得發言之端。彼此咸知一言必述老人臨終之語。亨利此時。至恐論及愛瑪。又知愛倫發言必若劍鋒之犀快。母氏發言必作痛苦之哀鳴。兩者均難忍受。最後亨利乃問愛倫曰。吾女弟可告以弔客何人者。愛倫曰。戚鄙舊勳。未知吾事。弔客尚多。此時爵夫人迴視愛倫。似止其勿言。於是愛倫只敘來客之數。並言贈花圈行弔者。瑣瑣諸事。且云。來文杰亦來。惟其女弗至。然亦饋蓮花之圈。爲值至貴。此時老僕湯生入戶。老淚被面。言曰、郤而池醫生方臨。爲主人診視。亨利此時。心中至感醫生。以愛倫方及愛瑪。幸醫生突至。止其勿聲。醫生乍入。卽曰。將軍無恙。卽復改口曰。爵主。語未已。爵夫人及愛倫均出。醫生曰。僕送尊甫殯後。卽以車出診。診後始來存君。今請以傷脛示我。視已乃曰。此觸傷甚。後此若無人左右相幸。勿逕行。今須靜臥逾月。方如恆狀。且大病以後。又觸新傷。非如是萬難自全也。亨利致謝後。遂坐而傾談。特不及亡父瀕逝之言。以此事四週無不知者。移時起而爲別曰。明日且更來。已而又言曰。今夕須赴白拉墨司以爵主之看護婦迦茵病逾日矣。亨利驚曰。是何病耶。言時兩頰盡赤。醫生見亨利。既駭且羞。忽悟人言。正復可信。然吾亦早料而得。知此女郎。與彼兩心相印已久。此等情緣。至可憐也。因告之曰。迦茵病殊輕。特寒熱往復耳。彼懷冷氣於腠理中。久而始發。推彼病源。即於一日雨中久立。被淫而返。因淫生病。近日已略有起色。亨利聞言。似不能忍。因衝口發言曰。此消息殊佳。先生若晤迦茵。幸爲我語至此。吞咽不復能出。時醫生將出戶。以手攬鐶。引首內顧曰。爵將何言。亨利囁嚅曰。幸告迦茵。彼病軀略健。鄙懷滋慰。尚有餘文。語時又濡停久之。乃曰。吾行時未與爲別。至以爲歉。醫生曰。諾。吾必轉語迦茵。是日。爵夫人及愛倫均絕迹不至。亨利獨臥。心至悲惻。惟湯生時來問話。及男爵生時軼事。一一拾語亨利。借爲排悶。明日。醫生復至。省亨利病。言已少瘳。且語迦茵病狀。亦漸愈。寄聲謝存問。亨利知迦茵必不敢以書來。蓋書中詞語。必洩深情。非過於慘戚。則動以纏綿。深淺長短。均無所可。故不作書。亦正以慰亨利也。是夜。亨利就寢時。極輾轉不能貼席。即愛倫亦爾。愛倫既哀死父。復患亡家。且尚有一人之心緒。以密而華德知有八千鎊之妝奩。脫一日產業全隳。勢必以實情相語。此時婚約。正虞難恃。遲明。密而華德果至。賀愛倫言有八千鎊之奩資也。愛倫在婦人中。爲最有膽力者。乘此機倪昌言語其夫曰。此事無庸賀我。八千鎊之奩資殊濛濛在雲氣中耳。密而華德爽然翕脣噫氣。如吹笛久乃曰。曷故。愛倫曰。君行。律師始言田產悉質豪家。款逾母財。若平準相抵。衆皆赤身矣。密而華德曰。君將如何。愛倫曰。全恃亨利。亨利果念家者。必娶愛瑪。以吾家產悉質彼家。然吾奩八千鎊。已必銷歸無有。若亨利意在不娶愛瑪者。則遺產必不能保。吾母亦將以貧餓終。密而華德怫然無語。移時乃曰。愛倫。此事固莫須有。然爾前此何見愚耶。此語。吾久在是間。何一無所聞。且無論君家遺產如何。但問以我家世。何爲娶一貧罄之女。今以我門地論之。尚須更爲斟酌。爾當念我。此事萬非吾生所屑。愛倫肅然語之曰。聽從君便。然事勢淪敗。至於今日。良非我之罪。一半咎諸逝者。一半責我病兄。彼若不犯固執之病吾家亦不至淩夷。密而華德曰。所謂固執語誰耶。愛倫曰。即吾前云迦茵赫司德耳。

彼二人結不解之緣。因不圖娶愛瑪。且吾先父。臨終苦口諄諭。亨利怒然弗承。已盡置骨肉於度外。密而華德曰。然則亨利病狂耶。迦茵固美妙。然不娶愛瑪。則愚昧之尤耳。然以吾策之。君家勳伐。乃下顧來文杰。相懸固遠。特彼家有此耳。言已以手作圓方示愛倫。蓋指鑼也。復曰。今亨利定欲娶迦茵乎。愛倫曰。以癡兒性質言之。難必其無。密而華德曰。趣雉經之。吾生平志趣。已不屑與垂敗人家聯姻。而亨利乃垂盼逆旅主人之女。尤非所料。愛倫曰。我非必欲事君者。若不滿意。儘可自圖。至於亨利所爲事。君不以爲是。胡不以語進規。密而華德曰。吾素不强與人家男女事。矧一身婚約。尚在悠悠。甯能與亨利事耶。且亨利之爲人。言至難入。今吾須告以世界上人。匪特專圖一身。尚有係屬之人。安能概不置念。愛倫曰。此足見君之尙義。然吾父生時。常言法言不如巽語。蓋臘丁語也。密而華德曰。更無絮絮作古語。吾淺人。惡能知者。愛倫曰。此卽勸君勿以競爽之言進也。卽君不言乎。其人非能納諫者。今彼一人靜處樓上。此進言之機也。趣行告之。時湯生適出。愛倫曰。爾侍密而華德先生登樓。

晤主人。然密而華德甚惡亨利之暴戾。踟躕不敢進。忽見愛倫對之微哂。密而華德自念若怯而弗前。將爲愛倫所輕。於是縱步而登。既至亨利臥房。亨利坐於榻上。以杖倚其旁。攤書膝上。以目流覽窗外。此時湯生已前告亨利以密而華德且來。亨利固不欲。方令辭謝。而密而華德已入。亨利無言。祇能與之執手。讓坐。密而華德曰。格雷芙。病軀有起色否。吾今日特候君。尚復有言。亨利曰。以大勢言之。尚無恙。密而華德咄然遽默。其言枯坐久之。密而華德忽曰。天氣良佳。亨利曰。天氣固佳。然足下在外。吾處內。領受空氣。定勝我也。於是又默然久之。密而華德曰。今年天氣和暖。野雉之觳尚蕃息。亨利曰。何復言此。足下不有事告我耶。密而華德忽曰。君今年育野雉乎。亨利曰。吾家事尚不能了。何復及此。足下若有言者。趣言之。密而華德曰。然吾惟先言野雉。則吾言之機。卽用是而引。愛倫告我。語巽不如言法。亨利曰。愛倫言果如是耶。吾恐足下誤矣。且足下此時語野雉。竟乎。密而華德忽怒氣勃勃曰。格雷芙君今年不育野雉。吾亦無責。格雷芙之家殆不能育野雉也。吾剛聞君家大敗。愛倫奮具八千鎊鳥有矣彼趣吾告君卽以此事亨利曰足下此來眞所謂語巽不如言法也吾前不云乎律師尙有後言請足下待其辭之畢足下奈何遽行密而華德曰此遺囑胡爲者亦愚人之言且君家均好作妄語亨利曰濡之勿獷爾聲且平其傖氣對我爾須知此時對何人語耶密而華德曰人固貴冑特垂敗之餘耳爾良緣不就且弗恤其可以再造之家但解詈人無復省己何也且爾無志暱近一貧賤之女竟欲引爲正室可愧極矣亨利曰密而華德勿獷爾聲密而華德曰吾此時正欲高揭其聲響亦知吾惛惘中乃議娶若妹是吾蹇運乎爾今且勿以二目灼灼視我爾意殆自命爲勳爵吾亦知之雖然爾須平其氣去其獷暴不然者爾妹當與爾增一訟鬩吾近方悔婚將洗吾手拭去此一層婚約矣爾家之頹敗以我密而華德之家世乃俯首引貧女爲親串耶亨利從容言曰密而華德爾以眞爽之言規我汝良有心然爾言毀竇之多吾當歷舉以告汝爾言與吾女弟離婚吾弟何過者過均在我以我思之爾若有意離婚則猶吾女弟之厚幸吾尙有言告汝凡女子無過汝以野蠻

之禮見待。在法無能更居上流與士夫齒。至爾唐突我者。我僅有一法可以報汝。須知吾生平惡用武。若此時非病中者。則用武亦萬不能自禁。否則吾亦以一腳蹴汝下樓。今病中所能行者。僅有此法。遂舉其杖力擲密而華德之面曰。傖行矣。密而華德遂遁。亨利自念。吾不審何故。乃爲此狗狂噬。茲事何復自了。然吾留於此。亦萬無獨全之勢。計欲歸船。則格於例。今惟赴坎拿大。或在本國師船。求爲走卒。於事尚易。當以迦茵同行。倘至彼處。必無人識彼家世。亦無嗤鄙之人。

此時愛倫在堂下。整刷花樹。意實俟審而華德。自念密而華德之見亨利。必唐突。既唐突。則亨利必多指謫。計亨利一聞密而華德之言。或以其妹終事大局。繫諸其人。必且降心見聽。識者謂愛倫此策誤也。以密而華德之爲人。必不能遇貧窶之人。以溫言相勸勉。蓋其人榮通醜窮。遇無告者。必遏抑其人至地而後快。已聞亨利樓上大呼曰。傖行矣。門聲隆隆然。而密而華德已闖然至。面容旣駭且怒。愛倫曰。密而華德。爾在樓上何作。詎以力相鬨耶。密而華德曰。詎止於鬨。方且以杖擲我。愛倫曰。彼蹂擲汝以杖。汝究以何言觝觸使然。密而華德曰。吾特謂汝家多妄言。及垂敗之狀彼初尚和平。已乃詞鋒湧出。並云。彼苟非病足。將蹴吾墜樓。因以杖見擲。吾靜觀其猜狀。非病足。吾墜樓必矣。愛倫曰。汝奈何以里語觸彼怒。爾今日適有天倖。不爾股亦且折。密而華德曰。胡以趣吾登樓時。乃不見告汝以余喜與風漢競力乎。胡爲尙爾責我以我思之汝家何事不能爲者吾今誠告汝汝家何可託卽今日分手矣此事吾已決爾若嫁何人聽爾爲之愛倫忽發莊容以手拊其背曰家僕聞之未嘗且入吾闥告汝。密而華德遂俯首從之。凡愛倫一怒。密而華德狀態。往往如是。旣至愛倫臥處。愛倫遂居中而立。語密而華德曰。密司德。請君以告我之詞。更述語我。密而華德四矚。立處乃一空闥。時新喪。四圍百葉之牕均下。室中微漏天光而已。不禁爲之股慄。又見愛倫嚴厲如天人。因曰。何爲呼我爲密司德以我二人之情胡應如是至於頃之妄言特吾一時怒發。愛倫曰。爾言離婚此亦易事然後此有人問爾以吾事者爾當預蓄其陳辯之詞。密而華德曰。聽若所爲。愛倫曰。諾。我卽以君今日之言爲據。爾無論以里語玷辱吾兄今日爾若不自彌綸明日消息當徧布國中汝能敵輿論乎吾知爾於禮拜三日。將投身練勇隊中以汝行爲謂人能以汝爲是否密而華德者最恤人言而練勇隊中。又恆以密而華德爲蠢物時用訕笑料此一語既漏。以亨利一蹩人投杖且逃則其人甯足以勝軍旅乃大懼因曰。愛倫汝能忍爲下流以此言陷我愛倫曰。此安云下流爾既辱吾兄又顯背吾之婚約汝自念是何流品然吾固聽爾爲特爾之聲名能自保與否吾所弗計幸熟思之爾謂吾家人能甯貼甘受爾辱否爾須知吾能爲汝友者即可爲汝仇汝謂吾家大敗遂縱其所爲不復計及禍福焉知此時吾家偶然之不幸一再興復則汝悔晚矣以汝愚騃之尤猶未知爾之門第何足以配我雖爾身擁多貲特市井之豪我雖式微猶是勳閥吾卽不得汝猶可自立爾若卻我身名行當俱燼今余亦不復多言爾當深自審決願聽我爲爾一世之仇耶抑將護爾成立耶爾趣決之密而華德聞言股弁不止知愛倫之言。節節中要。蓋密而華德方求趣上流。羼入議院。又擁多貲。可得名爵。若不得愛倫之助。必無階自進。而心中又實重愛倫。今力指其謬。氣壅如山。仔細一念。殊以珠還爲是。又念彼家中落。特一時之蹇。後此安知無復中興。卽不然。而一身不得。愛倫爲妻。則並此時地望。亦將淪沒。不但淪沒可危。尤患愛倫激訐。令其不自直於時流。因自投曰。愛倫。爾言何凜烈如是。吾非有悔婚之意。特盛怒之下言乃無擇。愛倫曰。爾今亦悟乍言之非矣。既無退婚之意。則下次無論如何。此語必無復出口。密而華德曰。自有此挫。過去。爾幸勿遺我語阿兄。道長短。無論彼性質更變與否。吾成婚後。踪跡定與之絕。既而曰。彼果傾其家者。則吾始不與往還耳。至於吾性暴烈。每有過犯。今當努力改之。爾若不信者。吾當書券以來。愛倫曰。此亦細事。聽君爲之。特此次爾甚僥倖作如是醜態。吾竟容汝。密而華德力言不敢更進以口親愛倫之額。愛倫於嚴冷中亦親頷報之。密而華德既出。愛倫自念亨利此鬨。轉以堅我婚約矣。吾終身之事。幾爲亨利所毀。幸吾猶能以力勝之。亦知密而華德後此。必無悔婚之言矣

第十七章

愛倫既制伏密而華德。心殊廓然。移時亦登樓。面亨利。既進門。見仗橫其門次。乃拾而安置之。因曰。亨利。兄今日勝密而華德矣。亨利曰。愛倫退。吾今日方暴獷。爾幸勿以餌釣吾言。爾今日以密而華德來辱阿兄。吾已以惡劇報之。亦其分所應得。雖然。吾亦甚悔。無因用武。至以累汝婚約。惟吾弟亦嘗以吾婚事刦吾行之過適相準天下有節概人安能容忍甘受密而華德之辱。爾以彼來辱吾。在理尤不可。愛倫曰。亨利。兄且勿更言節概吾家今不能自立於人前矣以吾兄近日所欲爲之事尤以不言節概爲佳兄亦勿庸努目視我我想兄亦必不以拄杖相擲雖阿兄極力壞我婚事然吾二人之約較前此尤復堅實。亨利曰。以彼如是辱我。我如是報彼。爾尚欲身許其人耶。愛倫曰。然。吾亦行將別兄。密而華德言。從今以後。蹤跡斷絕。若如阿兄所爲。卽吾于歸之後。彼家亦斷不以禮相接、亨利曰。此何待言。我方謂彼枉費脣舌也。愛倫曰。吾家愚昧之人。僅見有汝。爾罔輕密而華德、奈何絕我無窮之利益。不令嫁密而華德耶。爾今亦勿慮。我非求和者。特登樓與兄絕情誼。告永訣耳。但願爾家毋破之餘能用良言以自救並願爾勿以全家之關係及一身之關係乃爲婢子私情所惘而誤爾許大事至爾之爲榮爲辱吾門外客正與我無涉爾近中年凡事本有主權吾實不願與爾同歸於盡吾異日能助吾家者亦將悉力助之蓋吾一生萬萬非圖一身之利吾父臨終遺囑吾無日不在腦中亨利吾二人誼關骨肉今暫爲別俟爾改過爲度再圖相見他日若仍不改者苟相見亦同路人相識而已於是怱怱出亨利於其去也。歎曰。斯言聞之。令人心痛。吾遇愛倫不如遇密而華德以密而華德鹵莽尚有間隙可攻愛倫則居正仗義語至侃侃吾每覩稗官家言見人介於私情名義之間往往溺私而背義吾每用姍笑今不敢出此矣余身兼兩姓之愛好得愛瑪可以蘇殘僘之家決迦茵又自蹈食言之誚二者皆義不可苟卻吾一身又胡以自處耶亨利方百轉其憂患之懷。左右不知所可。忽聞叩扉之聲爵夫人入矣入時愁苦滿面亨利大驚。私以爲敵密而華德爲第一陣第二則愛倫然已悉去此第三陣之來則吾母也爲情更不易拗然須甯靜以情哀吾老母因曰。老母上坐恕阿兒脛病不能起迎爾夫人曰吾兒吾痛念爾父臨終之言故出言斥爾外出茲甚悔之且吾平日遇汝弗善今老母自來引過冀吾兒念老母年高勿怒老母也然吾殊不審爾何爲迷惘至此吾亦不欲求索爾內中之情想爾必有名義所關故並死父臨終之言亦峻卻之吾亦不欲深咎汝過當日爾父死時爾泣尸榻中滅燭外出吾見爾容實有殷憂不釋之狀此時吾中心痛徹慘烈如飲冰故未嘗假爾顏色然家人骨肉至於畸離至此是中必有大因幸告老母從今爲爾解釋或彼此聚面商酌擇便行之亦大佳事爾若必不明言者吾亦不復相強老母此來一自謝其寡恩一則母子二人同哭其所天爾哭父吾哭夫也於是俯親亨利之額亨利亦抱母親額因曰老母所言爲兒歸家後第一次聞家人撫慰最慈最善之言也兒感入心腑決不忘老母之言兒初以爲母必且見責耳今知其不然究竟癡兒對慈母亦無所庸其愧怍不能不告母以直言兒稚時家人恆不見悅此亦未必非兒之不善及稍長舍吾母外更無一人有恩者故兒極力欲自圖事業以冀見重於家人故尅勉自立凡

少年浪遊之事咸屏不卽今幸不辱得保有其聲名迨吾兄夭逝書來速我棄軍而歸母獨不念此爲兒一生繫屬之事乃以片紙決去之兒讀家書隱約中謂非兒自歸無以光復舊業此語蓋促兒以不得不歸兒素重名義故爽然如家書所云告辭於帥府第一日到家愛倫卽告我以須得外家之助方能恢復惟彼氏之女未親稔亦毫無情愫特以質產之由刦令娶之爵夫人曰愛倫作如是言是其蠢率也亨利曰愛倫素性如此不止一日矣以爲彼所欲爲度兒亦爲彼所爲彼以勢利故嫁爵而華德亦强兒以勢利娶愛瑪迨後此愛瑪見枉兒見之頗以爲端淑心甚契之時懷疑不釋者萍水之遇何由有情乃家人爭言彼至愛我爵夫人微哂曰孩子癡極彼於二年前已見汝矣汝猶未之知耶亨利曰此惡知者兒固不與之習也雖然愛瑪見重固兒女之私而彼父亦何由必欲婿我兒固聞其與吾父言甚欲輸情於吾家然兒殊未深信爵夫人曰此亦無難置辯不過彼以所愛之女得託令門於心慰矣亨利曰是亦無怪然兒不告吾母乎兒固愜心其女特堂堂男子斷不能圖全遺

產之故屈節於婦人顧兒亦欲抑其高抗之懷與彼女往還迨性情投洽再定婚約亦未爲晚故欲臨彼家小住。孰知此行竟長無數風波。彼逆旅女子者。爲兒看護。彼漸見愛兒情亦不能無戀。老母見迦茵乎。亦曷怪阿兒顧戀彼人才既雋。品格亦高。奚不可託。吾英絕講門望。故此女淪入下流。若在他國。久登上等之社會矣。於是遂以迦茵深情固結之處。告其母。語已。復曰。兒之衷曲。母當一一聞之。且兒適與迦茵定盟。忽得吾父凶耗。促歸。議婚他氏。此在男子。忍背盟至是耶。以故吾父遺命亦不敢即諾。此時吾母之心。必以兒爲不肖。即兒亦自恨恨。想吾母之思。適與兒同也。兒今無術自辯。亦莫名其所以然。蓋已傾心於彼矣。母試念兒既夙與誓言。又安可食之。胡以爲信人。母曰。爾諾之耶。亨利曰。已誓言娶之。兒念亦惟娶得此女。始能了此公案。母曰。迦茵亦念爾欲令爾娶之耶。亨利曰。否。彼未嘗許我。此特彼年少未閱歷之言。彼若不事兒。則終身將淪於汚賤。母氏聖善。試爲兒決應何嚮者。母曰。亨利。吾年高。閱世久。吾即有言或不當爾之意。如爾對吾之言。固傾其肺腑而出。無有藏隱顧爾謂不娶迦茵卽爲失信。我意則否。且爾之論交在於病中心虛而情易感故結成此種公案實非平日注意鈎致其人者爾以爲迦茵天眞爛熳處處出之無心以老身觀之其人滋有術智彼固審世間何地足致男子之感情者因於患難之中弄其柔婉動人之術其術非學所致殆天授也卽彼云不欲嫁汝一嫁汝。汝家且覆。此言精確忠厚吾亦感之亨利曰。家人謂兒一娶迦茵。則吾家立毀。然娶迦茵者。吾分也。安能以毀家之故。遂廢其本分。母曰。果爾分應爲者卽毀家何傷然如爾所爲殊未必卽爲原分且爾以身抒家難。爲天經地義之本分。論娶迦茵則事近陰晦何必舍其天經地義之分而卽此陰晦者老母亦不願以詞鋒苦汝。特汝此時之心。亦純發諸天良。恐一時忠誨不足以沃汝心耳。吾今願汝。且一時不見迦茵。沈思至三月之久俟心緒明徹方知孰爲本分者吾兒須念所關者大全家性命懸汝肘腋汝復年少氣盛不能以理勝慾老母垂暮之年。詎以遺產自戀卽使淪爲貧窶然去死近卽亦不怨縱使吾家再興而憂患餘生亦復有何生趣吾之殷殷告汝者一爲全家一爲汝之一身汝父在日惜此三百年祖遺之產有同性命汝能忍心聽此勳伐先業付之拍賣場中耶語至此爵夫人迴首以巾拭淚淚如泉湧徐曰汝若弗救者事勢直如此也吾固審來文杰之意必欲玉成此事脫不成者彼產爲女公子所有固不能割愛以畀吾家祇能聽彼所爲而已亨利曰母命我沈思三月試問此三月中百費均空何以自活甯能枯坐至三月耶母曰舍來文杰家子金外吾他無所費諸如日用均以錢易之不稱貸也所慮者馬吉而節垂及諸佃人委吾田弗耕則須還以資款舍此外尙足自給無愁饔飧亨利曰母尙有錢錢安從得母曰質吾首飾寶石與金剛鑽均吾姑所遺者此數事宜予愛倫顧以家用窘迫已盡售之得三千鎊僅如原價之半今尙有二千鎊存焉惟此事不能告愛倫以吾心方惡劣若愛倫知而求索吾將何堪今臨飯矣吾且下然爾當澄心思之吏與亨利親吻出亨利自念吾母極愛此首飾乃竟鬻耶傷哉吾母設吾娶迦茵而不娶愛瑪則吾母必且淪於卑田之院計非依密而華德則當得我資養然吾養資何出吾今思之當以救家爲

第一義矣然吾又何心以決迦茵嗟夫吾生何苦耶今更無言但吾一身爲惡而天譴隨之世間因果無此速者

第十八章

迦茵者。未嘗有病。特偶中寒熱而已。方迦茵與亨利別時。已中風涼。而日來格林華德氏亦不言逐迦茵。迨是日侵晨。迦茵醒。聞亨利已告行。此信突出不意。愁極爲亨利憂慮。不爲己憂慮也。自念亨利之歸。在義應爾。固早知其必行。亦早知其必不常接。自以爲精神之相屬。至此已暌。猶未知後此之關係。尤有大於此者。迦茵固未念及也。此時心中自念。吾愛亨利。亨利亦已眷吾。得此良友。即終身墜於憂戚。亦所誠甘。較諸未遇亨利之先。雖安居無事。志願猶不如既見亨利之慰也。雖心中極慕亨利。實患亨利既爲所動。則將隳其全局。故圖嫁之心。未嘗一萌。且尤不願亨利因我之故。卻婚於來氏。尤願不必以愛我之故。而遂盡卻愛瑪之情款。顧迦茵之所期於亨利如是。而亨利則不僅存之於心而止。亨利生平所最愜賞者。第一即爲迦茵。而迦茵之送亨利歸家第一期望者則爲愛瑪定情之消息雖寸心不無鞅鞅然堅忍之力亦非尋常人所及。迨亨利一至家中。則與迦茵所期者乃大悖。姨氏進飯時。忽曰。昨日羅司漢之事大奇。迦茵一震。卻從容問曰。何也。姨氏曰。老勳爵逝矣。逝時。痛罵亨利不止。迦茵曰。老勳爵臨逝何事苦格雷芙將軍。姨氏曰。吾何知者。彼廚人之妹。今日至此言之。聞彼逝時。但言老勳爵指數亨利已。歎惋而斃。迦茵曰。殆哉。怨詈者何事耶。姨氏曰。爲格雷芙拒婚來氏耳。汝尚未知格雷芙家大如田產。下及甕盎。均在愛瑪姑娘囊中矣。以吾決彼家之產。必此老悖之來文杰吞蝕盡耳。既而又念。方得賄於來文杰。安可詆毀。急變其語曰。此事誠否未決。然彼先業來氏已悉據之矣。格雷芙全家已居愛瑪掌握指顧之間。令其貧罄爲乞兒。權力亦可至。安怪彼老勳爵之一忿而逝也。迦茵曰。亨利將軍曾對其父何言。又何事不娶愛瑪者。言時。姨氏注目視迦茵。而迦茵乃極力閉飾。不令姨氏覺之。姨氏曰。是安知者。彼來者所言如是。吾殊未之詢。然此人曾聞敍爾名字至兩次。迦茵驚曰。彼言吾名耶。彼言吾名

耶。姨氏曰。此地安有第二名迦茵者。然吾尚欲問爾。其中果何事者。迦茵曰。吾安知
之。姨氏曰。爾不欲言。自爾言不知也。迦茵爾以我為愚騃。且蒙而不汝覺耶。實則吾
已盡矚之。汝之為此。技術蓋至高邁。以吾卜之。此事爾已奏功。可云奇遇。吾謂仍以
三母爾為佳。雖亨利勳爵。三母爾傖人。然以權利較。三母爾尤為素封。為勳爵夫人
固佳。而貧窶則亦非福。爾思羅司漢中尚有生路耶。即爾嫁彼。亦決無生趣。迦茵曰。
阿姨語誰。姨氏曰。爾弄術勿及我。我非愚也。爾此時尚云與亨利無情款耶。爾之成
功。正以彼人方決謝來氏。汝儘以術自鳴得意。然須慎之。吾於當日之大聲詈爾。亦
正為爾。今陳兩家姻事於此。汝自擇之。既不願嫁三母爾。則當力挽亨利。如天下飲
茶之人。鍾未及吻。則此鍾吻相距之間。儘可為人所隔。俾不得飲。我願汝趁此鐵汁
甫經出冶時。急為椎之。當可成器。以眼前計之。即私奔相從。亦何不可。縱彼家人弗
願。而木已成舟。將奈汝何。汝往日以為阿姨無恩。今日忽作如是關切。必疑我為反
常。不知吾之愛汝。實未嘗一刻去諸懷抱。吾亦甚願汝身事勳爵。博閨中榮寵。或且

不忘故人。阿姨受賜多矣。須知吾今日所言。均出誠款。此外尚有人阻格汝事。如三母爾洛克者。尙行賕於我。然吾雖受賕於人。而有時尙欲成人之美。卽吾今日傾心告爾是言者。汝今日有書與亨利。我將帶往羅司漢。不然俟爾病瘳。自行亦佳。迦茵聞言。既內震於心。而又深鄙其言。蓋格林華德氏之爲人。旣俚且忍。迦茵平日鄙薄其行。聞言後。自念吾姨是言。乃欲導我爲桑間之行。意豈我素行不端。爲其所窺耶。是必其人自不直。而謂人皆然耳。因曰。阿姨言。吾所弗解。吾固不欲嫁格雷芙者。格林華德氏曰。爾二人情款至密。今乃不自承耶。迦茵果不自承。乃曰。阿姨。吾之不欲事格雷芙者。正恐一溢其門。其門業將因我而毀。格林華德氏大笑。以手指迦茵曰。娓子。果誠慤哉。以汝髮被其肩。容顏如玉。大似天仙化人。宜其不打誑語。以吾決之。汝必不忍於密室中親吻人。果欲親汝者。想汝必迴身避之矣。汝云不願事其人。此語慤乎。吾謂彼母若見許者。事奚弗成。須知吾之懃懃懇懇如此。均出實心。萬非受賕於洛克。爲是餂爾之言。且吾已剖心相告。爾亦何妨出其眞款相示。瑣詞。四氣。胡爲耶。今既不肯見語。吾亦聽汝所爲。汝年既勝笄。復廣有韜略。亦何庸我助汝。惟吾亦將行。尚有餘言奉囑。爾後此苟爲男爵夫人者。幸勿忘我。爾家猥賤之事我具知狀。脫轉眼若不相識。我自有法處置汝也。言已。遂行。迦茵於其去後。以被蒙頭大哭不已。自念一身何事。乃爲人刻毒揶揄至此。甯受罵詈愈譏訕也。想彼已刺得吾之隱事。不然。決不能作如是隱語。蓋吾之不欲嫁亨利。想彼穢滓之人。烏從知之。彼欲以書刼我。吐其衷。我固知其詐謀所在。一經宣示。惡果立成。已復自念。非去此白拉墨司。則禍將不已。阿姨所言。固不屬實。然可信者亦處其半。亨利情多。必違父訓。父詔不從。必詰其拒婚之由。敍我姓名。亦屬情理所有。又安知亨利不質直自任。曾與我定婚。且此事亨利前此已公然語我矣。果如是。我或有攀鱗附翼之一日。顧在勢萬不能成。亦並不以此想置之腦中。計惟有避去之一法。而避又將安之。既尠川資又無藝術。人亦何事用我。於是沈思兩三日。力求避去格林華德氏。卒不得策。方男爵下窆之日。格林華德氏亦往送殯。此一日中。醫生即以亨利之言示迦茵。明日姨丈卯酒未入。人尙清醒。乃入告迦茵。謂來文杰曾一至。請爾病瘳時。可至彼家一行。迦茵自念彼何爲要我。詎非亦爲亨利事耶。既而思之。來文杰常見顧視。而吾方栖栖無主。即求計於彼亦不爲非。策二日以後。迦茵赴市肆中僱車。二句鐘後。易灰色明媚之衣。立於車肆門外。忽聞大聲出於門內。一赤髮童厮驅車而出。呼曰。迦茵赫司德勞。汝久俟矣。僮即惠烈荷德也。言曰。我爲女郎御。故敬謹在此刷馬理勒整韁。女郎且避。吾馬出矣。視之騖馬也。且瘦憊。迦茵知此僮不善騎馬。因曰。爾御我乎。意似防其有銜橛之患。惠烈荷德曰。女郎尙以吾前日之翦惡馬歟。吾習於此經月。知馬性矣。趣上車。不且逐火車將弗及。迦茵乃上車。而惠烈荷德果御馬不嫻。幸馬騖而瘦。惠烈荷德御之。尙不至於顛蹶。道中問迦茵曰。彼愈乎。迦茵曰。是非問格雷芙將軍耶。惠烈荷德曰。然。吾於是夜中見人舁將軍入酒肆中。面如死灰。血濡其袴。吾年幼。從未見流血如是之多者。即女郎肩上亦血液淋漓。何也。爾二人大似稗官中所演者。迦茵曰。彼愈矣。特未如其無病時也。語至此。微微太息。以爲傍人何由詢亨利必及我。因謂惠烈荷德曰。格雷芙將軍歸矣。汝尚未審耶。惠烈荷德曰。吾亦聞其歸第。且聞老勳爵已物故。方其下窆時。吾亦往觀。車騎如雲。而車中載櫬。漆光可鑑。櫬載銅十字架。尚有銅版書赤文。吾死時能如老勛爵喪儀者。吾夭不之惜矣。迦茵微哂不答。惠烈荷德以力鞭馬。力多面頳。已而馬馳塵起。惠烈荷德突問曰。迦茵汝其有意儷彼乎。迦茵曰。此何謂。吾焉能嫁彼。汝蠢蠢何由語此。惠烈荷德曰。吾亦焉知。人言如是耳。有人云。女郎宜嫁彼。吾正不審其所謂。若以女郎風貌。無論匪人不愛。即嫁我者。我亦悅之。迦茵色大頳。少須慘白如死人。惠烈荷德曰。此何待媿。我特贊美女郎之詞。故如是耳。迦茵曰。爾所云人言。其人誰耶。惠烈荷德曰。此出衆論。即吾母亦云。吾母謂美人多意外之圖。猶諸咽蟲之魚。近岸就蟲。飽蟲而潮適落。爲人得矣。若以吾化身爲汝。則不嫁之。迦茵恨其愚無以止之。乃曰。爾敢更述格雷芙者。吾當下車。不煩汝御。惠烈荷德笑曰。女郎若下車。則我之疲畜將感君惠不已。女郎適問我何言。我以正對。何由怒我。且吾之告爾。語語出之純實。迦茵曰。吾非怒也。特不欲聞傍人如是之言。惠烈荷德曰。欲不聞是言者。須急去白拉墨斯。是間人言。咸如是。可畏也。自是惠烈荷德亦不言。力求其駕速前。鞭聲拂拂而已。既到蒙克洛淇。迦茵下車入其厮養之室。請見來文杰。

第十九章

方雷極那德男爵出殯之前一日。三母爾洛克往面來文杰。來文杰見洛克。爽然不得意。逆料此傖必往見迦茵。受詆無聊。不平。始爲此狀。不專爲牛栖來也。迎謂曰。洛克牛栖之礎立乎。洛克曰。佃今日不爲牛栖來。前此主翁敎我見迦茵。今日之來。即復爲此。來文杰僞爲不省曰。迦茵耶。若曾如吾策而行否。洛克曰。固求之。固不見答。然佃急欲圖功。竟冒進與之接吻。來文杰曰。如何。洛克曰。彼力仆吾於地。且肆詈不已。乃舉其始末以告來文杰。因自藏其劣。來文杰曰。以吾策之。此著似有參差。天下女子之心。恆不易測。爾獨不觀天之垂曉時景。愈沈黑。洛克曰。吾亦知之。是人終當屬我。然其心已不卽於我。奈何。來文杰曰。既得全人。何必寸心。此寸心遂謂其有用。

耶。我試問爾迦茵心中人誰耶。洛克搖首曰。主翁戲我。甯有不知者。以我聞見所及。則迦茵心中人殆格雷芙男爵耳。主翁前此囑我但備此人。我今日思之。至引以爲恨。今彼二人私款。畢白拉墨斯之人悉知之。來文杰曰。人言安可信。若我似汝者。甯介介此浮言。天下女子之心。忽爾不遂汝欲者。往往有之。何由忿戾如此。即使前有纏綿之意。後亦當止。矧男爵已歸與此女遠矣。今且告我以牛栖之事。洛克言竟自行。來文杰於洛克之行也。焦悚不可止。蹩行室中久之。雖以行雲流水之言對洛克。然深知此二人結固甚深。不省所以爲地。來文杰固以賄餌格林華德。刺取二人之隱情。而又不能出而力阻其事。防人竊議長短。方第一日格林華德來語勳爵臨終。亨利違訓之事。來文杰卜之。知此事十九屬實。亨利此時。已無情於愛瑪。計亨利竟舍名義弗顧。則二人情惑可知。況今日洛克來言。迦茵作如是舉動。亨利情釀。則愛瑪殊不入其心坎。以此之故。遂命迦茵來此。

迦茵顚頓車中久。少須始下。徐及後戶掣鈴。詢主人在否。而鈴斯夙秉主人風旨。豫知迦茵之來者。乃直領迦茵至來文杰秘室。來文杰見其來。與之執手。以客禮待之。延坐。迦茵曰。主人召我乎。來文杰曰。趣女郎來。正有事須熟商之。語時。忽徘徊起面窗立。迦茵僅見來文杰之背而已。因曰。請主人訓迪。來文杰曰。吾所言者女郎生身之人。不審能傷爾心否。迦茵曰。吾出身渺茫。村人悉知。而私議之。且對吾言者亦夥。何獨於長者一言。乃傷吾心。吾亦自省猥賤。然竟不知其所自始。來文杰仍徘徊不自已。如有所惻惻於心。復面窗立。徐曰。吾今日所言。正不涉女郎一身之事。事涉所生也。迦茵曰。恆人有言。父母有咎。殃悔及於子孫。今日如長者言。殆吾父母有隱慝耶。言已。歎息。來文杰曰。今日萬不能示汝以父處。以老夫曾與若父有約。誓不指實其名。今日若明告女郎。則我爲負死友。迦茵曰。吾父大奇。竟置遺孽於世。令衆人辱我。迨其臨逝。猶堅約託孤之人。不示以姓字。我何樂生。爲前此我於吾父。尙多恕辭今聞丈言。則甚悲。吾父無膽。而又曲自諱過也。來文杰曰。是中曲折。絕多有必不宜告人者。實則吾所言。即署姓名與爾。爾亦何從知之。迦茵曰。終當覺之。來文杰曰。若翁之不見告。自有深意。於老夫殊無所涉。特若翁之不見告。以其人身亦名流。爾謂其人無膽。正亦不然。恐人情惡薄。多生論斷。故永永淪匿耳。迦茵曰。吾獨非人。乃並此朝夕思慕之名稱亦秘不相示。且吾已無母。而死父之名何亦見靳。不知吾後日嫁夫必欲得父之姓名於人子責任始盡耶。奈何既不示以姓名。復淪棄女兒之身於醉夫笨婦之手。長養而成。幼時既不能以教門法律令我祈天。漸長又無人導我。不聽與小人親近。總而言之。天下之處置無告之孤孽。忍心辣手。殆無如吾死父者矣。上天下地。咸有公理。此事自得分剖之日。來文杰聞言。瞥然似怒。眼光射人。因曰。癡婢乃詈爾所生耶。爾言安知彼不能聞。即使於爾無恩。然亦當念身胡自來者。迦茵曰。吾父舍吾而去。並隱其姓氏不言。謂於兒有恩耶。聖經中固教人善事父母。然以兒身世所遭。即聖經上亦絕不聞有是語。嗟夫丈人。吾父雖逝。兒亦必以寃窮之言達之九幽。即吾父地下能聞。亦當念孤兒所言。不能科之以罪。且兒貧苦甘之。獨未得吾父之姓名。實引爲終身恨事。脫臨命時能以手書傳後。作遺囑者。則兒方涕泣感愴何忍更爲是言若以眼前孤露而言兒亦豈能無恨來文杰聞迦茵詞直氣壯。默然無言。又復面窗外視。復曰。迦茵爾更呶呶如是。老夫可以緘口矣。爾必欲求吾吐實者。此萬無其事。迦茵曰。兒亦不問丈人以此事。然尙有所求。第未知丈人肯爲詔示否。丈人旣稔吾死父當必一見吾亡母吾聞人言吾母蓋沈江自溺者來文杰曰。吾聞若母死於積水潭。殆天黑莫辨道路。溺耳。醫者則云尸身溺水。尙非水死。殆從高處顚仆也。迦茵大悲曰。哀哉吾母母一生不交泰運何從得樂母之出世而嬉亦未始非福特吾所恨者方顚仆時惜不挈兒於懷與母同逝耳。雖然丈今日見召。究何事者。來文杰曰。吾剛所論議處處均足傷心置此弗言亦佳然吾意所欲言當尤女郞之所不能忍受若翁昔日以微貲授我。並以汝見託。此貲卽爲培植學業。惟再三堅囑勿令深入學海。過深則於爾終身轉有所窒此事在我左右均有不適。故不能不以詳審出之。就今觀之。爾視同類之人。已目高於項。此尤吾所斤斤。且爾年華旣屆。而若翁微貲亦垂罄。故老夫尤宜豫爲女郞籌畫善策吾有佃人。廣有田產。聞欲娶汝爲婦。不審確否。迦茵曰。有之。來文杰曰。汝能應彼所請。則吾之擔荷日晚亦釋。迦茵曰。此若可允者。則兒甯效死。母顚越入潭水之內。不欲事此傖矣。來文杰沈吟久之曰。此事殊不了。詎洛克之爲人。爾深惡而痛絕之耶。迦茵曰。彼若有一絲風趣者。吾亦事之。來文杰曰。以老夫策之。是家最宜汝。惟英國爲自由之國。吾雖受而翁顧託。亦無能强汝。特良會誤過。爲可惜耳。據吾所聞。每人語及汝者。恆多微詞。若不急自爲計。恐將滋汝聲名之累。迦茵曰。丈人忘懷耶。我無姓無名。安足辱我。來文杰曰。女郎年少。何語乃激越。不爲長者地。卽使一身不復累人。而獨無名譽所在耶。且女郎曾知吾適所語者。宗旨安在。迦茵曰。兒不知。丈人旨。來文杰曰。老夫聞汝眷格雷芙將軍。此事果屬實否。迦茵平生不作妄語。而此時忽心動。以爲不以詞支飾。則己之名譽且裂。亦非所以全亨利。乃慨然曰。無之。吾特看護格雷芙將軍。亦吾逆旅女子應盡之責。人言究何憑者。來文杰聳肩微笑曰。此語我叩爾。應吾信汝不作妄語。且願汝此事不爲實也。若果有之。二人將均不利。而亨利尤傷。迦茵驚曰。

亨利尤傷。此何語也。兒聞兩情相契。罹害之酷。無若女人。但此事非兒以自況。特泛言耳。究何謂者。來文杰曰。亨利果有是。則將來圖娶難矣。且女郎獨不聞亨利家雖耶。彼不得婦奩。先嚐將立燼。骨肉亦且怨懟。縱所眷之人。容德才藝均佳。而辭富取貧。禍適與自經等烈。來文杰之爲是言。正以嘗試迦茵。迦茵亦立會。乃慷慨言曰。兒亦聞之。兒方爲彼看護時。亦深祝其人。將來得贍奩賢婦。吾亦知近有富家之女。與彼有情。將來必成伉儷。來文杰曰。我亦云然。卽汝意亦未爲不善。特亨利之與女郎相結於嬰疴之際。人言不盡無因。彼亨利心醉貞嫻。在情亦所不免。所恨此等道途。不宜爲亨利所出。卽女郎甯可耶。迦茵曰。吾果愛彼者。尤不能以身奉屬。天下斷無心愛其人。轉令毀家而近我。我卽心碎腸斷。亦宜剛決不累知音。語至此。迴首面內。避其淚痕。若不令來文杰覺者。來文杰聞言。肅然起敬曰。此語出之忠義之腸。老夫佩女郎盛德。顧老夫閱歷久。如是善心。必受祿於天。完其善。果究竟女郎終身之計何屬。請以見示。迦茵曰。兒卽爲此之故。故今日求教於丈人。語意欲去白拉墨斯他適。不令亨利戀我。若云教習之任。我殊弗堪。兒欲至倫敦入估衣之肆。以兒身材窈窕。試衣足動人目。或能厠足肆中。以延殘喘。顧無貲足以自達。來文杰沈吟久之。始曰。迦茵。汝果作如是想乎。以老夫思之。汝本無家。然淪入市井。亦屬爲名閥之累。迦茵微笑曰。此事丈人勿代我躊躇。兒一至倫敦。誰知我家世者。來文杰曰。此亦佳事。女郎不願爲者。我殊無策。今女郎告行。老夫胡不助成其事。至於川資一節。請先贈二十五鎊。爲整裝之費。後此月以五鎊奉餉。若女郎不欲者。則以書辭我。且倫敦中尚有吾相識之婦人。曰湯麥司氏。住甘德街第十三號。專駐遠來之婦女。惟行時。須求本地牧師。加汝以考語爲憑信。行必無礙。至居倫敦中。稍有所需。亦卽馳書白我。我每年資給六十鎊。無論如何。旅費必不告乏。於是就案取銀行薄籍署檢。已而又曰。此非所宜。不如見鏹爲佳。乃啟鐵匣出二十四箇金錢。逐一數訖。乃曰。數缺其一。奈何。因檢取一張十先零錢帖。及零星銀鏹數枚。予迦茵。迦茵曰。丈胡爲不予我以錢帖。來文杰曰。吾嚮授人。必以金錢。以金鏹爲國家錢幣。今日適短其一。故兼授銀。

因曰。此尙短三辨士。此爲老夫負三辨士之責矣。爾未將得小囊來耶。則以素巾裹之。打練勿令漏落。置之胸間。當勿遺失。凡物足稱寶用。收藏尤宜嚴密。迦茵裹錢訖。曰。此錢宜謝丈人否。來文杰曰。勿庸。此若翁所遺者也。迦茵曰。丈人不言吾父遺資將盡耶。丈今日授我二十五鎊金。年又六十。以數計之已溢。來文杰曰。此胡言溢。我老多遺忘。明日須檢我簿籍也。今女郎尙有他事見詢乎。迦茵曰。有之。吾行甚祕。幸丈人勿以示人。並勿示吾阿姨所在。以兒自計。由昨日決斷明日當另爲更生之人祝昨日若已死焉。來文杰曰。謹如言祕之。於是執手爲別。迦茵曰。請從此辭。吾謹謝丈人顧託之苦心。教育之高義。及今日贈別之盛情。兒平日唐突之言。幸丈人勿留意中。兒自憐單影飄泊世界之中。故出言多無擇。來文杰曰。老夫安能怪汝。汝可憐也。送之出戶。復珍重言曰。女郎此去。幸勿私懟父母。彼二人既死。安能起而自辨其無他。女郎行矣。老夫祝汝交泰運也。迦茵既去。來文杰歸座歎曰。今日二人辨論。我殊莫堪。而迦茵亦極悲涼。然此女能如是慷慨告行。亦吾意料之所不及。第觀其去之決可知其情愛之深傷哉此女子也。

第二十章

迦茵出戶。適遇愛瑪野行初歸。衣白衣。步日光中。如初開名花向陽而顫狀極柔婉。迦茵思與一點首悤悤自去。愛瑪竟與之執手道故。且曰。吾竟不知君至是。然言雖如此。而心甚怪之。迦茵知其意。遂直告以將行之故。來與尊人爲別。以尊人嚮日處我厚。吾不能忘長者恩意。迦茵語時。思對是人言。不如明告以銷其疑竇。愛瑪聞言奇絕。駭而問迦茵曰。吾不審君何爲悤悤而去。愛瑪之驚不驚迦茵之去。蓋深駭其父胡爲稔迦茵也。因憶逆旅問疾時。父語迦茵恆怒。二人如不相識。而今日聞迦茵言。與父有舊恩特來爲別。愛瑪素於其父行爲多所疑惑。一經迦茵敘述疑竇更深。因請迦茵曰。曷不入吾闥茗話而去。迦茵曰。吾以步歸。不能更延晷刻。愛瑪曰。路遠何步爲。且觀君似羸。吾以車侍君不可耶。迦茵曰。吾無須車。謝君盛款。且吾軀粗健。卽步歸亦無苦。語已將行。愛瑪曰。君若許我。我必送君數武。何如。言次似有赧容。迦茵曰。此何不可者。二人遂同行。默無一語。彼此各有所懷。俱針對亨利也。尋愛瑪曰。君此行仍業看護否。迦茵曰。是語何來。愛瑪曰。以君前此侍格雷芙勳爵備極熨貼。醫言格雷芙之倖生。事半屬君。迦茵曰。果如此。則貧女固於世界中留一善迹。然貧女所爲。君是第一次許我者。愛瑪駭曰。彼格雷芙弗謝耶。迦茵曰。君言謝非云以財耶。然固已酬我矣。愛瑪曰。區區貲謝。胡爲者。吾蓋言彼家人當激謝君耳。語至此。忽急變其旨曰。君此行將就何業。迦茵曰。萍踪安定。大概入肆行傭。愛瑪曰。此賤役。甯無顧慮。迦茵曰。安得不虞。顧寄食胡擇。吾於此間百無所事。蓋於此世界中直畸零人耳。愛瑪知旨。因曰。吾甚爲君悲之。第有一言。不審其怒我否。此事非君所召。乃以極苦之事。令君當之。設以我易地以處。則早已淹化。迦茵曰。吾雖困辱久。然幸尚未死。天下惟肩博者任始重。此局君不能肩。我已固承之矣。君言誠慤。我至感君。吾一生絕不聞温慰之言。今得女郎勞苦。生平我至死不忘君惠。於是五分鐘中。二人語窮。尚並行不已。愛瑪自念彼此默行無昧。乃告別。迦茵止之曰。吾有祕語告君。不審君能隱蔽勿宣否。此事於尊人前尚不宜輕洩。愛瑪曰。諾。君將何言。迦茵曰。此事關係爾我外尚有一人來文杰姑娘。我今去矣。此去亦正爲君。大槪良覿茫茫。吾二人必不能更見。惟其不見。用敢徑情上愬。且我去之後。必有旁人言貧女與亨利勳爵軼事。播之鄉閭者。愛瑪駭曰。是何以故。迦茵曰。君且勿駭。此中亦並無可駭者。卽我言之。亦正欲保全貴人。當亨利勳爵病時。聞君於勳爵。至有情愫。愛瑪曰。君以我狀述之耶。迦茵曰。未也。吾但聞君暈經時。後此事局。吾已十得八九。吾今所求於君者。後此有人告君。吾與勳爵有意外之愛戀。幸君勿信。是人忠亮正直。不爲苟且。此外尚有一言。君須以終身屬亨利。是人吾知至深。蓋君子也。若致睽離。則君爲愚昧。吾閱人雖少。逆知天下好男子無若亨利也。吾私祝此事能成。俾君二人永壽而諧伉儷。則吾願遂矣。愛瑪聞言。感至次骨。念迦茵乃自殘其終身。用以屬我。復念彼之一心。已全屬亨利。乃欲望亨利成名保產。竟推而遠之。用心之厚。無與倫比。不爾。胡爲冒以是言剖心見示。因答之曰。此語吾何由奉答。吾固愛亨利者。特無權可以自據迦茵曰。且置勿論。但願姑娘於後此。有人來道亨利黑白。幸姑娘勿動疑慮。可爾。愛瑪曰。此事君以爲然。吾何敢不以爲然。迦茵曰。是吾所願。吾無論所抵何處。心中但以爲爾二人已遂于飛之樂。吾心匪適不悅。吾蓋夙知爾二人。一爲賢妻。一爲良士。眞佳偶也。愛瑪此時注視迦茵。竟不能出一言相報。乃伸臂前攬迦茵將與之親吻爲禮。迦茵避之曰。勿爾。惟願女郎。後此時時念我。足矣。語已。決然掉首。去而不顧。愛瑪凝望癡若迷焉。迦茵行次。自念此事自今日決矣。吾不省何由忍心至是。想愛瑪此時。心已分明。不復見懟。然吾苟知事勢決裂至此。亦不應誤用吾情。吾初用情亨利。不過爲一身顧託之計。孰知足以破敗亨利之門業。則吾又豈忍爲此。今惟以決去爲上著。外此別無他法。固知天下遺毒之害。不必身受其報。或報在弱息。卽以吾父違禮自恣。孰知惡果乃種吾身耶。吾今推亨利一身。付之愛瑪。此豈生人所甘受之慘。假令吾家世清白。尤有餘貲。又何爲不能仰事亨利。匪特於分爲得。卽亦天然之儷偶。今何如矣。思至此。忽念嘉運之人。雖隨時采擷。均得名葩。若運途舛謬。則緜

散之楊花求之亦須自種也吾生平不願就死若以今日身世論之卽死亦何所靳惜且行且哭迨至家身疲力盡卽靈魂亦飄飄欲散矣

愛瑪既至家見其父傾身倚窗外瞭似待其歸一見呼曰吾兒安適吾見爾道上款款與人語緊何人且爾歸何遲耶愛瑪曰適與迦茵赫司德閒步來文杰曰爾何爲與之同行爾閨秀焉用友此寒細愛瑪曰兒殊未知其出身所在然雖淪卑賤其品格適與兒等特兒學問較彼略高耳來文杰曰爾言固爾然老父願爾勿與太親愛瑪曰老父勿厘彼且晚去白拉墨斯矣來文杰曰彼對爾言行耶此外尚有何言愛瑪曰彼多自言身世兒固知彼人無家且莫省所生而彼之幽愁暗恨正復爲此似至烈也傷哉此女倚賴無人又人多陵踐之者可哀也來文杰曰汝烏知者以彼墜落藩溷得此亦已足尚何他求愛瑪曰不然以父非女身安知此中有萬種淒涼之狀譬如兒身易處迦茵之地無家無骨肉又無朋友顧恤己雖自愛而爲時勢所逼亦祗降伍賤役吾父試想此時兒身不落漠可憐耶又如吾父之女明日侵晨卽赴

海波茫茫之倫敦中自求生趣吾父能不語至此。來文杰急止之曰吾不欲聞此。特恨迦茵妮子。何爲絮絮作哀聲爾竟以此思想置之腦中耶。愛瑪曰。老父可勿斥迦茵兒聞諸迦茵父未嘗薄視之也來文杰曰。我非遷怒特此女累吾多矣。彼得一佳耦。抗而弗從從則省跋涉矣。愛瑪曰。如老父言則凡女子所不欲事老父亦欲强令之合耶。吾憶吾父昔日詔我。謂女子所不得意者。非配耦而强之從。則不如無生。來文杰曰。情有不同。何能概論。彼不欲嫁人可耳。而又生無數累人之事。彼自顧影弄姿。遂爾跳盪不服覊勒。愛瑪聞言。忽易以他語曰。兒將入室易衣。來文杰曰。此語吾本不宜詔爾。特今日心緒惡劣。不期見諸談吐。吾最後之一言。爾知我何指。愛瑪曰。知之。來文杰曰。此妄也。實無其事。愛瑪曰。此事即有與兒何涉。來文杰曰。咄。爾心乃冷如冰雪耶。吾爲爾父。可以縱言。究竟此事果與爾有涉否。前此二年。爾對父言。尙純一無隱。不嘗言格雷芙亨利爲爾心賞耶。愛瑪曰。此語有之。吾以爲與彼天各一方。不復更見。故有是言。且爾時吾父尙爲吾論婚世族。故以此言示意。止父勿更求索來文杰曰此固二年前事也當格雷芙病篤時爾在逆旅中所言又何以故愛瑪曰願父勿更言此此語雖出諸所生而兒聞之如冒奇辱此言可以讕譖目之勿更證實來文杰曰吾惛使爾戚戚則誠老子之過吾蓋欲探刺吾兒意嚮所在請明以語我吾今且勿問亨利之意云何但問汝意屬亨利否老子年壽已屆諸無所冀而永日勞碌計畫正復爲汝汝果自今以後與格雷芙告絕否果爾亦宜見告以我閱人多亨利固堂堂一好男子甚願汝事之今則以爾之意嚮爲吾之律法汝果絕意其人則吾明日卽盡舉其質帖概付售鬻鬻後吾父子同客埃及數月亦佳特此舉一成亨利全家都入卑田院裏彼家福禍生死全繫吾兒一言汝年亦漸長儘可自決吾不敢爲汝決也愛瑪曰何謂質帖可以售鬻來文杰曰格雷芙家負吾債六萬鎊必無力自舉此事爾可勿問老父可以一力彌綸特問爾意果屬格雷芙否愛瑪曰急促中安能自決更延數月可乎來文杰曰否吾萬不能駐足於歧途中待來者趣告我道之所出愛瑪曰以兒計之此公案可緩決來文杰曰爾意所出殆疑格雷

芙與迦茵尙有疾累。爾因遲遲不復自決。愛瑪曰。他人謠諑。吾何知者。且無論誠僞如何。而迦茵已遜遯。兒尤知父意欲吾事亨利。且彼家亦夙具此意。謂足復其先疇。然亨利之意云何。吾莫之知。卽兒之私轀亦何能宣示。若云父意專爲兒一人而發。則兒請與亨利告絕。惟此事願吾父勿急於取決。可聽其自生自實也。此時欲易衣。不能久侍吾父矣。遂入。來文杰歎曰。吾久詰。乃爲妮子所困。竟不得迹兆。嗟夫迦茵。此事悉爾搆陷也。亦易衣赴餐房。愛瑪自與迦茵及其父論辨移時。覺所未聞未見者。悉已洞徹。今方知愛倫與其父閃爍之詞。今乃得其憑證。且觀亨利晤面時。雖極親密。然頗有所窒。情不外舒。殆亦爲此。因思天下名爲男子。乃欲求繫富室。藉奩具以抒其家世。安有如是無志之男子。故憶及亨利語時。曾言受人逼迫。令我脫軍籍而歸。今乃知爲娶我而脫軍籍也。愛瑪自知狀後。忐忑不可自聊。且羞且憤。故抗言不欲與亨利相見也。惟此事所關。尙不爲己一身。一則亨利不娶。世伐將因之而墜。然則吾宜稍平其高抗之志。俯救亨利。於理始合。且吾父亦以亨利毀家之故。一心欲曲全此事。竭一生之精力。冀此功告成。特不知吾父何由必欲以吾身屬亨利。此亦一種疑團不易解者。顧以迦茵身世渺茫。而吾父殷殷常爲之地。則又一疑團矣。吾亦非以老父厚待迦茵。因之生疑。以老父生平處人。咸有恩意。矧屬可憐無告之一迦茵。特所不解者恩禮迦茵。既如是之篤。胡以數禮拜之前。反顏若不相識。據此而觀。似迦茵父母之名。老人悉已了了矣。而尤可疑者。迦茵之愛亨利。固兒女之私情。胡以既愛而又割之。轉以畀吾。此何意也。幾疑身爲傀儡。聽人牽絲。入於不聞不識之地。固自怨自艾。胡以一身姻婚之事。乃不出之坦白。而淪之於疑昧之間。此時心緒起落千丈。而究亦未能忍心絕亨利也。

足本迦茵小傳卷下

英國哈葛得原著
閩縣林紓 仁和魏易 同譯

第二十一章

迦茵自謁來文杰家後。二日中。均假裝戒行。準以明日上午十句鐘。趁早車至倫敦。凝坐移時。遂作一詳贍之書予亨利。書曰。

亨利勳爵足下。前此醫者寓君言。來省吾病。語極溫婉慈愛。足見深心。唯吾病殊不劇。今且勿藥。聞老勳爵奄逝。聞之悲梗萬狀。此亦君生平禍難之第一遭。悲戚必且更甚。至念至念。吾今日將謀去白拉墨斯。以此間孑然無朋友之助。孤飄一女子。何由能立。且貧女年事已及。應自圖活於外。然實未嘗與阿姨謀之。且無人知我所嚮。必難見詗。至吾一身遠出。憑其壯歲體質。料不爲風寒所中。而腰橐亦碩。足以爲客。君去年歸時。所留篋中書卷。君諾賜我。吾即擕書同行。用爲記念。吾一日生者每於風前展卷必一一憶及病榻趨走之時且憶展此一篇就榻讀之爲君排悶想後此數年君必積漸忘我然我對遺篇仍復不能遺君君今勿念吾行矣用此留別願君清恙早瘳一生安樂唯此後諒無再見之期書此以爲永訣。

侍兒迦茵赫司德箋上。

迦茵書訖自誦一過對書親吻者再始書封皮付諸郵者自思彼不日病已吾趁此而行尚爲上着迦茵自郵局歸後見惠烈荷德以兩手納衣囊小立門外迦茵曰惠烈我有事需爾惠烈曰此何如語爾常以事干我甯曾苦我者胡爲言此迦茵曰諾爾以明晨六句鐘以車來幸勿參差吾須赴車站也吾予爾一先零惠烈曰胡爲言錢明晨我踐候而至今日尚有事否迦茵搖首答之遂歸既入室淸檢當日上學時木篋一遂舉生平所心愛之物悉納篋中其最貴者則往日所讀之書旦夕不離更益以亨利贈書尤極珍重此外則與考學堂首列時塾師賜予文具箱一其上籍以阿娘小影又兒時鄰媼所予小磁童一又處館時筆根季子贈與墨盒上署湯米之

名。餘則衣物數事。而木篋已爲之滿。滿時置之牀下。摒擋既竟。又作書謝其姨曰。

吾親愛之阿姨見此。姨得我書時。我行當已遠。吾不能執別阿姨者。惟以心別耳。我久處白拉墨斯。獨居寡歡。今且自出圖食。來文杰先生已允我矣。在理宜別阿姨。顧阿姨必洩吾言。則吾生平所不當意之人。又將溷我。我之去此。大半卽爲是人。又此間人囂口襍。興訛造訕。殊堪怖人。吾亦不樂久居。阿姨平日見待。雖不爲厚。然尙非薄。故瀕行必用此爲阿姨謝。想吾既行。姨家亦未必少一力。以我久溷於此。屢蒙經恤。姨深以爲累。至欲見屏。故恝然別姨自去。枯菀我自甘之。姨幸勿以人見迹。爾親愛之姪女迦茵上。

格林華德氏之得此書。在迦茵行後之下半日。迦茵瀕行始付之郵局也。格林華德氏擘書不能曉。又窮猜竟日。始知狀。乃大怒。其夫方洪醉。適與對坐。格林華德氏觀書訖。怒曰。黠哉迦茵。乃若乳貓之弄人也。又若巨鮔濡滑之趨入鼠竇。令人莫措其手。彼方以爲是行固無與我家者。烏知吾老夫婦。方恃彼以活。雖然老悖來文杰亦不能絕我弗顧。苟如是。我必有以創楚之。俾不能自立於此。且吾知迦茵之行。蓋來文杰導之。此傖老猾。詎能欺吾。卽彼亨利欲遠道以訪迦茵。亦必無功。以亨利家方中衰。何從得錢上道耶。彼迦茵之母。在二十三年以前。爲狀亦類迦茵。瞥然竟行。迨其歸來。死狀誰不見之者。吾料此女行爲。適類其母耳。想彼母女行藏。殆血氣受病。故行爲絕相肖。然愚極矣。嫁亨利可驟貴。卽洛克亦素封。乃舍此富貴不圖。遠涉倫敦。每禮拜得六先零。其愚甯可及耶。彼不告我而行。亦不能不謂其黠。脫告我者。又焉得行。我嚮受賕於洛克。爲維迦茵也。迦茵一行。洛克索賚於我。我又胡以應之。洛克平日行事。非得效者不予值。究亦洛克之愚。須知得我爲維迦茵。正得偶之大機倪。乃靳貲不時與。又何也。吾今更欲得錢於彼。非勒歸迦茵。終無從得錢矣。語已。以拳抵几曰。狡哉迦茵。此時醉人方微覺。以冠轉於几上。張醉眼覷其妻曰。汝言迦茵行乎。然吾殊鞅鞅。格林華德氏曰。蠢物。爾胡不止其行。醉人曰。吾安知其行。卽使知之。亦何由止。嗟夫。此女去吾。吾甚戀戀。且此女舉止大方。直類故家之女。雖然彼行亦佳事。吾若能尾之行者。則尤佳矣。格林華德氏大怒。將起毆之。醉人竄而內行。經槽次復取最劣之酒滿飲之。

亨利得迦茵書後。讀之又讀。悲梗萬狀。移時遂大悟迦茵告行之故。一則脫去洛克。二則避此謠諑。然書中之情隱而不露。讀至展卷病榻云云。遂大感動。自省無論年代深遠。而追憶迦茵之思想。必不能漫滅。又念迦茵此行。如凫大海風濤洶湧中。能力爭則生。不爾墜矣。究竟迦茵生有定力。必不爲浪人所誘。又復自愛。料不自疏規檢。且川資至裕。無愁匱乏。至川資之所由來。固亦知之。此數者既不爲迦茵慮矣。但以迦茵之身世姿容度之。又斷不免有艱難愁苦之局。與爲佻薄者所崇扇。此時甚欲追逐而將護之。顧行蹤已遠。殊無從尾。移時復轉念迦茵此行。或以此地人多口夥。款接吾身。或動衆譁。思更覓一幽僻之區。待我。我固知其在倫敦也。誰能遣包探迹其所至。即欲徑往白拉墨斯偵問。而撇然徑行。去不留影。偵問又復何從。矧足疾未痊。非更歷數禮拜。亦必不能外出。遂立意弗覓迦茵。靜候其動靜。或迦茵以片紙來。迹之尚未爲晚。閒中無事。遂取舊時簿錄。逐日披覽。糜費濫出。匪所不至。而負責之子金。爲數尤不可紀極。此時距迦茵之行已及一禮拜。亨利無聊。遂以柬速來文杰至家談敘。而半歲之子金又垂及矣。來文杰遂照尋常索債之例。用謙婉之書。向亨利追逋。牘尾復總署新舊子金凡若干千鎊。亨利披牘。瞪目不能語。自念債臺既高。愈無歸宿之日。乃婉請來文杰至家。決此事。來文杰知旨。即於明日上午十一句鐘至。愛倫知其兄延來文杰。亦草私書延愛瑪。謂將與商嫁衣時樣之製。愛瑪之不來。想讀吾書者。可一瞭得之。顧來文杰必欲堅挈其來。愛瑪不得已。亦隨侍。亨利知來文杰至。家人爭以轉輪之機榻。舁亨利至書軒。候來文杰。移時來文杰果至。與亨利問安道款曲。且慶其重創之垂愈。亨利曰。謝丈人顧我。我亘病均瘳。唯脛股尚滯於行動。以大勢卜。尚須數禮拜也。然丈人亦衰老。較吾前謁丈人時。似更龍鍾。來文杰曰。吾秉質既弱。近又癱廢。須知天下人情之最難堪者。多生心疾。因而不適於外。若老來未了兒女之局。則尤復不堪。設想吾年來殷憂。不覺遂達之顏色。今茲益不甯。若早了吾事者。則天之福我莫大矣。亨利白。吾安知丈人深憂。乃至於是。遂自述己事。問來文杰曰。得丈人賜書責問逋負。故欲延丈人至此商畧。以吾家累核之。僅能付五百鎊。外此貧罄之狀。可以明告丈人。來文杰莞爾曰。五百鎊殊可人意。吾年來固未受君家分文也。亨利曰。丈言當吾所以蒙恥不敢面丈人者。卽爲此耳。丈須念我。此非下走之罪。蓋承襲父兄所遺。吾惡敢不任其責。若爲丈人計者。莫善於悉吾產而盡鬻之。得貲可以經營他事。亦不至於困槁不名一錢。卽以此論。丈所耗減已不貲。若猶屬我者。則丈之耗減不更侈耶。且今年馬吉而節屆所屬諸佃夫。均欲歸田於主。我家將又何恃。下走病困無貲。不足召傭自耕。而復少他佃紹賃此田。果如是者。腴沃變爲荒瘠矣。地瘠又烏從得售。來文杰曰。格雷芙老夫與君家交誼非淺。老夫尚有他謀。斷不能以兩世通家。以吾女之私財。全老夫世誼也。然老夫尚盼有恢復之期。惟較前數月時。已復爲難矣。亨利曰。吾家大敗至此。實無良策自救。吾亦不更望恢復矣。來文杰聞言起立。拊亨利之背曰。格雷芙此言宜重思之。始可出君幸勿逼我以所不願爲之事若勳爵必無是言者老夫亦祇能如是行非與勳爵有仇特欲擁護人之私產耳吾尙有一語以誼關朋友不妨明告亨利曰此事可勿言若丈人必欲言則聽丈人言之來文杰曰吾夙意欲振君殘業亦與老夫有絕大之益但問勳爵何由不屑此人君若意中有人更勝於彼者猶可言也然實無之老夫觀弱息近狀談吐頗極寒涼然測其衷藏尙眷眷於足下亨利曰丈長者未嘗欺我惟末句所云我殊未能卽信縱使女公子惠然來嬪但問受者將何以自聊來文杰曰格雷芙君志節之高老夫尤深開伏須知爾不自聊者謂殘敗之家不堪婿我然君家敗狀非君有墜行致此所敗者特先疇耳君今主一家須知人事萬難時亦須降抑志操以支殘局矧志操者第屬之一人之身身死志卽泯沒若足下必欲自伸一人之志操聽門業䃶落此特私心非善全大體者也足下之不屑吾女卽爲此乎抑別有他說亨利曰丈是言何來者來文杰曰老夫聞眘甫彌留時君爲一麗人竟與老人意嚮微有參差確乎亨利曰誰語丈人詎吾妹耶來文杰曰否此事絕鉅

安知臧獲輩不能竊聽君言。老夫私計此語大率署有憑準。亨利曰此事屬實則丈爲明人不當更舉以下詢矧更以女公子見託此何爲者。來文杰曰不然此事若令淺人傳之則足下爲虧義然人人甯無過舉惟有定力者始能從叢過中拔身而出。亨利曰賢哉丈人。責我何恕耶。我惟不檢行此即彼妹亦未爲得令二人同冒過眚。覺深情固結益相憐恤。亦出於不自知。來文杰曰此猶不然彼果垂念所歡何由決然竟行並不告君以踪跡所在此猶謂之固結耶。亨利曰安知彼人之逸非爲顧惜下走而出又安知非爲人促偪而然。來文杰曰格雷芙君意謂老夫以力促之他逸則用意誤矣此女無父而其父又爲老夫之友瀕死以弱息見託。一日忽至老夫別墅謂將躬赴倫敦圖活。吾決不允此女堅欲行彼年已愈壯老夫何能強加覊勒。既而又念去亦良佳老夫幸託世交爲足下計留此適滋多口亦轉以累足下天下年少閨人既冒此眚。老夫僅有二策。一即歸屬見眷之人趣成佳禮一即引身自避以脫情網顧老夫又深稔其情。殊萬萬不欲嫁君。故行時亦不留其住處所在。然逾時老夫亦必知之。以老夫年許六十鎊。助其旅費。彼斷不能外我而逝。今彼匿身之所。足下卽使跡之。定不可得。彼既不願託身。則足下亦毋庸致其眷眷。迦茵託業於人。人若知有誕節。則將立敗其業。不能用資以生矣。亨利曰。丈言良然。吾若不謀娶之者。不見之亦佳事。來文杰曰。願格雷芙切勿見之。老夫爲足下計。爲足下父母計。爲老夫計。爲吾弱息計。在法無一足可見彼者。足下若聽其自爲生活。則足下自有恢復之時。如必窮追而寞索之。則大事左矣。足下以爲得是人爲耦。可樂以終身。老夫且勿論足下望實及生事。但老夫飽讀羣書。料事至詳。平情論決。足下初震迦茵之美。因致其密切之意。及既娶。則平時所謂美貌麗情。俱同常婦。卽迦茵感足下爲之拔身圜溷。謂事君足致富貴。固亦傾心相許。迨一履君家。生產都燼。興致將亦索然試問此時情狀。足下甯不落漠一生耶。老夫又以足下與迦茵境地學問核之。大相懸殊。彼此儷偶。何能水乳符契。且此等下流女子。以君淸閥名流。必不能長年忍受其傖在理。君將來必將爲社會所屛。怨耦既成。生事復寂寞。是迦茵爲滄海上之巨礁。而君引舟觸觝其上。此何可者。爾時必且自咎曰。吾不娶彼。一家何致星散。凡此等事。老夫眼熟久矣。足下何必孟浪而行。再令老夫觀君敗狀。爲閱歷上增一歎惋也。亨利曰。丈言已透紙背。我已躬閱其事。特事勢深有不同。不能以成迹相較。下走誠許丈人。萬不迫切。爲此容我兩三月後。報丈人也。丈人推誠見待。下走於此兩三月中。凡有所爲。必告丈人。吾今與丈人及女公子。仍爲良友。未知女公子肯以前此風義。見待下走否。吾此時於丈人及迦茵家。均有應盡之分。俟後此分盡。而窺所輕重。再隨吾緣。或能攀援以就丈人。恐自顧不稱耳。來文杰曰。足下與我約甚善。且所爲落落近君子。老夫佩仰無似。惟此兩三日中。老夫至願吾賢袪其舊染。而眷其新知。一俟尊恙全瘳。即賁蓬蓽。以踐故約。且非速賢來急圖婚約。特請吾賢靜觀吾女。果否靜淑。足以事君子也。亨利思移時。即曰。謝丈人見招。我當如約。時門闢。老僕湯生入。延客赴餐房。且曰。老夫人命我問主人。須以機牀往耶。亨利曰。可。爾且扶我於機牀之上。於是來文杰扶杖跛而先行。湯生推機牀亦隨出。亨利此時畏見愛瑪。心忽忽如有所思而機牀前軸適觸堅壁軸反震幾覆亨利於地愛瑪忽自門中突出扶亨利此時亨利適得機倪與愛瑪接談乃笑靨道謝二人因並坐論病人機牀之製如何爲善如何爲不善是語蓋從無可搜索中强爲酬對者於是座中人各懷所懷各憂所憂如老屋壞牆牆上所陳布均積年圖畫席中光景甚慘寥寡歡愛倫方以嫁衣長短入時之製細詢愛瑪愛瑪木然或對或不對爵夫人尤無聊但言今年嘆乾吾玫瑰花多受蠹病亨利此時心緒起落千丈雖面家人貴客亦索然無味來文杰則强對亨利論古言已得千餘年前古泉布之屬近實一瓦礶矣來文杰談時考據精鑿議論風生亨利不期神爲之奪來文杰語至此復謂其女曰亨利勳爵不日將來存我爾知乎愛瑪曰諾聲已卽低首視其盤中磁製花朶亨利繼言曰尊甫垂愛至深乃欲見延冀吾疾少瘳卽當如約愛瑪曰凡客爲家君招致者吾必一面爲快愛倫知旨自念曰亨利之爲人固宜以凡客目之因面亨利曰吾兄能赴蒙克洛淇亦佳事弟願路中不逢不若耳復對愛瑪曰我且閒行想尊甫當御葯時矣愛

瑪防愛倫機鋒太峭銳。再言亨利將不能堪。遂亦起立同行荒園中花已深秋草木黃落。景象至復愁人。愛倫卽告愛瑪。將以十一月中旬嫁密而華德。十月中。將赴倫敦治裝。擬邀君同行。愛瑪知愛倫之爲人冒利而寡信。不可託以交誼。頗弗欲往。已不禁其請。乃約請諸老父取進止。移時遂同入。而來文杰家已以車來迎。愛倫復牽裾言曰。亨利不日將造謁。是人多宿過。幸君勿譴却。愛瑪曰。亨利於我未嘗有所陵詆。我何譴却之云。既別。愛倫私念此女沈寂。不期亦抗言如是。亨利非深自貶抑者。爲偶難矣。

第二十二章

五禮拜中。亨利家殊無事可紀。而家用亦稍舒。以子金之劵。久不臨索。爵夫人又鬻其首飾得錢。畧足贍家。愛倫奩具。亦麤具如中人。亨利舍杖。亦漸能趨。特微蹩耳。外態健碩。而中心焦悚。仍不能釋。迦茵音問已久不聞。而格林華德氏似亦未審其迹兆。以前數日方奔亨利家。坐索迦茵。以爲迦茵者殆亨利匿伏之也。然格林華德之來。一爲來文杰不予以錢。而洛克又日趣其剌取迦茵踪跡。迨既不得。而洛克則責問前賕。謂爾得兩姓之賄。縱迦茵逃。二人幾於忿爭。尋洛克知此事非格林所可了。思自詗之。因走問來文杰。來文杰不之語。來文杰知迦茵恨洛克入滕理。苟語以地。則洛克必窮卽以困迦茵。又念迦茵爲己女之故。舍其所歡以崇護。心至感激。計迦茵行後。資斧必不令乏。且不令洛克苦之。然洛克既於蒙克洛淇中莫偵迦茵消息。擬於羅司漢問亨利。洛克之爲人。生平造人。必不造其家。恆要之於路。卽貿易一道。求市其羊豕。亦必於道左遇之。議値。洛克於是凡三至羅司漢。始見亨利。彼蓋偵得亨利新愈。飯後必出閒步。第一次至亨利未出。至第二次亨利出矣。遂停車於市集之上。自登高阜遠瞭。忽見亨利自門中出。遂趨避草磧之後。直到亨利已過。始躡而從之。步武絕輕。亨利亦不之覺。殆日中見倒影與己前行之影合。疾一迴顧。而洛克適趨前與之覿面。亨利以爲剽刦椎埋者也。急舉杖叱曰。爾何人。既而立辯其非。乃曰。若太孟浪。若非爲楡林之地。來與我言賃耶。洛克曰。吾待主人三日矣。乃脫冠鞠躬示敬。亨利曰。胡不見枉。乃同美洲紅人之躡人後。且我病廢家居。若見枉。何復難見。洛克曰。吾之造主人。非求賤價而賃主家田地。吾之此來。直人與人之關係。且男子與女子之關係。亨利曰。幸勿爲疑團以困我。汝誰氏者。洛克此時頗怒。遂抗聲曰。吾爲三母爾洛克。今日之來。固以疑團相苦。幸就君解之。君匿迦茵於何許。趣示我。亨利曰。吾知汝矣。然談吐須和平。勿爲是誏誏。汝須知我之爲人。不能以無禮見接。洛克見亨利目射神光。忽中慴。改容斂手曰。吾何敢恣肆。亨利曰。能如是者幸甚。後勿爾爾。能退歛以求近禮。試剋勉。當臻自然。吾今語汝。迦茵赫司德踪跡渺然。吾數禮拜不之見矣。且汝亦無權力足以問我索迦茵。洛克曰。此何言。亨利未及其語之畢。卽曰。爾幸留意。更勿激訐。語已自去。洛克將趣與亨利並肩。且言曰。吾尚有言。何匆匆遽逝。亨利曰。爾有言。可近吾前。勿詭行。乘吾後如刺客。洛克曰。爾不嘗盜我母羊耶。爾行爲似大衛之刲取拿丹。爾將來因果。亦適如大衛。（見舊約全書）亨利大怒。斥之曰。爾羊誰指。洛克曰。吾烏知者。第爾盜之。爾須歸我。亨利曰。爾羊固在。胡不自尋亡羊。問我胡爲者。洛克曰。亡羊固可得。特汝不能助吾。須知吾將來必欲娶之。爾失此羊固無礙。而我之身命。純繫此羊。亨利曰。我知其逃。爲汝逃也。無論吾不知其所在。即使知之。亦固不示汝。洛克亦大怒。呼天咒亨利。亨利欲以杖擊之。然極力抑制。遂陽若無見。洛克猶呶呶曰。我必欲得迦茵。上帝知之。爾若匿不予我。我必以力斷汝脛。亨利適見其佃人極勿利倍子趨過。乃呼之曰。此醉人出言無狀。爾趣出之。勿令更涉吾園。二人麾洛克曰。爵爺言爾聞之耶。趣行趣行。洛克無言。隨二人出。亨利於其行也。因曰。迦茵汝奈何識此人。使我煩懣。吾雖愛汝。亦甚願當時不見汝爲愈也。見洛克後。未及一禮拜。亨利遂往造來文杰家。既經蘭保洛壞塔。悵然迴念。當日情禍實肇此塔。雖景物如昨。人面已非。而一縷情絲。仍默牽引未斷。蓋亨利想望迦茵之心。時時潮沸。時亦强自寬解。以爲未見迦茵者。然情潮起落。排遣仍不之泯。以亨利生平。從未結歡膩友。至與迦茵纏綿沾滯處。正不自知其爲愛爲憎。但覺日中夜半。有夢皆接迦茵。每遇閨秀來前。而思念迦茵之心。立時棖觸。無論婉言纖步。一接於目輒以迦茵與之比較且迦茵之行不審所自又不知其何因而去覺留此寂寞可憐之身時見辱於荒傖蠢嫗因之愈憐迦茵以爲迦茵在彼念我正復如此然亦時時出其果力剖此情網顧力殫思困而卒不能祛迦茵於腦中於是一念迦茵乃並及於家門殘敗之故百慮因之麕集迨腦力全疲輒發浩歎靜待天命而已自念此行必不以迦茵之事語來文杰且圖行樂以息此數日之相思蓋立意於此數日中力闢愛情縱酒自恣椎碎天下鍾情之局示吾斷不爲婦人而惘惘者迨既至蒙克洛淇適當晚餐來文杰延之書軒禮意殷渥軒製奇巧不爲正方形窗戶迴曲皆面陽光其一面則大海映窗如鏡此時亨利易服赴餐房愛瑪笑靨承迎遲之客座接之亦絕有禮亨利遂與愛瑪憑窗語秋光向盡涼氣爽然亨利聆其談吐溫雅殊爲閨秀之尤此時愛瑪已挾虞心故容色尤端謹婉肅衣服又適稱其體而林墅藤蘿山光海色一一均足烘託美人愛瑪裝此於良辰美景之中分外端麗矣蓋愛瑪之美不類於迦茵愛瑪者僊僊無塵相而迦茵則流媚動人特人中之美者兩美固

不能軒輊也。此時鐘動。乃入餐。賓主之歡極矣。而軒開尤可以望遠。較諸亨利之家。老壁深窗。光景明晦。正自不同。故悲懽亦遷地而異。迨餐竟。進果蓏。亨利自覺一洗前此煩懣憂鬱之氣。徐徐與來文杰傾談水師往事。此蓋亨利生平不易開之笑口也。然談時語語純實。無一句支飾。而忠厚樸誠。溢於言表。此時方論阿商替與埃及戰事。至於遇颶。馬達加司加島上。海掀浪激。船主及大副均海死。而自以一身蒙死把舵。幸得出險。復浸及觸礁遇險事。歷歷如繪。亨利在海軍二十年。閱歷繁夥。遊遍全球。故談鋒娓娓不絕。父女正傾聽間。侍者已以咖啡雪加進。在禮。進雪加時。女子宜避。然愛瑪家素無客。客來亦如家人。不盡繩以禮法。仍隅坐燈影之下。靜聽亨利述海事。聽雖極樂。復深惜亨利已脫軍籍。更涉滄溟。當無其事。頗爲亨利惜英雄坐困也。而來文杰之意亦然。謂亨利曰。格雷芙以君之才勇。定扶搖直上。今中道挫折。後此將如何。亨利曰。數奇固爾。特後此茫茫。亦正非所料。大抵身入水師。百人中得全富貴者。無一焉。晚年衰朽。僅得半俸頤養。退居林麓後。能謟事牧師者。尚能參與禮拜堂事。否則落漠待盡矣。來文杰曰。老夫望汝殊不止是。老夫至望格雷芙爲吾一鄉中議員。老夫雖憊。尚能睹郎君身入議院也。矧郎君身出軍籍。能與議院中贊助水師。則尤國家之幸。亨利曰。是言曾有人見許。然吾意頗願効海軍。實於兩者均無所擇。得則爲之。但恨是兩事者。均如月球。近人百撮。竟不一得。來文杰曰。不然。老夫竊相郎君。必且通貴。遂同至客座。愛瑪則曼聲而歌。歌已自去。來文杰與亨利仍夜談。左右陳蘇打水。以供應主客。此時只有來文杰道世故。亨利恭聽。每聞輒擊節來文杰春秋既高。閱歷復廣。且讀書均能記憶。故議論風生。亨利尤極誠伏。於是累日忻合無間。日中無事。則荷鎗而出。來文杰騎馬隨之。獵取兎雀之屬。亨利足疾新愈。少獵亦卽歸。或三人同車。遊覽名蹟。或移榻瀕海邊而坐。傾談終日。每遇天陰雨溼。則羣聚書軒。究論古物。如是者凡一禮拜。亨利曰。念脫籍以後。不圖於此地乃得至樂。卽彼父女。亦頗願其久住爲歡。先時愛瑪晤對亨利。爲狀頗握齱。既稔。意氣頗復發舒。亦不如前之拘謹。交情亦漸綿密。以交情之密。彼此愛慕之心亦生。然仍朋友之愛慕尙未抵於求婚之境地卽愛瑪亦復歛退不欲言此蓋愛瑪此時心緒見亨利温純可親不涉鄙悖自料亨利病時身在逆旅中惛囈吐實言未爲亨利所知不爾亨利當無此推重也遂感激亨利不置已而又念亨利若已前聞者而對我仍似未聞則此人忠厚爲人藏拙之心尤復可感思至此雖亨利前此步武乖迕示我以隙今以眼前行事較之儘復可恕愛瑪旣不念亨利前失亦不計終身後局但對此秋光及時行樂而已蓋以愛瑪志趣而論則不宜嫁亨利而以性情證之則又無時不在於亨利愛瑪私念吾志如此吾心又如彼理法與情款交戰意惟待其求婚時再決從吾志耶狥吾情耶而在今則可暫置不論以目下情況料亨利必不孟浪與我求婚此議似亦勿庸亟亟亨利之心亦深知之特不敢明言於形迹上增其窒礙此時光景大類兩軍停戰凡針鋒機械悉置不施卽來文杰亦不敍及弱息婚事尤不間涉貸款子金故亨利感激深情至於無極惟形迹渾忘中而亨利於愛情一事不能不自供臏背蓋謂天下美人果無迦茵者則我一生知己當首推愛瑪矣亨

利靜居七八日。密覘愛瑪舉止。覺温柔儒雅。絕世無倫。在理宜爲配偶。特一念及婚事。覺眼中已亭亭湧現一婉嫕愜心之迦茵。及久貸莫償之契約。於是求婚之心復爲之餒。十日以後。羅司漢以車來迎亨利。亨利臨行。語來文杰曰。吾不省何術足以報丈。丈之於我。可謂心乎我矣。吾自遭憫凶以來。俱在困苦光陰之內。不得縱恣吾樂久矣。自謂世界之中。最樂者無若此十日。今則迴車將重温吾之困苦。丈將奈何。來文杰曰。郎君愁煩之事。殆爲十月十一日爲馬吉而節乎。亨利曰。然。尙有他事不足以告丈者。吾殊不審吾一撮先疇。將來如何歸宿。今謝別丈人。吾行矣。來文杰曰。格雷芙爾勿煩憂。天下事自有轉環之日。憂何爲者。以我卜之。凡人到四十以外。必有定局。此時愛瑪步出門次。曰。格雷芙勳爵幸爲帶一書。付君女弟可乎。亨利曰。此奚不可。遂同至書案之側。愛瑪曰。此書卽君弟約我同至倫敦購嫁衣。此事已請老父。老父亦許我矣。吾於此道非嫻。特未至倫敦。且往觀上都景象。亦佳事。格雷芙能同行耶。亨利曰。此亦難定。惟吾同伍之人。約於二十日飲我。是日爲吾二人遇險之日。每逢此日。必以酒自慶生存。然吾尚未署諾。惟君欲約我行者。我亦趁此赴友人約。愛瑪色微赭曰。同行亦佳。且往觀博物之院。及埃及古物。亨利曰。諾。當圖再晤。惟君待我以禮。且有恩意。吾固無以奉答。深款。愛瑪曰。此何如言。勳爵枉我。光我蓬蓽。且感激之弗暇。胡言答也。亨利曰。此語愈見君厚意。然車駕吾歸矣。

第二十三章

惠烈荷德自迦茵約後。果以晨至。以小車載篋至車站。迦茵晨餐後。始登車。飯時。格林華德氏尚呶呶道迦茵過失。迦茵素與姨氏弗恊。然自念行且永別。心亦戚戚。以相依有年。臨去殊不能無情。而尤所難堪者。几榻帷幔。均夙親之物。決然舍去。頗復悵悵。又曾於是間調護亨利。居處既久。情愫亦深。追行時。以手帶扉而出。念及亨利。心緒麻亂。不知所云。既至車站。見己之行篋。站人已加以箋。貼著其名字。此時惠烈荷德亦到車旁。言曰。吾以汝隨篋而來。何濡滯久之。相見有期。幸自珍衛。汝所客何處。請以見示。或吾能至視汝也。汝觀白拉墨斯中。如我少年跳盪者有幾。因以拇指轉指背後曰汝既不欲嫁是中人物（指羅司漢也）我將來二人尚有歡聚之期乎迦茵大笑曰以汝唐突之小猢猻乃放恣至是時汽笛一鳴火車駛行惠烈荷德尚惘惘注視去車也車至利物浦停迦茵以他車至甘德街爲路至遠甘德街者幽悄非市集是中無貿易人門外多貧家小兒逐隊而嬉聲極騰沸然屋製極高矗以石灰墁其頂牆壁多壞坍斑駁如鹿皮紋窗戶門宇陳舊無新制復多煤氣滃鬱中人欲噦迦茵問御者曰此爲甘德街耶人曰是間有標識爾言非十三號耶不既至乎遂下其篋曰爾去吾載值當三先零及六辨士迦茵出值予之而御者四麾其鞭祛羣小兒轔轔而去迦茵既至十三號以手挽其鈴久之無聲尋又挽之至第三次仍闃然無人知鈴索已斷顧又不置小鐵椎候客自叩乃用傘握叩扉忽雙扉大闢有一貧家婦衣服腥膩髒其鼻如中酒喊曰汝何人叩扉如是之急得無誤耶吾不出且碎吾扉語時狀甚梟惡迦茵曰吾姓赫司德來此寄寓耳英語訓赫司德爲急逼之義婦人聞言復叱曰爾既如是急逼曷以急逼趣爾道路勿溷吾居迦茵曰密昔司湯麥

司不寓此乎。婦人曰。湯麥司家毀。入卑田院矣。爾趣以篋行。勿置吾階級之上。不爾。吾將召巡捕捕汝。迦茵爽然大失所望。自念飄泊至此。不得逆旅主人。何以自聊。時貧兒數十。環繞其身。竊指姿容以爲樂笑。而婦人又大聲呼詈。趣迦茵負篋去。迦茵思欲自挈其篋。然怒極竟不能動。時羣中有一童廝。自承爲迦茵負此篋。又有一人前語曰。爾勿役是人。彼脊小也。我請爲汝負之。尋又有小女謂來者曰。黑土婁爾出時。爾母尚未之知。知將笞汝矣。迦茵無可如何。遂坐篋上。掩面而哭。此時忽有一瘦弱白皙之女人。分羣兒而進。問曰。君何事哭於是間。迦茵嗚咽言曰。吾自鄉居來僑是間。而是間無人焉。窮途將何所依。女人聞之搖首。似有顧惜之意。而屋中醉婦又抗聲曰。爾不趣行。吾將推爾下階。迦茵告女人曰。君試觀之。如何而可。時白皙女人。忽呼人曰。爾負此篋。客隨吾行。迦茵止哭。亦不辨其善惡。急躡之而行。至一老屋前。上署第八號。女人以手啟關。迦茵見門上鐫小銅牌曰。密昔司缽特成衣處。時缽特告迦茵曰。客入吾爲客遣負篋者。彼非良善。將從女乞多錢。迦茵既入。室中不廣。然位置汛掃。絕嚴淨。行倦旣入。二扉立闔。人亦盡散。迦茵曰。主者爲我給彼力若干。鉢特曰。三辨士。在理多一辨士。特吾不欲與之計較及此。迦茵遂出三辨士還鉢特。鉢特曰。觀君還錢如是之爽。足知客爲質直人也。然天下固不能以行事一二。遂決其生平之善。乃引迦茵至一客堂之上。汛掃亦嚴潔。鉢特遂取榻上未竟之衣。延迦茵坐。進茗。且言此時吾亦適欲御茶。飲時。見架上一鳥啾唧不已。鉢特曰。僕卑（鳥名）爾又噪聒震吾耳耶。復面迦茵曰。客惡鳥鳴乎。吾以家庭寂靜。故飼此爲伴。迦茵曰。吾亦喜聞鳴鳥也。鉢特曰。吾姓鉢特（鳥也）客亦愛鳥。然則吾二人之合。其先兆耶。迦茵飲茶至悅。鉢特無言。靜觀迦茵容止。因曰。客姿容美麗已極。幸恕吾唐突之罪。作此等語也。然貌佳者命劣。以事勢度之。客必產自衰涼之家。故行踪飄泊至此。知天之予人福慧。斷不能雙修。然客固薄命。吾願汝心良。或能挽回造化。吾固知汝非作孽爲眚之人。由外貌得覘爾中藏。雖然。天下亦斷不能以貌取人。遂爾施吾救護之力。迦茵曰。飄泊人安敢居善人之目。特感戴主人。至於無地。吾自鄉居來此。本欲圖活。並圖一下榻之地。主人能否助我乞覓食之地。特初至是間。無從得一汲引之人。故請命於主人。吾名為迦茵赫司德。鉢特曰。客來甚怪。吾何從為客圖位置。且爾年青貌美若天人。胡舍其所親狼狽為孤客。意是中必有違禮犯分之事。故獨身而逃。且客是間有親串乎。迦茵曰。吾之出也甚正。尤有親戚知之。鉢特曰。既言有親戚。胡不先為位置。適所叩之空屋。非正人居也。迦茵駭曰。非正人乎。因念來文杰胡以柬見託。鉢特曰。前此固有蕩婦居之。尋為湯麥司所有。以酒蕩其產。迦茵曰。據此則吾戚所言。或不知狀。又久別不省音耗。故以吾託彼耳。鉢特曰。客戚為誰。治何業。迦茵曰。其人為吾亡親顧託之人。鉢特曰。既受死友顧託。應為客詳謀之。試思人事多變。即以此地言。不時即更物狀。奈何不審察而遽遣汝來依彼人。迦茵曰。既至此。奈何。鉢特方食麪包。落屑滿裙幅。因斥去之。沈吟曰。客果為閨秀者。尚有一言導客。迦茵曰。何哉。鉢特曰。吾家有兩空闥。可以賃人。前此賃與司帳之人。十四日前以病殞於此。今於禮拜五下窆。室空矣。然吾室雖空。召人賃住。亦必有三事如約者。方許賃之。不能猝爾一言。遽與同居。三事者。一爲賃居人之品行。一爲租値。一爲察閱人情向背。今問客以第一事何如者。迦茵曰。吾有白拉墨斯牧師考語。於是鉢特用眼鏡讀之。讀已。聲諾。又曰。世間牧師亦間有徇人之請者。雖然。吾固已信客。而客亦信我乎。迦茵曰。姥必正人。何疑者。鉢特曰。然則議房金矣。吾室家具及茶飯燈燭均備。每禮拜。凡八先令六辨士。前日賃此者。則十先令六辨士。以客途窮。故吾鋭減兩先令耳。迦茵曰。房値至稱平。吾願僑此。鉢特復曰。尚有一語。當貽姍笑。客固長者。設力與願違者。又將奈何。迦茵曰。居停若見疑者。請先上經月之需。鉢特曰。客乃有多金。何爲來此圖自活之地。此尤吾所不解矣。迦茵曰。茲事雖吾亦私怪之。何論居停。然吾事至逼。居停許我則我請寄居。否則當別圖。雖然。居停曾言。察閱人情向背。果爲何語。鉢特曰。茲事須與家人商之。客今且少坐。吾行卽至。遂別入一室。故弗扃其門。迦茵莫名其所以然。但聞彼家有二人。究莫審爲誰。少須聞門內有多人讙呶鼓掌聲。及疊拇食兩指作響聲。門復微闢。似此中有疊背竊窺外客者。已而讙呶之聲又起。鉢特闢門出。笑靨對迦茵曰。彼中人甚悅客。沙而語我。謂愛客甚於前客也。迦茵曰。沙而爲誰。缽特曰。吾前告客須察人情向背者。以吾家至奇。彼中一爲吾夫。一爲吾女。吾夫風痹久。及吾女均啞且聾。迦茵曰。傷哉。居停也。缽特曰。外觀似可憐。實則吾自有其家人之樂。設吾不嫁吾夫勒姆者。當久入卑田院中矣。矧沙而亦無自生。戀戀於我二人之側。今吾將領客入面吾夫及女。迦茵入門駭然。一四十許人據榻坐。二足已癱。以小杌承之。人極腯碩。鬢髮蓬蓬如亂麻。睛作藍色。狀甚純善。鎮日恆有笑容。其旁一少女。年約一十二歲。睛藍。髮亦作麻色。而精神四徹。似極靈瑩。迦茵自念似此人物。何由聾啞。缽特引手與之作勢。迦茵見其狀甚捷。目爲之眩。而二人遂點首。沙而進前引手與迦茵爲禮。迦茵既與接手。而勒姆雖病足。而手尚能舉。亦與迦茵接。缽特曰。此吾一家之人咸在矣。吾以生計活此二人。歷有年所。感激天主。縱吾他日死於勒姆之前。而此二人或不淪入乞食。客勿欺彼二人均廢。彼長日治生事。亦不少間。彼能寫。能讀書。尤能雕鐫。吾家固樂甚。然恨寂寞。故求人賃我宅。日與談說。今客既盡見吾家人矣尚能留此一禮拜。試吾家人誠僞否。迦茵曰。天下安有美於此者。願如居停言。鉢特曰。客且登樓。相所寓。再赴晚餐。吾令吾女侍馬利亞負笈登樓。馬利亞者。蠢笨一女侍。年十五也。而衣服頗嚴潔。迦茵助之攜篋。緣梯上室。兩小間中隔以屏。左壁橫陳馬毛長榻一。中一圓案。水暈模糊數處。有小杌數事。鉢特曰。此物近陳舊。前此賃客恆傾咖啡於案上。或留此暈迹。客若弗喜者。我爲客製新羃。客意究如何。彼間尚有抽屜之案及庋。自足以置茶具。迦茵曰。此已大佳。吾性未嘗喜奢。且過麗亦弗稱。鉢特曰。我先下樓。半句鐘後。飯熟矣。餚爲煎雞子。醃肉。及牛肉麵包耳。客若增新饌。吾可爲客備之。迦茵曰。此足矣。且尤吾所嗜。鉢特下樓。迦茵遂開篋陳設。時屆下樓赴餐房。沙而左右部勒。爲迦茵斟茗。勒姆則對迦茵作傻笑。鉢特食時。或手勢示其夫子。或與迦茵答言。爲狀甚勞。既罷飯。鉢特問迦茵曰。客惡菸乎。迦茵曰。否。鉢特遂實菸於吸斗中。授勒姆。勒姆既吸菸。並手小刃刻杖頭物狀。鉢特曰。客勿哂。吾夫也。彼手絕敏。一禮拜中可得錢四先零。彼以錢授我。我則貯之惠貧銀行。將來爲彼父子謀活之地。吾未嘗一用之。彼所治之物值集至四十鎊矣。復語迦茵曰。客知吾夫在座間作何語。迦茵曰。不知也。鉢特曰。彼蓋欲鐫客之容貌於杖端。以爲客美。故留象也。然鐫刻處毫髮無不肖者。因取他杖示迦茵曰。此即前客之象。吾留此用代小影。迦茵視竟曰。是人貌寢。鉢特曰。然。是人頗無過。至客之儀觀固美。然過與無過。吾尙須觀客後效。迦茵聞言笑曰。居停爲我鐫象。感甚。然吾須長日在此。侍居停鐫竟始去耶。吾長道至此。疲極。欲告歸寢。鉢特曰。今日粗舉大畧。後此再察神情。更爲摹擬上杖。客新來。亦宜早寢。然客尙未告我從何處來者。迦茵笑而不答。徧與三人執手。將出。沙而進前以釂相迎。欲迦茵親之。鉢特曰。沙而愛客極。故有此狀。然沙而愛客。我亦愛之。以沙而雖啞。固能相人人之誠僞。沙而皆能辨之。客行矣。吾明日早膳。在七句半鐘。客臥時。愼滅其火。迦茵遂上樓寐。但聞樓下擊掌聲似聚其家人議論也。迦茵且寢且聽。已而入夢。

第二十四章

迦茵夜睡甚美。既醒。則陽光已射窗入。下樓時。纔七點一刻。時雖極早。而室中除治嚴淨。缽特問早安訖。且曰。客能早起。吾甚悅之。想此情狀。似亦習慣者。前此寓客九點始晨餐。至禮拜則十句鐘始起。彼患肝病。故耐久睡。客且坐。吾家宜早禱上帝。乃曰。馬利亞趣前同吾禱。馬利亞入。遂同缽特推勒姆旋牀出。勒姆見迦茵復笑。而沙而亦隨出。大衆遂同禱。先是缽特出經兩卷。分授二人。遂以手指示今晨所念者。缽特遂發聲。而父女二人以手指卷似隨之宣讀。有時追逐不及。則仰視缽特脣吻翕闢狀。尋行指之。禱竟。入座。復各治生業。缽特及其女縫裳。迦茵無事坐視。久之益無聊。乃問缽特求治一事。缽特曰。客能紉乎。迦茵曰。固能理針。但不如居停母子巧捷。缽特曰。吾業此二十年矣。此間有二襲未縫合。幸客爲我理之。迦茵針線亦佳。惟俯首久。腰膂微痛。缽特且縫且視。知迦茵疲也。乃曰。客稍置之。與我坐談。客果何來。迦茵曰。我來自東郡。缽特曰。我亦來自東者。吾爲雅墨司人。吾父釣家。冬十月風烈。老人遂溺。吾始至倫敦。爲人看護。彼人待我刻。且斥我非所長。後遇一孀雌。即爲此屋主人。素業紉。憐而容我。不爾。我亦餓死矣。吾夫卽彼孀之子。迨吾既至。而孀子風痹。百事均吾主之。孀雖既病死。吾感恩不復離此而去。然男女居室非禮。故吾決計嫁之。吾紹其業。既成婚。吾夫婦絕和協。吾感謝天主。位置吾身至有恩意。已而遂生沙而。既長。仍啞而且聾。吾大失望。但期其死。今則迴想。又謝天主矣。吾當日若竟見其死。則今日膝前。安有依戀之樂。鉢特語時。淚下不止。遂抱其女與之親吻。勒姆似有所知。頓斂其笑容。淚湧如泉。已復大笑。左手攬鉢特。右手攬沙而。左右親之。以示其天倫之樂。迦茵靜觀久之。乃大感慟。幾欲號咷大哭。鉢特知狀。乃改語曰。客不云至此覓事乎。然既有錢。何復圖。究竟客欲何圖。以吾觀客舉止。似出大家。鄙猥之事。豈客所屑。迦茵曰。吾思欲入估衣之肆。以身試衣。主貿易居停試相我。不頎而長耶。我教書。或病寡學。惟此業。吾尚可爲之。鉢特曰。事固可謀。惟以客之容光。業此殊非吾意料所及。客亦知倫敦非善地乎。以客容華絕代。乃執此役。彼狂蕩少年。能勿歆動。客須知婦人之心荏弱。不禁鍾情。設有人饋遺珍物。問寒送暖。客於此時。能把握勿動耶。迦茵曰。浿子行爲。吾詎爲動。鉢特曰。天下人慷慨自命。不爲人動者。只有兩途。一則毫無知識。一則備經閱歷。爲覺後之人。方有如是定力。迦茵深不以鉢特之言爲然。因亂以他語。曰。居停凡二次語我。爲大家風範。吾實不然。吾父生我。竟莫詳其誰氏。但知爲正人。吾母則村人之女。鉢特曰。客嫁乎。迦茵曰。未也。鉢特曰。我知客矣。迦茵曰。居停殆以我爲婚姻之事。去其鄉乎。鉢特曰。客卽不語我以鄉貫。我亦知之。以牧師手署。汝爲白拉墨斯人。且行篋所緘。亦作白拉墨斯也。迦茵曰。果如居停言。我固與阿姨同居。彼中人謂我出身猥賤。不齒於貴族。鉢特曰。此鄉人過也。然客之出也。阿姨當必聞之。迦茵曰。吾不見直於阿姨。因不之告。且阿姨令我嫁一人。吾卻不之許。鉢特曰。客不愛此人。意別有愛耶。此事初不干我。特欲問客鈔從胡來。迦茵曰。鈔亦鄉之聞人所賜。鉢特曰。然則男人耳。迦茵臉頳答曰。非我所歡。特亡父顧託之人。父執也。彼累年卵翼我。今尙許我月五鎊。我自省能得錢者。則可長謝父執。不復相累。鉢特曰。父執乃肯如是。斯亦奇矣。是人殆客生身父耶。迦茵忽啟目答曰。似非似非彼果吾父者何爲待我恆如途人。缽特曰。是或有之。吾亦恆聞有是事。迦茵曰。是人果吾父者。必不喪心至是。但以見象而言。則待我似較處尋常人爲佳。我行時。彼贐我二十五鎊。自言是吾託孤之人。特不肯告我以父之名姓。缽特曰。噫。我今且視飯熟與否。我常爲估衣肆製衣。行且爲客覓一生路。復言曰。吾夫欲客少迴首。客亦知旨乎。遂點首赴膳房矣。且行且念。來客行踪甚詭祕。胡爲不悉狀見告。以我卜之。是中必有幽媾之事。在律。此等人須力祛之出戶。而我實未忍。彼旣無親戚故舊。急而投我。我能助之。職也。卽使出身未正。我懷亦復如是。矧善否尙在未決。我何祛之。我今決計留之。脫是人因我而委於道路。或墜藩溷。則宿孽悉我搆之。偶趁心潮。必且阢隉不已。且彼稱彼託孤者爲密司忒來文杰。善人也。胡爲聽此嬰嬰宛宛之身。不豫爲道地。任彼飄忽而來。以大勢論。又似來文杰速之行耳。此事甚奇詭。我將靜觀其後。蓋好奇之心。我所素蓄。至中年猶不之改。思至此。搖首不止。遂入膳房治膳。膳旣竟。缽特謂迦茵曰。常日飯後。吾家人必出閒步。客亦從我行乎。迦茵枯坐愁絕。本欲出吸空氣。卽允之行。旋以目視勒姆。鉢特曰。客視吾夫。必謂其不能出戶。然斯須客卽亦知之客今且登樓取冠。迨迦茵冠竟。已見有長式旋牀入於勒姆所居屋中。勒姆以兩膊力按。已移坐旋牀之上。仰面對迦茵微笑。迦茵念旋牀固可坐癱人。而階級何由得下。忽見沙而出二板。上鑿小槽。斜置階級之上。旋牀之輪恰趁槽臼。滑然竟上。鉢特謂迦茵曰。凡人窮者智必生。於是母女二人推旋牀行。迦茵侍其旁。欲助其力。鉢特曰。行人如蝟集。客荏弱復不善役此。可毋須客推也。少須至白石穹門。地爲萬商輻輳之區。車馬奮至。迦茵念此旋牀必無隙地可以自容。頗爲危懼。而鉢特推牀至於車叢之中。而綽然有餘。有時來車之馬脣吻幾接癱人頭上。而亦竟過。遂絕馬路而行。迦茵爲馬車所擠。幾仆於地。幸巡捕扶之出險。與鉢特母子合。鉢特曰。何如。客雖盛年。步走尙不及我。客第能自保足矣。於是遂邐迤入一花園。徜徉遊眺。樂甚。至四句鐘始歸。晚間情景與前晚同。晨起亦然。蓋鉢特家況一如印板文字。無他變易。迦茵久居。謂如是耗我年光。余幾幾忘其歲月矣。鉢特之列肆。裁衣也。門前都無估客。蓋估衣之肆。信鉢特誠愨。雖貴重之衣。恆令持歸製。製已易錢。事至簡易。故每日中。鉢特母女製衣。勒姆鐫刻。迦茵有時助之。有時坐談。或坐聽鳥聲。以此排遣。覺心神畧逸。卽洛克亦足迹不至。阿姨肆詈之聲。鄰居謠詠之語。毫無所聞。凡忮刻牢愁。娼嫉。囂擾。諸魔。皆寂。則眞世外之天矣。而且鉢特家衆。和神當春。久而久之。與鉢特交情日固。卽啞聾之父女。亦悉依依有情。迦茵因長日無事。逸極生煩。恆追想前此之事。有時詞窮。則登樓掀翻亨利所贈之書。重複至於數過。而尙不已。或則遠涉官路。自步於公園之中。十四日後。間中復問鉢特曰。居停究竟能爲我覓一生路否。鉢特曰。久爲客謀之。今夜余將裹已成之衣。赴渥司福街包拉克巴格肆中。此二人恃我製衣久。未知肆中能有位置客處否。若此地猶不濟者。則須登報自薦。然吾謂客尙有倖福。孤踪落落。尙能得食。若在他人者。餒死矣。是夕鉢特果從渥司福歸。狀頗欣悅。謂迦茵曰。此事絕巧。彼肆中爲衣檀之人遠歸。方求人受代。我薦客。肆人卽諾。請明日以客同往。若得當。每禮拜得値十八先零。爲數頗微。然客急於自售其工。較閒居尙得値也。明日迦茵盛服冠。則沙而所製者。遂從容隨鉢特行。衣肆者爲英都絕大肆也。肆中分門別類。狀甚富碩。一入門。見玻璃大窗。其中掛衣襦無數。鉢特曰。客觀之。此爲第一等鉅肆矣。客隨我勿惶遽。遂至一屋。屋榜大書曰。筦事之房。言事者進。此時門已闢。有一胖人。面色滑澤如滴。一見迦茵。卽鞠躬爲禮。稱曰。夫人何需。今晨吾事集。不能走侍夫人。鉢特曰。此非貴人。蓋昨與密司忒滑德言。受代衣楦之人也。滑德聞言。卽變色作莊容語曰。何爲不先告我。是人頗俏。語已。遂曰。來。人且進吾室。少去其外衣。待吾觀其如式與否。迦茵怒極。然無可如何。亦竟入。滑德左右閉其目。斜睨旁矚。移時曰。爾曾於貿易之上。少閱歷否。迦茵曰。未也。滑德曰。然則貴閥人乎。迦茵曰。非也。滑德曰。爾非貴人。然學貴人舉止。毫髮畢肖也。鉢特曰。我卽慮其太類大家。滑德曰。此亦細事。特吾所慮者。來客試衣。必求其俏。特者苟以是人充役。則餘人悉他屏。無所事矣。且此人當吾肆門。苟以三吉尼之衣。令彼試之。以彼俏麗之材。當益顯吾衣之佳。人將得之。如四十鎊。而吾肆果值四十鎊者令他人着之。曾不值三吉尼矣。詎非累吾貿易耶。迦茵曰。吾身材尚高。似適用也。滑德曰。高何待言。爾試臨鏡。吾恐爾於身材頎碩之外。尚有他韻致也。吾勸爾勿業是間。能入梨園者。容或得名。爾卽不能發聲而歌。而貴游子弟或能臨視。卽我或亦瞻仰餘光也。迦茵正色曰。梨園吾所不屑。若先生不見留。亦毋煩爲我籌畫。滑德曰。否否。遂掀簾外語曰。可以絨袿來。乃持絨袿授迦茵曰。爾試着此袿。學爲肆人。以鉢特代售主。且與語貿易狀示我。迦茵始甚弗欲。更念既已入此。則不能守恆狀。乃亭亭起立。取袿着之。既着。則左右作態示鉢特。鉢特曰。客舉止眞可爲女優也。此衣以彼着之。誰弗欲購者。苟非彼。胡得貴值。滑德以二掌相搓曰。可矣可矣。然汝胡名。迦茵曰。我爲迦茵赫司德。滑德曰。赫司德姑娘。今日爲禮拜六。明日禮拜。姑娘可以禮拜一賁吾肆。肆中貿易之期。以早晨九句鐘至下午七句鐘止。茶飯肆中供之。尚有常供之衣。入肆着之。出肆卸之。示與衆一。前此去人之遺衣。我意少改。宜可御。若不當意者。可以別購。迦茵曰。我可自購。滑德曰。此尤佳事。嚮吾肆用人。必觀其操行。且須以錢爲質。今姑娘爲鉢特所薦。可毋需此。至於勞薪一節。前半年中。則十八先零。傭一禮拜。後效若可觀者。則每禮拜當得一鎊。姑娘於意云何。迦茵曰。諾。滑德起而爲禮曰。行再相見。迨迦茵去。滑德自念。此殊麗人。顧何以不入梨園圖富。乃傭於是間。雖然。亦何與吾事者。鉢特於道中語迦茵曰。今日頗不惡。其始吾以爲擯汝矣。繼而聲容乃大佳。客觀滑德如何也。迦茵曰。荒傖可厭。鉢特曰。荒傖之號。毋乃太過。彼特少麤疏耳。在彼類中。是人尚近情。迦茵曰。近情者如此。不近情者當如何。語已。徐徐自歸。

第二十五章

逾一禮拜之第一日。迦茵入肆行傭矣。時爲冬月。貴家閨秀。恆不蒞肆。故迦茵爲役尚多暇。然揣摩市賈口說。日覺其肖。顧日居鄉間。朝夕吸空氣。一入城居。湫隘卑溼。殊復難耐。自鉢特家及肆門。行道僅及一刻。思欲於七旬鐘後。出門蕭散。顧不得間隙。僅能於清晨七句鐘。候花園門外。門闢。卽入徘徊林木之下。顧風晨雨朝。則又非宜。其始迦茵初入肆門。氣局一變。中心尚形舒泰。及累日積月。所行一致。因復覺其煩猥。而天下最厭惡之事。則無若老嫗矯以媚時。娸女飾而掩醜。選擇衣物。爲狀甚汚賤可羞。尤迦茵所不悅。而且迦茵以盛年業此。則同傭之佻達少年。更多所調謔。愈形弗堪。而滑德尤覬覦。若據迦茵爲禁臠。一日迦茵以惡語拒滑德。滑德怒絕。且行且詈。謂一日爾將落吾手矣。自是以來。迦茵每有所行。滑德必多所詰駁。顧亦不能祛之外出者。以肆主深悅迦茵。滑德每行讒時。肆主輒斥其妄。迦茵此時不特於肆中毫無意味。而亦未嘗偶爾出門。凡戲園茶肆。足迹不涉。亦無朋友賫以談讌。閒中只讀書。或與缽特閒語。時時學手勢與啞人語。因其意趣毫無。遂不禁思及前事。昔之決然而來者。爲避亨利也。今則索然寡歡。又似不以決去爲是。且近日新有所觸。爲事至醜。前猶模糊。近乃日形其確。其事初止一身知之。思及後日則必鬨傳不可掩。諱方第一日。自覺有身時。夜中焦灼。至不能貼席。思極而哭。或呼天自救。或屢呼亨利之名。明知亨利爲己禍根。而思及恩意。則又熱血如沸。既而酣睡。然睡即能酣而禍根終無自脫之日。矧睡後尚有醒時。憂從中來。如何斷絕。自是日中行傭。終以重咎在躬。深形忐忑。迨夜中就枕。心緒彌復潮湧。念此着已無生法。既寡朋儔。亦難告語。終久將爲人擯逐。彼鉢特又安可示以機密者。如此亦惟有自裁之一途。一日行傭既罷。亦不歸寓。惘惘中至惠司敏司德橋。橋上閒行久之。欲圖死復惜。躊躇不能自決。已而獨行赴水。謂水性清洌。可以濯我羞容。此時以手扶闌。欲踴身直跳。又念我死甯非嫁亨利以惡名耶。且吾腹中之兒何罪。我決奈何並兒而亦決之。此時爲一身計。則死亦無謂。天下鍾情之事。亦所常有。即我違上帝之命。爲夤夜之行。然一身苦趣。即我之果報。矧吾身無父母兄弟之累。即有羞辱。亦不涉於家人。何妨留此遺孽。俾其父見之。惟無資足以自活。顧但活此兒。彼來文杰尚足爲力。即亨利詎能聽我爲生死耶。吾其歸矣。吾得罪於天。一身受之足矣。惟既樹此種。終當穫之。乃呼車歸甘德街。以來時信步。及歸乃不辨路。又思極而罷。不能步履。故恃車以行。迨十鐘始至寓。鉢特一見驚絕。謂何由二頰赬暈如此。且云爾今日安往。吾至念汝耳。迦茵曰。肆中湫隘多塵囂。吾故脫空閒步。不爾且觸腥而暈。鉢特曰。以客年少安可入夜獨行。後欲如此者。我侍汝同行較佳。且爾飯乎。迦茵曰。罷極。毋須飯也。行將就寢。鉢特曰。未食安可遽寢。然吾殊不審汝日來何作。乃鞅掌至是。迦茵無言。遂勉進少食。沙而猶時作手勢勸餐。勒姆莫名迦茵之所以然。但對之笑。明日迦茵仍如肆。於是迦茵至此凡三易態矣。初見亨利一變。決去亨利又一變。及此乃三變。似海水漫漫中蒼然獨立。凡諸苦惱均一身當之。旁無可告語及援手之人。而所眷眷之人。又復不在其側。引手無從得援。欲更依亨利。則天良忽動力掣其所爲。謂亨利果可從者。則當日之來此。詎非多事。矧亨利身家所繫。詎可付之一擲。吾甯救亨利。不當圖自救。如是躊躇至一禮拜之久。康健之體。遂成荏弱。不能更卽卑溼之肆行傭。且時已云秋。亦不能朝冒霜露。日涉園次。雖極力排遣。計終有一日爲人擯逐。顚頓於道。後此將何自聊。

及或散而閒坐。然滑德深惡迦茵。迦茵嚴繩之。不令暇逸自適。嘗有數次少休。爲滑德呶呶道不止。迦茵遂嘯然不更受其辱。此時方以手扶榻。自支其羸罷之身。忽見窗外有女人立談。一愛倫。一愛瑪也。但愛倫語愛瑪曰。爾且相手套。吾行枊依耳。愛瑪遂他適。迦茵思逃越。顧滑德方鞠躬與愛倫爲禮。語迦茵曰。貴客宜絨衣。爾趣以衣來以巴黎新製者爲佳。迦茵遂一一授愛倫。均不之適。最後適矣。愛倫謂滑德曰。此衣請肆中姑娘試之。滑德聲諾。顧衣櫃二女。趣試之。已又復指迦茵曰。爾何不前。今日癡耶。迦茵窘極。曳新衣而前。猶冀天晚莫辨。或愛倫方專心檢衣。不之覺。愛倫曰。此間太陰晦。滑德曰。吾趣然電燈。貴客且坐。愛倫乃坐與滑德言。謂電燈無煙。較煤燈之觸華服。爲光良也。迦茵避於燈光之後。心怔忡不自適。忽聞梯次有蹩人足音漸漸登樓。迦茵忽念亨利足疾。不審如何。已聞蹩人語音。迦茵一聞。幸强扶危闌不爾且墜。語者蓋亨利也。謂愛倫曰。愛倫爾在是乎。是何黯黯耶。吾遇來文杰姑娘。始知之。愛倫曰。問我何爲。亨利曰。吾將以五句鐘火車歸。爾有何語告母者。愛倫曰。吾以爲兄將以禮拜三與我同歸。令兄既欲行。幸告老母。吾奩具行且備矣。爲我問老母安。吾二人在此適甚也。亨利歎曰。吾歸理田耳。愛倫曰。兄屢言田。我殊厭聞。語時電乃大明。愛倫駭而言曰。明矣。吾可以詳檢衣物矣。兄且斯須留此。爲我相衣。亨利自視其錶曰。爲時不多。吾當趣行。爾所購衣在何許。愛倫曰。兄不見彼人着而立耶。亨利畧觀。卽曰。佳。特嫌微長。我有事行矣。此時愛倫已見爲迦茵。滿臉頹喪之氣。不禁爲之生憐。忽見迦茵口吻微張。似欲有言。乃大驚。以身蔽亨利。謂亨利曰。爲時非早。兄可趣行。不爾趁車且莫及。亨利曰。未也。我更爲汝度之。愛倫復曰。此衣已定價。毋容更審。愛瑪已至。兄可急出。於是亨利嚮梯而行。迦茵昏惘中幾欲從亨利而前。愛倫立附其耳曰。止。吾不令汝見亨利。迦茵木然愕立。但聞亨利與愛瑪立數語。卽悤悤去。愛倫謂滑德曰。幸肆主以吾之衣物數事致吾寓。復謂愛瑪曰。吾輩且行赴會。亦悤悤同愛瑪下樓。迦茵以手掩面曰。天乎天乎。

第二十六章

迦茵於亭利行後。莫省於此時何以自聊者。但昏昏惘惘。非醉。非暈。狀如中魔。百事均無所主。滑德以厲色斥之。至第三次。迦茵始能言。謂我非偷惰。似着病耳。今且告歸。滑德曰。汝去亦佳。第既去。可勿復來。吾將汝之惰狀告肆主。爾且居而寓。候進止。我若無書與汝者。則是間斷爾足迹矣。迦茵無言自去。自是以後。遂與衣肆及滑德不再覿面。既出肆。人畧清爽。歸寓。病乃大作。蓋日來焦心苦慮。益以日中所見及肆中沈鬱之氣。百告交集。而迦茵憊矣。此時頭顱肢體。均痛楚。血沸而成內熱。乃漸達於外。叩門時。沙而爲開。與之爲禮。迦茵至不能答。直趨登樓而臥。鉢特得沙而作手勢語狀。知迦茵病。遂挈甌茗上樓。視迦茵。見迦茵僵臥。問曰。客病耶。迦茵曰。吾不知其所以然。但覺自顱及踵。均痛楚。鉢特曰。此殆時病。外間頗有傳染者。我爲客去外衣。進茗。甯睡。病或愈也。若明晨仍困。則我必延醫來。迦茵疲不能答。進茗。小咽。復臥。鉢特曰。客得毋有思慮乎。吾靜觀客所爲。狀態似稍異於常日。逆溯邇來之狀。客愁醫莫勝。較來日乃益甚。迦茵忽失聲而笑。鉢特深於閱歷人也。知此笑近獝厲。其中必有所窘非善笑也。迦茵知鉢特意。乃曰。吾之心緒如潮。幾暈者一次矣。居停遇我厚。吾永永不忘居停恩意。吾明日將去此他適。彼肆人已逐我矣。吾不如於吾未去之先。悉以苦況告我居停。吾前日滋此時。告居停者妄也。乃推枕就鉢特耳語久之。復言曰。似此行踪詭祕。居停焉能容我者。居停若果不容我。則請速言。我亦俶裝。我於卑田院醫院均可託足。若二處仍不見容。尙有泰姆士河耳。吾前此卽欲赴此尋。復變其宗旨。語已復笑。鉢特以手拭淚曰。哀哉客也。爾勿更言。雖我生平崇尙者爲貞潔之人。然深知女兒之身本無宿垢。均浪子誘致。故落藩溷。我能見此佻達之夫。將力挖其眼。以此傖始亂而終棄。是何男子者。迦茵曰。願居停勿言此。此非其人之罪。我自弗淑使然。卽彼之棄我。亦非彼本意。我自逃逸耳。我若以情直告者。則彼必堅守以待我。特我不敢冒名義以嫁之。鉢特曰。爾非風耶。或是人非名流乎。迦茵曰。是人爲貴閥。其中情節。我誠告居停。吾所以不願嫁之者。甯經於溝瀆。斷不願愛我之人。轉因我而自墜於泥滓。蓋我一嫁之。彼門望立敗。以彼職所當娶者。有一名姝。

家世與之埒也。鉢特曰。彼固敗。汝將如何。迦茵曰。死耳。迦茵語時。以兩手蟠屈作勢。指節爆爆作響。曰。吾今日方見彼人。去吾曾不數武。且吾尚着衣。爲楦以示購者。彼亦見之。曾不知吾爲何人也。此事最難忍受。蓋吾不之見。尚足自勸。今陌路逢之。吾心碎矣。嗟夫。相距咫尺。乃格而不能通辭。則爲緣可云慳極矣。鉢特曰。止。我生殊不願聞是言。爾且甯睡。吾下樓尚有所營。迦茵曰。居停吾在律當行。居停云何者。鉢特曰。行何爲。卽使當行。此時亦安可。爾病軀懨懨。行且安適。雖然。須有一事宜見告者。是人果爲誰。迦茵曰。是安可告。居停聞之。必憐而語其人。其人見我。則其一家將立敗。且吾甯自苦。必不以隱事示君。鉢特曰。是果隱耶。未必眞隱。其人非亨利格雷芙耶。其居非羅司漢耶。迦茵病軀自榻躍起曰。誰語居停者。復叉吞咽。亂以他言曰。非也。吾安知有此人者。鉢特曰。此非人語。我客所挾之書。其上不有格雷芙署耶。吾與啞人處久。凡事均以無聲聽無形語。此何足愚我。且我與爾談。每有同名亨利者。必迴首疾顧。顏色立變。想此情態。爾在無心之中。初不自知其呈露耳。我誠告爾。爾來時我十得五六。但未知是中尚有如許轇轕。迦茵曰。居停於隱中刺我陰事。得毋非正人所爲。究竟何怪居停。此正吾罪耳。鉢特曰。爾今且勿辨曲直。姑甯睡。半句鐘後。更來視汝。汝仍醒而不睡。則我怒將勃發。於是以手抱迦茵。與之親吻。狀猶母子焉。迦茵曰。居停待我善。薄命人安得有此。語已。嗚咽不可止。復曰。吾生平無人知我寒暖。猶有彼一人。故吾愛之次骨。迨鉢特既去。迦茵自去外衣。以毡自裹。徘徊間行於二屋之間。幾數百轉。亦不自知其何以至此。忽見燈光爆射几上。有素紙幾葉。因自念吾何爲不稍書吾心緒。亦可藉此排遣。書成碎之。亦未始不可。於是振筆直書曰。吾摯愛之人見之。在理。不能以此二字相稱。特此書爲吾私稿。留以待燬。歡固不能得。將投之烈燄以代郵局。寄我摯愛亨利吾夫讀之。此等名詞。未知歡能允吾冒用之否。吾今方遘危疾。行且就死。死而能迅又銷滅吾體魄。至於無何有之鄉。隨狂飈飄瞥。仍稍凝結三尺斷墳之上。成一淒黯之幽花。此花幽顫風中。以待吾情人采擷耳。嗟夫。亨利。吾於今日果見君於衣肆中燈下。盈盈爲衣楦之人。卽我也。此時我欲卽君陳說胸臆。而君女弟兇恣。力阻吾前。欲哭不得腐心欲碎今則忽易而爲大笑想君去我如是之近乃覿面渺若山河至相度衣襟而竟不辨其人竟以我爲肆中之女傭卽我亦甚願能安心爲市肆之女傭知覺全泯正可銷生平無窮之熱惱今尙有幽閟不忍宣之隱事必以告君卽君聞之亦當不以我爲恨吾竭矣。且晚且免身甚願得子雄碩如君蔚藍其睛氣糾糾也當吾初覺有身。驚極幾暈。此間似有無窮責我之人朝魂旣還夜夢復左竟夢阿姨策杖驅我戟指肆詈至於無地今則慨然無所復恐恐何爲者天下以無名無姓之女子生一無名無姓之嬰兒孰復罪我且吾將以終身撫此嬰兒撫兒卽所以事汝雖然吾誤矣吾且晚就木之人何爲生此冀覬惟吾死時亨利須來親吾吻想彼時儻有冷頰待君耳人旣云亡子將安育傷哉亨利君將不復面斯人矣想斯人一歿腹子亦無由生卽使能生或誕育於上界淸都之地否則淪入婦人羈囚之地試啼聲也。傷哉傷哉。吾與君緣法似奇而實非奇奇在吾愛君之意若得諸夙根而又怪何由歷苦備艱均爲亨利一人此事咎在我耶或咎在他人實亦非君之咎殆上天譴卻淪棄吾身故爾當時若竟嫁君在平情者觀之吾尚無過則吾不至沈淪至此而吾二人之樂亦等於常人且有過之今以不嫁君故曲以全君此豈卽吾之過因而沈淪歟仔細思維卽此或爲吾罪更進則百索莫得其故究竟亨利能久安長泰吾卽顚頓亦所誠甘以吾策之亨利之樂必永久而無禍然尚有私心希望者我死之後君當時時念我並念我未育之兒脫令吾魄仍毅則必披吾柔長之髮經君生平所理櫛者被吾瑩潔之胸左抱沈睡之死兒於君夢中相見迨及君天年旣盡則當迅駕覓吾吾生平雖陷罪戾天心慈愛必曲赦吾旹俾令飛越至君臨命之榻前一一拾取君之靈魂置我心坎之上嗟夫迦茵寂寞極矣寂且生怕覺此時身在世界之中人人側目而涕唾之此種心緒我亦知之殆不能見君故萌此幻想若得見君死亦胡靳嗟夫吾歡嗟夫吾歡苟能以一句鐘之久得與我接我卽

書至此。迦茵慟極而暈。既醒。遂奔越赴榻而眠。竟盡忘其作書之事。少須。鉢特以醫來視。醫生臨榻。遍矚迦茵病狀。以寒暑鍼置其華池之內。抽而視之。則曰。此病殆腦熱之荄甲。若以見象言。特尋常感冒耳。然腦熱之發。吾亦不能遽定。密昔斯能以未病之前情狀語我乎。鉢特既敘病狀。遂並迦茵之言亦並述醫生。醫生曰。此言發自何時。鉢特曰。距此僅一句半鐘耳。醫生曰。此言殊難信。以彼腦熱內炎。故成狂囈。余嘗遇病人。恆自述身世。語至可駭。余固不之駭也。惟此病之發甚烈。幸其軀幹尚固。當可無事。又細審之。私語鉢特曰。此姑娘風姿。殆絕世也。吾將以明晨八句鐘至。密昔斯今夜須勤為將護。吾半句鐘後。必以藥至。令彼甯睡。此夜中鉢特時時貼矚。見迦茵無事。始寢其外榻之上。方將寢時。忽見案上有殘草書。已盈幅。初讀一二行。覺為幽閟之事。在禮不可。遂置去就枕。然卒不能寐。私念此書何以發吻。即沈痛至是。或從書中覓之。可得迦茵間隙。用吾規諫之言。鉢特平昔恆自言一生好聞奇事。此次殊不能自禁。更起取書讀之。且讀且迴盼迦茵。似喪心行事。防為人窺察者。移時讀已。歎曰。此兒乃能作爾許長書。語雖陵雜。然尚有摯情。吾讀其書。至言未生而殤之死。兒尚攜抱而乳之。眞令人發聲欲哭矣。彼云行將就木。以吾決之。殊無其事。彼果死。吾家事實不同於前。客則吾將如何。雖然。彼阿姨里居姓氏。吾已前稔。脫迦茵不幸。僅有爲賤促之速賚耳。然余尚欲以書詰亨利。使彼知其所行謬戾。以孽因成惡果。彼果天良不昧。則待迦茵少愈。行當備禮來迎。今吾且先收此書。再圖他事。遂納以小郵筒。置之衣囊。明日醫至。言迦茵病較昨日爲重。寂坐久之。復曰。此病蓋極烈之腦熱發也。吾欲舁置醫院中。顧爲候太遲。吾念密昔斯勞頓。思以看護婦來承此乏。此病不能促愈。尚須少延時日。缽特曰。需看護婦固也。然費且安出。醫曰。彼有親知在此乎。缽特曰。有之。此女之出。蓋背其家人。彼有阿姨。吾固知其里居也。且彼有父執。月恆授以貲。醫生曰。密昔斯試發其橐。檢其餘錢可勝此者。然猶當走伻告其姨。至於姨氏之來與否。吾不敢知。吾輩之力。祇費一郵票。是何靳者。吾在此爲證。密昔斯可悉發其橐。迦茵生平飄忽。視財良輕。雖來文杰囑其愼固。而迦茵則仍以錢囊置之案上。不加檢閱。鉢特檢其資。得十五鎊。醫生曰。足矣。若此錢已罄。無力更延看護。則吾當請教會中女冠看護。或不需値也。於是三句鐘後。看護婦至。年在四十以外。其人似有閱歷。鉢特以身任病人於樓上。復以一身伺啞人於樓下。困憊已極。得此大喜。且此二日置針線不理。自省非計。遂於午後作書。寄格林華德氏曰。

馬丹見此。吾二人素未謀面。徑以書來。馬丹見之。必且駭怪。然吾於妙年時。在雅墨司。已熟聞有格林華德矣。此書至時。不審有無誤投。如誤則請付郵者歸我。我聞馬丹爲迦茵赫司德之姨氏。迦茵僑吾家數月矣。平日甚嫻禮法。且行傭於白拉克巴格衣肆之中。昨歸自肆間。昏然作全體熱。醫生語我。此女既有親屬。當誠告其親屬。俾其撫視。然吾與迦茵意氣至無忤。凡吾力所逮者。咸爲將護。顧吾家赤貧。夫子均殘廢。即欲以義自效。爲力亦緜。今迦茵囊中尙有金鎊十五。需爲醫藥。數禮拜之用者。尙足自支。惟此病緜綴。未易就痊。則需錢當不貲。脫不幸而窀穸之費。亦當籌所出。想馬丹必不忍以骨肉之親。付之叢塚。俾無可辨認。迦茵未病時曾語我。彼父有託孤之老。月寓貲給。請馬丹以吾書視之。以吾未審老爲何人。移書非易。幸馬丹宥我。前此迦茵縱多過眚。然阽危之際。馬丹不能以怒廢情可一來存問之也。不爾。則迦茵淹化以後。馬丹亦復戚戚於心。在理爲不衷。請賜回示。迦茵鉢特拜手。外附吾名紙。請持此來訪。或不參差。鉢特又署。

遂草其郵筒曰。白拉墨斯密昔斯格林華德開折。書到即飛遞勿延。鉢特書既。遂置之甘德街郵箱之內。既歸。復念何不另作一牋。上格雷芙郎迦茵病前之草。附書與觀。既而思之。迦茵親屬果不來者。然後向之索貲。始不陵突。果迦茵少間。或更以書請彼一來。圓此孽緣。亦不爲無得。惟醫生言此書或狂囈所發。或並無其事。則倉卒發書。尤屬無謂。計迦茵能愈。其在數禮拜以後。此時瀕險者數。幾於不救。幸體尙强旺。而看護又得其人。病軀遂日形起色矣。

第二十七章

鉢特寄書之第二日。侵晨。格林華德氏方就肆進晨餐。心怏怏不適。蓋自迦茵去後家事日窘。以迦茵在時。來文杰時以錢至。中飽呑蝕。靡所不有。迦茵一行。來氏寂然不復河潤。卽略與少貲。亦適符債値。洛克則唇吻俱乾。澀囊至死不發。且云爾飽得吾賂。竟不以迦茵進止告我。最後始語之曰。姥固嗜錢。我則圖物。（物指迦茵）毋論何日。能以迦茵住處見示。則酬資二十五鎊。立貯姥之囊中矣。因出篋示格林華德以金鎊。且曰。鎊具在此。吾所得者人也。若果吾二人得爲伉儷。尙有五十鎊。尾此而來。若闕不見示。毋論爾窮促至於卑田院中。雖六辨士。吾亦弗許。格林華德氏曰。洛克先生幸恕我。我誠未知迦茵消息。知者或來文杰及亨利耳。洛克曰。彼雖知何由告我。惟姥則吾豫有成言。不如是幸勿溷我。姥行矣。將來若具消息以來。我當欣悅起迎。不爾當遠行。爾爲有夫之婦。幸勿近吾鰥。格林華德氏大怒曰。天下人。苟稍有腦力者。亦斷不近爾傖重寒細之人矣。安怪迦茵遠匿。不欲覩汝棱眼之怪物。且迦茵恨汝如何深者。反爲比例。卽愛亨利如何深也。以吾度之。迦茵甯白足走數百里之路。往親亨利之吻。必不肯駕駟馬高車。來嬪汝家。彼之逃也。正爲逃汝。吾方私慶其識機。

汝何爲者。既而氣少抑。而思錢之念復熾。計不得當於洛克。當反求之亨利。乃決策往尋亨利。先以書往責亨利。誘匿迦茵。不爾定以汚染之事。殺之滅口。書尾則云。若不以十鎊來者。則吾必揚亨利之穢行於國。俾爾無匿身之地。逾數日。報書至。一發函。格林華德氏。股栗不可止。蓋書中夾一律師之諭。言更敢要脅爵府以賂。將以猾竪處汝。置之刑章。因大震不敢更言。顧家既貧困。而其夫酗醉尤甚於前日。自言我愛迦茵。迦茵既逃。吾不能不借酒自遣。一日與酒客互毆。訟之有司。言肆人無端痛毆酒客。有司令罰鍰。且追回官中諭酤之帖。遂以酒店歸來文杰令允之居。則居否卽斥逐。是日格林華德氏方無告。而鉢特之書適至。格林華德氏以爲役來捉將官裏去也。大駭。先自門罅中覘來人。見爲郵者。始啟戶受之。得書後。以手翻覆久之。自言我乃不辨行墨。意書中爲官中追捕之文。自念我若弗受。禍或少抒。今既受矣。如何。乃拆函。逐字以母音拼讀。乃大駭愕。已而歎曰。吾交佳運矣。此傻婢苟不死者。吾定於其人之身。覓得小利益。脫曰不能。則人世必無此怪事也。吾今得既其里居。洛克必以金來。我方能示之以地。今且少緩。若僂婢得窺吾錢不旣多乎。當先詣老悖來文杰家。報之以秏。必不令閽者拒我矣。果見我。我示之以利害。此老固黠。然吾若不能制服之。則雖斬吾手足。亦誠甘耳。格林華德氏之怒。正以數詣來氏。隱約見來文杰於窗間。卻指麾門者令卻。屢屢蘊怒而歸。此次一至蒙克洛淇。竟不告閽者。引手攀鈴。琅琅而動。來文杰昂首出窗外視。見格林華德氏汗雨淋頭。哮如牛喘。狀極狂瀌。來文杰大驚曰。悍婦復來矣。吾意殊不欲見其人。不審彼女弟馬利亞不死至今者。能變相如彼否耶。言已歎息。乃呼其侍者曰。告來人吾已出矣。女僕聲諾而出。忽聞大聲爆於門次曰。吾已見主人。爾勿擋我作謊語。女僕曰。主人語我言主人他出也。何與我事。乃力拒其門。格林華德氏伸大足入門中曰。我今涉長道蓋有事來也。爾告主人。言我今日之來。爲報迦茵赫司德氏噩耗。非有他故。主人必不欲見我。我可卽窗外大聲述告主人。亦不必深入內軒。女僕旣無術抵禦。遂領之面來文杰。見來文杰立於火罏之側。面色灰墨。因曰。爾坐。爾可告我。何事來闖吾居。格林華德氏曰。此來冀得一見。不能聽門者以狗見待。驅之出戶。我今告公。禮我宜少假借。若不能見禮則我亦且無禮。我非死人。閉口不能道一字。爾之待我。幸勿如吾所前死之人也。來文杰曰。爾言既乎。若既者。可靜坐聽吾語。爾烏能誣我。且爾於內中之曲折。皆知之盡耶。我若訐爾者。爲勢爲理。皆至易。爾今日之來。欲吾爲汝棒喝乎。爾當仔細思。爾一身久在吾掌握之間。尙夢夢耶。爾若敢肆意誣衊。及如今日登門肆詈。吾咄嗟之間。可以置汝於卑田之院。爾若非我者。已早墜是間。我但須一字入官。明日工役急如星火。下爾男子於犴獄。爾家具擲道上矣。汝烏知者。格林華德氏知來文杰之爲人。若促之過甚。禍且立至。乃改口言曰。主人乃以吾一言遽頓捐其前惠耶。吾今日語雖鹵率。正以一身負累。如多刺之花。在在棘手。主人試想吾酒酤之帖。已追入官中。而劣夫又長日洪醉。可憐之迦茵去死又近。因僞以手拭其淚。來文杰愕曰。爾何言。趣告我。格林華德氏曰。吾若誠告主人。主人又將擯我外出矣。可憐無母之女嬰。固不係君方寸。我若徑告格雷芙。或見哀耳。來文杰以杖擊地曰。趣言之我非與爾爲戲也。格林華德氏以眼尾斜視。來文杰見其怒狀知不可更隱。乃出鉢特之書於懷。授來文杰。來文杰以手奪去。其書急讀之。讀時狀至倉皇。呼曰。天乎。可憐吾兒。奈何羸憊至此。天乎天乎。是兒焉可死也。乃出電報紙作書曰。倫敦甘德街八號。鉢特見此君書與格林華德已得。勿省費信後署白拉墨斯蒙克洛淇。來文杰畢。呼格林華德曰。爾爲我掣鈴傳喚侍者。一面復將電信翻覆更讀。加以郵筒付郵政局。詔侍者曰。此勿少延。復謂格林華德氏曰。是間無汝事。且歸至爾之從女且付我。且晚必以信付爾。格林華德氏曰。謝主人。惟房金積久。主人訟之官乎。來文杰曰。此時安有心緒及此。爾若不見過者。我亦不爲已甚。爾近日窘乎。格林華德氏曰。無資安得度。來文杰曰。十鎊足乎。格林華德氏搖動其肢體曰。得此可少蘇。來文杰因授十鎊與格林華德氏曰。金在此。吾篤念故情。爾須知之。實則汝之爲人。不應得余禮接。汝後此更喋喋者。則交情斷矣。尚有一事。迦茵身世及消息。汝勿告人。尤不宜告亨利及洛克。汝知之乎。格林華德氏曰。諾。如主人言。來文杰曰。勿忘吾言。後且再晤。嗣此若有他請。可以書來。格林華德氏斜視出戶作醜態。與來文杰作禮。狀甚臃腫。既出戶。來文杰笑曰。其人氣候如三月。來時作風雷如虎吼。既去則馴如緜羊耳。然是人絕可畏。幸吾尚能制其死命。若他人一落其手。則大局隳矣。此次迦茵能死。亦大省吾事。然其人生死。均係吾心。吾亦何忍坐視其逝。在理宜臨視之。於心始盡。愛瑪明日且歸。吾何不假託往接愛瑪之名。一至倫敦省迦茵。亦足以自掩其形迹。今日下午有車。六句鐘可以至倫敦。擬在逆旅進飯後。往視迦茵。電傳愛瑪以十一句鐘同車歸。二句鐘後。來文杰赴倫敦。

格林華德氏既至家。乃大悅懌。且得來文杰十鎊。竟如接仗獲勝矣。私念迦茵之爲物。乃世至寶。竟以十鎊市乎。然今尚有錢。則亦可以緩訪洛克。矧來文杰既不聽其縱言迦茵事。亦震懾不敢告人。繼乃自相慰藉。謂洛克之二十五鎊。旦晚亦囊中物也。

第二十八章

經月以來。格林華德氏舉來文杰所贈。悉償之債家。既空其資。遂思及洛克之二十五鎊矣。凡來文杰豫囑之言。立卽忘懷。遂以日落時。潛行出至摩亞莊。摩亞莊居萬樹中。莊居寥寂不囂。荒田彌望。積水潭澄然映目。其西畧有佳致。而屋瓦鱗次。雜樹蒙密。遠瞭之景。爲之壅蔽都盡。洛克所居。頗巋然高大。佃人居則去之稍遠。屋以厚磚疊成。蓋竊取諸蘭保洛浮圖者。莊本屬諸來貢氏。來貢氏敗後。爲洛克大父所有。其人廣有資產。恆積芻售與皇家兵隊。購此莊經年。遂遘風疾。其妻不聽舁入風人之院。幽閟之家。至今所居窗外。尙有鐵杙椓其窗。卽防風人逸也。一日風人將守者毆而暈之。其妻往觀。遂爲風人毆死。此事距今凡七十年。流傳二世。而風人所居屋。恆嚴扃不敢入居。格林華德氏之至摩亞莊。爲時在十一月。天將垂晚。陰沈欲霰。殘陽西落。穿射樹罅而出。流光直注積水潭上。或直入海。木葉既脫。風鳴條作聲。淒厲可怖。海潮遠沸。亦爲風吞咽。如喑人吐口語。鵁鶄倒飛。時復隱見。爲雲陰所翳。潛飛過日光穿漏之下。始乃復見。鳴聲尤悲。此莊背陽而居。故天頗易黑。然尙辨道路遠望莊中閒如無人。向晚不見燈影。格林華德氏自念近莊何爲無狗。殆圈禁也。而洛克胡於此時出行。如夜竊者。正自徘徊。無心向左而望。日影一絲中見洛克面光而立。置冠於地。以面受殘日。五官備見。且見脣動指縮諸醜狀。格林華德氏大驚。以爲如此獰怪。殆目所未覩。復見洛克闖然入戶。如蛇之奔穴。格林華德曰。金鎊自可愛。吾不能不赴。遂徑叩其扉。洛克果出視。呼曰。何人款吾扉。吾正不願客以此時至也。格林華德氏曰。我也。洛克曰。此尤不願見汝。汝毒口村嫗也。爾再不行。吾將以狗出矣。格林華德氏曰。勿爾。今日之來告。正爲爾所願聞者。洛克曰。是言他乎。格林華德氏曰。然。洛克曰。然則進此關。格林華德氏一入門。洛克立鑰其戶。格林華德氏曰。何爲鑰此戶。洛克曰。防爲人竊。遂歸坐。然坐中絕黑。僅有火爐中星火閃爍作光。洛克曰。我試以燈照汝。方燃燈時。格林華德四矚。至以爲駭。以累次來造。非語之廚下。即在寫字之房。今此室既修且狹。火爐之上。高懸一前膛之槍。銅帽尚在其上。前後闢二扉。一達廚次。一即來時所入者。地板以椽爲之。而屋頂則蓋以厚板。均取故材於禮拜堂壁間所粘。多舊書印板之圖畫。其餘多雕刻之怪象。獨有一搖動之木榻。稍近新式。洛克長日坐此吸煙者。格林華德氏曰。爾夜中居此。相對猙獰之刻象。能毋懼耶。洛克曰。我自幼見稔。甯復生懼。且吾於夜深無聊時。恆與對語。且每象輒予以佳名。格林華德氏曰。今倥傯不復多談。天氣既晚且惡。吾趣白吾事。洛克曰。善。趣告我。格林華德氏曰。前此大鬨而別。實非吾過。君欲諗迦茵潛匿之方。今吾得其所嚮矣。洛克乂手按几。鞠躬承迎曰。趣言之。格林華德氏曰。惡能如此之易。非先得錢。安可遽告。洛克曰。吾知之矣。然誠告汝。吾非以二十五鎊購取謊言者。格林華德氏曰。爲數甯復止此。非五十鎊者。吾祕不發聲也。洛克怪駭曰。乃五十鎊耶。則此貿易可以毋須矣。若費五十鎊。雖天仙樓閣所在。亦不願探之矣。格林華德氏曰。此貿易固不成。然少須片刻者。汝亦毋容更探。今其人雖不仙去。仙亦近。哀哉吾迦茵也。洛克曰。他病乎。格林華德氏曰。五十鎊至。自有確據告君。若弗出者。吾倘何語。吾之告爾。實冒險而來。若令彼老悖聞之。吾家覆矣。究竟爾出此五十鎊乎。洛克曰。五十太鉅。

三十足矣。此外不能更增。在數已爲多。且此事亦安能得我多金。格林華德氏曰。爾言謬。三十鎊固爲多。然爾欲得吾人吾必得此値。方能餽汝。不然吾何爲冒險來洛克曰。爾屢言險何指。格林華德氏曰。彼來文杰雅不喜以迦茵消息語汝。彼若知爲汝所覺吾家立毀。此時尚有一人亦欲得迦茵碻耗。爾不予吾值者。言次以首外向似指羅司漢示亨利。然者則吾將移告汝之消息轉以告彼。亦足得錢。洛克大怒喊曰。三十五鎊不可耶。格林華德氏曰。爾更趣而上。則好事近矣。雖然爾我交久。不能不出信物以示。因抽鉢特之書。試念其半。每讀一句。輒以目視洛克。洛克曰。此何能忍。天乎天乎。以如是之佳人乃坐聽其死乎。格林華德氏曰。惟其未死。故可得錢若死者。何値一錢耶。此書經月之前所寄者。今大瘳矣。洛克曰。感謝天主。彼能生。則吾望尚未絕。若墜窀穸。則吾望息矣。此時洛克精神注格林華德氏手。中突伸長臂。奪去手中書。格林華德氏大笑曰。吾早備此。傖已將迦茵住居掣去。汝縱得書亦胡從覓迦茵。汝今日遇敵手矣。尚自以爲聰明耶。汝檢此書尾。便服吾智。洛克既見書末。

果無里居。乃大慚。因自解曰。吾非欲得此書。患爾造言弗實。言已。擲還其書。格林華德氏曰。爾固誠慤。雖然。五十鎊究如何當豫言之。洛克曰。四十止矣。格林華德氏曰。必五十。洛克躍起座間。徑趨其前。瞋目叱曰。爾太苛求。若解事者。以四十鎊行矣。格林華德氏曰。不爾將若何。洛克曰。吾將出爾黑心。觀之吾四面已嚴扃。爾縱奇喊。誰救汝者。格林華德氏見洛克殺機已動。亦大驚。因曰。吾即賣與汝。趣以金來。洛克曰。吾惟欲得汝消息。故不死汝。不然。將立斃吾拳鋒之下。爾今書里居於此紙上。吾往取金。遂遵火爐次。出門外。出時反鑰其扉。格林華德氏曰。毒哉蛇虺也。我今日能出此門。殊天幸也。因探胸次。得小紙。即缽特之住址。少頃。洛克入。取小囊。就中檢四十鎊。置案上。曰。此是矣。然且勿取金。先示吾耗。若不見信。則一手授紙。一手受金。格林華德氏曰。誠慤之貿易。彼此尚何猜沮。因合斷紙示洛克曰。此非原裂之牋乎。汝奚得不信。迦茵實在此中。見時須爲我道念。言既。一手授紙。一手檢取黃光燦射之金鎊。洛克曰。余貿易尚有誠慤之時。若爾所爲。直賣人之血矣。格林華德氏一面裹金。

且抗言曰。吾向不爲苟且。吾賣迦茵。汝若寘之死地者。方爲賣血。茲何有者。洛克曰。吾但欲得妻。何至致人於死。爾今日賣人私書。天道必有彰癉。且爾今日所得之金。亦必無好收局。吾意不如投之積水潭上。且以身殉。於事較直。爾亦知此金實爲賣血之金乎。此時洛克神色俱厲。格林華德氏大驚懼。思欲還之。而又弗舍。遂無聲起立欲行。洛克取鑰啟扉。曰更圖後會。此事爾固不義。然吾可得迦茵矣。爾後此必大悔。出此手攫我四十鎊金錢也。爾死之時。當念吾言。爾生而冒眚。死當獲譴。格林華德氏不答。出門逃歸。雖胸中懷金。實無足寬其疑懼。知此錢果賣血者也。

第二十九章

來文杰既至倫敦。遂入居舊日之逆旅。旅主人夙好也。既飯。作書與愛瑪。言明日以晨至。兼存問格雷芙姑娘。趁十一句鐘火車歸寓。於是復以馬車至甘德街第八號。垂至時。四向眺矚。謂十年前曾一至此。至今風物無變也。我不解迦茵胡爲僑此。非我意矣。然斯須當得其故。卽亦弗究。移時轡停至門外。乃令御者止車。自引門鈴。鉢特親自啓門。見來文杰年高。卽鞠躬爲禮。來文杰曰。此卽密昔斯鉢特家乎。鉢特曰。然。我卽鉢特。來文杰曰。今晨得吾電乎。老夫卽來文杰。鉢特曰。至久矣。我已爲迦茵摒擋完備。先生且進吾闥。以迦茵常念先生也。雖吾不省先生與迦茵何屬。然在禮宜款接。來文杰曰。吾迦茵父執。又受顧託人也。今迦茵病軀如何矣。鉢特曰。病勢絕沈頓。先生旣受顧託。義當早來。彼病中枯悶。欲僵。先生試躡足登樓。視迦茵。彼醫生及看護婦。咸在其上。於是鉢特引來文杰至客座上。只聞迦茵臥榻前有人耳語絕輕。又聞迦茵在榻上狂囈曰。爾輩勿遽斷吾髮。彼人絕愛吾髮。髮去。彼安識我。鉢特曰。如是狂囈。日發輒數次。奈何。來文杰聞之。心緒如沸。一憐迦茵。一知迦茵言中之旨。爲亨利也。來文杰曰。請問居停。此女何爲寓君家。鉢特遂覼縷其叩鄰扃見辱於彼婦。及移居行傭。與患病事。一一詳述。來文杰曰。此均老夫之過。不應匆匆令其自客倫敦。今老夫方且自咎。居停亦知此女雖外見溫婉。而奇氣鬱勃。非人所能尼耶。然以是人之抗強。乃遇賢主人。亦未爲非福。鉢特曰。此言良然。先生殊有過。特未思倫敦繁麗之地。乃可令煢煢一女子。作孤客耶。即使家居多煩囂。亦不當聽之外出。且先生職爲師保設迦茵摧挫死此先生之心亦未必安耳來文杰無言忽醫生開戶外視。來文杰眼光射入見迦茵情狀蓋有終身不能忘者時迦茵偃臥牀上牀外置小几亂髮均已翦置几上臉際飛紅眼角漏異光似神已外越一手垂牀下一手置額上口中輒呼吾髮安在吾何罪乃髡吾髮髮髡彼將不復盼我即盼我者亦將醜我奈何左右趣還吾髮此時看護婦遂闔其門。鉢特指來文杰語醫生曰。此老與迦茵有係屬。即吾嘗告先生者。醫生畧與來文杰爲禮。即曰。翁與病人爲丈人輩行乎。來文杰曰。然。吾曾受其先人付託者。先生能語我此女可冀生全歟。醫生曰。尙可望。吾行道久。凡遇病人非視其入槽。吾生人之心終不死也。彼人勢雖沈頓。然實可生。今得君。不患無貲。吾明日當別出新法。吾年不及四十。防閱歷未深。亦不願獨肩此任。此病頗奇異常病安有焦熱至不可解者是中疑有心疾哀痛至於極地故腦熱亦久瀉不解今吾意不但欲已其疾且欲療其神經本欲移置醫院。今幸得一馳名之看護婦侍病人。與院中等。吾於此事。至爲關懷。能致之。全地則我譽望所關也。另圖相見。吾行矣。來文杰起送之曰。此人。無論如何。老夫必圖所謝。願先生勿爲病者惜費。醫生曰。無論能需至千鎊者。吾亦不爲君惜。期於必愈而已。遂顧鉢特曰。密昔司。今日看護婦所欲得。幸爲備之。來文杰於醫者出後。語鉢特曰。吾相此人。似挾長技。非虛語也。居停須錢乎。吾已攜二十鎊至此。可勿動迦茵客囊中所有。因出金置几上。且曰。幸居停每日必以書或馳電與僕。乃出片紙授鉢特曰。此吾居址。並求居停以日用帳目示我。此女幸託賢居停。令居停輟業伺病者。此責我當償之。每禮拜請以一鎊爲居停壽。鉢特曰。敬謝丈人。顧吾愛迦茵。至雖不名一錢。亦甘。惟吾執業所有。須飼吾啞夫暗女。今以迦茵故。吾業誠中輟。然吾志甚抗。本不敢拜受盛貺。微相丈人。凜凜有義色。吾今祇能領丈人之賜。並吾志氣。悉納之囊中矣。來文杰駭曰。夫女乃均啞耶。鉢特淒然曰。如先生言。因婉述其家世。來文杰曰。居停肩荷甚重。吾欽佩無已。鉢特曰。託天之福。幸健旺能食力。設以王后之貴易吾健者。吾亦不之許矣。來文杰曰。此尤可敬。吾願世人處艱鉅時。能勇毅安適如居停者。則眞賢矣。然心中自念。迦茵處此與聾啞居宜其病也。幸吾力尚能拯之。寸心頗爲之釋。亦頗自咎不早爲之所。至於如此。鉢特聞來文杰言甚悅。因作手勢示其夫。謂從來未見落落大方步步周至。如來客者。啞夫亦作勢示鉢特似云。此老既有心於迦茵。胡爲不早臨存。鉢特不能答。但示勢以爲弗審其詭祕之舉動。然亦疑來文杰聽迦茵病狀。竟無一語述其身世。究竟此老與迦茵交誼。何自而肇。以音吐及眼光較之。絕類迦茵。意其人爲迦茵父耶。顧既云其父。胡爲聽其飄泊至此。眞怪特矣。綜大勢觀之。決非其父。來文杰既別。遂偕其女及愛倫歸。並未語以迦茵事。但云。聞倫敦有古器頗馳名。特來訪之。而愛倫亦未將衣肆見迦茵事告彼父女。於是羅司漢及蒙克洛淇兩家。各不道迦茵名。而兩家人腦中。咸有迦茵其人。來往於其腦際。愛倫時時自慶。迦茵能不見亨利。眞如天之福。且亦知亨利之心。近日漸灰淡。不念迦茵。若令與狹路相逢者。則孽緣終不易斷。以此自矜其智。樂不已。此時鉢特果如來文杰言曰以迦茵病狀馳告來文杰。於是白拉墨斯郵者。日必以方函投來家。一日。來文杰適外出。電突至。坐索回電。愛瑪拆觀。電云。病人昨晚篤。醫言須別致名醫。允否。卽覆。缽特。愛瑪不能答。待來文杰回。出電呈父。來文杰觀時。似怒。謂愛瑪曰。後此不當窺吾祕書。然爾乍觀之似駭。究亦非奇。此吾貿易中人。密碼作隱語也。愛瑪殊不之信。但曰。吾父怒我。後此吾不復爲此矣。既行。不審其中何祕。頗躊躇不能自解。

逾日。服侍迦茵人見病者日有起色。危候既過。體亦溫和如恆狀。惟人已尫羸如影。聲音絕微細。長日仰臥牀榻。迦茵俏目素鉅。病後目眶深陷。睛乃益鉅。仰視椽瓦。恆如死人。侍病者見其眶中儲滿淚珠。有時作微歎。長日無笑容。惟侍人爲之易衣。或授甌茗。作莞爾示敬。一日。忽問侍者曰。何人曾來問吾病。侍者曰。有之。迦茵駭曰。誰耶。缽特曰。來文杰先生。迦茵曰。佳哉。遂回首。缽特見其枕上淚痕作盌子大矣。此時缽特見狀。復疑。蓋累侍迦茵。聞其狂囈。知几上遺書。果有所據。且醫生言。此病感情太重。非氣體素旺。當無生理。因復自念。此書須代寄其人否。復欲明示來文杰。既而又念。迦茵私事。安可語其父執。一語。迦茵且得咎。惟此薄倖人力袪迦茵至此。吾至以爲恨。行須圖合其未竟之緣。若此人弗承者。吾必宣布其醜行。以洩吾不平之氣。已乃決計詢醫生。以醫生爲人。抗俠好義。試與商。或得奇計。醫生聞之。初不謂奇。因曰。此事絕庸。勿須作偌大張皇。吾行術二十年。覩如此類者。夥極矣。君亦弗須斥亨利爲非類。此等事近日英倫數見。爲時趨。或且以凰求鳳。亦不盡爲佻達之過。惟此女子既在難中。吾當極力拔出坎陷。此書極有情致。若彼人來娶。或尚小康。則此書既投。當得小效。吾今日且往偵其人。明日報密昔斯命。其人爲亨利格雷芙乎。今日夜中無事。吾行矣。明日醫生復來。視迦茵病。乃大間。遂下樓與鉢特語。謂迦茵病勢漸瘳。爲吾意料所不及。亨利格雷芙踪跡已得。其人蓋男爵。吾醫院中有人識其尊人。尊人曰格雷那德。前月物故。長兒亦前卒。令亨利以仲子襲封。前此從壞塔下顛。傷股。養疴於白拉墨斯逆旅中。爲人忠愨。特滯固耳。吾所聞者止此。鉢特曰。噫。迦茵固。白拉墨司來彼逆旅主人從子也。醫生曰。然則是中情款可不言喻矣。鉢特曰。迦茵之書。作若何處置。醫生以掌相摩。凝思久之曰。此書若寓。安知不投之火中。以吾思之。此事或不至以惡果終。惟迦茵此書。在昏惘中所書。病起當已忘懷。即亨利得書。亦當不令外人見之。此書果爲亨利所得。則不知作若何悲戚。鉢特曰。我正欲令彼悲戚耳。醫生哂曰。彼之生死。實何與我。顧吾所欲拯救者在此病娃。惟書去後須以信告我。是日午後。鉢特始作書。以事體沈鉅。至數易其稿。最後乃爲辭曰。

勳爵足下。吾此一次寓書。自顧殊冒昧。然非事勢所迫。亦斷不狂謬至此。數月以前。有飄零女子曰迦茵者。僑吾家。前數禮拜。迦茵得腦熱病。幾死者數。幸託天恩。蘇其死命。今體羸如弱水。雖復緜惙。醫言究可平復。方其搆疾之晨。舉止全改常度。對吾細語幽閟之事。即亦不能奉述。惟其惛惘以前。自留此書。敬以郵呈足下。試讀此書。便知迦茵在腦筋紛亂之先。故吐實如是。語言亦無倫次。顧迦茵病前作書。病後殊莫之憶。書幸爲吾收得。又於譫囈中聞其語。以書互證。知足下爲迦茵意中人也。若吾書誤投者。則請碎吾書。仍以迦茵原書見還。若書中人果爲足下者則足下身爲端士當知所以處此女子矣。迦茵身落情網而情禍實肇自足下。乞念其人善心美貌足以偶君君必爲之地。此事初不干我然義心所激幸足下必當極力以處迦茵也。不然其人終身見毀責任全在足下。我亦不復煩言以迦茵之書已言到極地矣。婢子鉢特上。

又附箋曰。此書見後。可勿須趣覆。十日以內。可勿以書來。且勿臨存。切切。

第三十章

鉢特寓書之晨。正愛倫與密而華德成婚之日。兩家定議。婚儀勿太繁侈。以愛倫方遭新喪也。此議適稱爵夫人及愛倫之懷。愛倫初患婚事未成時。將其家窘狀洩諸外人。然密而華德亦心乎愛倫。無有悔婚之意。惟亨利與迦茵幽媾之事。若令密而華德聞之。則悔婚正復難定。目下婚禮雖從約。然節目亦復難簡。故事。凡有采地之家。必燕其佃人。婚禮成後。尙須更飲鄰右。此事亨利均不與聞。自始至終不愜志。而愛倫夫婦。外雖與洽。中皆猜沮。故愛倫急欲于歸。後此卽有他變。婚事已固如磐石。

適有天幸。初無橫亙之事。惟密而華德月給之資。原有成約。而密而華德以奩資過薄。亦漸中悔。愛倫之律師。則堅執前諾。密而華德無可如何。始書諾。時佳期已到。爲十一月良辰。木葉盡脫。空氣中陽光殆滿。羅司漢禮拜堂中。兩家親知咸戾。新婦曳白衣。其兄扶之入堂。尚有女伴二人。一爲愛瑪。一爲密而華德中表女弟。其人傲逸無倫。既入門。堂上下均稱頌新婦。密而華德盛服。韡光照眼。侍立新婦之側。行禮。亨利在外。爲家督扶女弟授密而華德新夫婦。乃受族戚之賀。時已二句鐘。堂中卻無演說之儀。亦不具饌。各人獻甌茗。及香檳酒。牧師曰。我口訥。不能廣爲演說。但願君夫婦齊眉偕老。且引據臘丁故事。密而華德亦報貺作答詞曰。此時宜吾妻自豪之時。衆聞而大噱。已而夫婦易常服。將駕車歸。在禮。各族戚宜以舊履及米撒禮車。聲如雨驟。雜以笑聲。譁駭不可狀。禮畢。遂散。惟來文杰及愛瑪最後行。來文杰語亨利曰。爾罷矣。亨利曰。然。吾生平從未罷困至此。幸託天恩。此事畢矣。來文杰曰。亦佳事爾固不善是人。然是人正有佳處。亦未可沒。亨利忽謂愛瑪曰。姑娘臨貺。吾至簡慢。

若能容吾言者我作贊詞矣姑娘衣裳飄然如仙益以寶石之光殊偉觀也愛瑪悅曰勳爵偉我我亦自偉矣來文杰從旁語曰格雷芙今玆禮拜五可臨吾家至下禮拜二歸也吾鄉野雉絕多可以行獵吾爲爾備槍亨利曰近日亦正無事乃笑視愛瑪愛瑪見亨利笑不審其爲獵喜耶抑爲至蒙克洛淇喜耶但曰君臨貺蓬門有光矣遂別亨利亦易常服入室吸煙是夜母子對案而食狀殊淒清既畢飯爵夫人語亨利曰對此蕭寥如何可耐亨利曰老屋荒涼不如書軒佳也爵夫人遂同行亨利並攜酒入爵夫人語亨利曰此事了吾心慰矣亨利曰然母不厭吾煙乎爵夫人曰亨利我知汝殊不悅密而華德郎我亦何悅者似此傖荒與吾家門庭殊非偶然吾二人氣味與左而愛倫固甚悅也愛倫高抗好上人此人適足爲愛倫所服且其人擁厚貲衣食可以不缺我意此二偶將來必能諧協亨利曰吾意深不慕此但彼有貲自可得躋上列爵夫人曰無論如何愛倫能嫁是人貧窶必不如我爾亦知未成婚前吾家中落事至不欲彼聞之前後祕揜頗費苦心今彼事畢矣但未卜吾家事

結局如何也。亨利以口吸煙二口。注燈上不語。爵夫人忽問曰。若父死後。爾終身之事。曾籌及否。亨利曰。思之熟矣。爵夫人曰。試告我。而又患亨利出決詞。乃故理衣褶以掩飾其急劇之狀。亨利嶄然起立。以煙之吸筒扣案作響。實則尚有餘煙。顧爵夫人曰。吾合事勢輕重。日加衡量。將往問來文杰姑娘。能嬪我否。若其人果嬪我。則亦眞愚者也。彼人匿跡銷聲。不知安往。吾亦無從覓得。然既不得。則亦佳事。吾意亦稍冰冷矣。今請吾母勿議是事。爵夫人曰。亨利吾更將問汝。蒙克洛淇果以何日往也。亨利曰。諾。以禮拜五往。禮拜二歸。若更留我者。淹久正未可定。爵夫人聞之。如釋重負。欠伸而起。直抱亨利與之親額曰。天乎此上帝授我以樂境。吾數日來。恆鬱鬱無若今日樂也。明日相見吾歸寢矣。亨利亦抱母親額。以燭授爵夫人。既送其行。此時爵夫人行步舒適。不可狀。與在其中年時。意氣同一堅挺。亨利曰。傷哉吾母。吾能慰母。亦佳事也。天當知我。若大事果關吾身者。吾如何不如母意也。迦茵乎。汝今安往。胡爲爾之目睛。鎭在吾心坎之內。然爾果歸何處。吾之境地。不與爾斷絕耶。於是以手。掩。面。而。哭。

明日侵晨。亨利起而著衣。家人以數書上亨利。亨利且櫛髮。且讀。來書中。有云田產事者。有請行獵者。有鞍韉肆中三年前其亡兄所賒之券。亨利讀竟。將付之火。忽見書叢中。有絕厚之書。筆迹生疏已極。爲從來所未通書者。自忖書中。得毋仍與兄索逋者耶。意欲不閱。以爲來書必無善意。遂置之坐隅。自整冠服。思欲勿視。然函面則明明書上亨利格雷芙勳爵手拆。躊躇久之。遂驟取讀。瞥見端士二字。駭曰。此又向吾兄索宿逋矣。書許吾爲端士。足見吾兄之非端正。欲付之火中。而迦茵手迹。陡落地上。急檢視之。面無人色矣。五分鐘中。將二信均覽一週。坐於榻上。二目注門。如與門。外人接者。十分鐘後。忽自發聲。幾同與鉢特款語曰。君語良是。惟有一法。立與是人。成婚耳。吾感謝君。能以是書與我。已而又款讀迦茵之書。眼中淚湧如潮。因將書付。之胸前貼肉之處。歎曰。吾所摯愛之迦茵。我苦汝萬狀矣。吾至愛汝。吾之於汝。本不。敢爲是言。今不。能更忍矣。感謝天主。曲赦而命。使吾更得踐其宿諾。且此事已定。

惟日晚待婚期。第一事。必令吾阿母知之。知之當如何者。所幸愛倫已嫁。不能與吾事。不爾。家庭將大滋紛擾。然吾猶恨恨者。當日衣肆中之檀人。吾何以不辨其爲迦茵。甯非怪事。今且就晨餐。臨席竟不能下咽。是日爵夫人未蒞餐房。亨利飯後。自至書軒吸煙。沈沈思索。策先私行成禮。俾令無可轉移。然後再稟白老母。乃掣鈴令侍者乘馬賫書赴白拉墨斯。趁午時火車。郵送倫敦甘德街。乃作書寓鉢特曰。

馬丹見此。夫人所賜書及轉寓之書。均已到。敬謝夫人貺我。夫人所見期者我必如約。不敢負諾。迦茵病中情態。請以見告。我將一禮拜內來此問候迦茵。若醫生言。病人可以寓目情感之書。則請以我書付之。且吾能何日與迦茵把晤。亦請示我以期也。亨利格雷芙謹覆。

其與迦茵書曰。

吾所摯愛之迦茵見之。數月以前。爾去白拉墨斯。自是遂不得耗。今日侵晨。得爾消息。知大病。並郵來一紙不全之書。似即受病時惘惘中所署者。吾武人生平所得書此為最傷心之作。吾今不作長書與汝，以相見日近，得深談至半句鐘，當較諸長書為切要。今但望爾去其煩憂，以早愈為第一義。大病能愈者，我當自來訂婚約，不審摯愛人能垂允否。若婚事果遂，則我終身憂辱焦勞之事，均所不計，但得託身於汝，得汝之恃，吾豈憂貧者。吾惟不德，乃令爾罹此百憂，即偶思之，亦所不忍。若爾當日稍萌示以伉儷之意，吾即抵死亦必如吾願，何至南北羈愁至此。我今專候鉢特之書，或爾能自作書者，約我，我必風馳而至矣。爾至愛之亨利格雷芙牋上。

書既訖，合二牋同納一郵筒。湯生來言侍者已轡馬以待。亨利曰：以此書付侍者，令馳至白拉墨斯郵局，勿遲勿失。湯生遂以書出。少須，亨利聞蹄聲，知侍者已行。亨利指曰：此行甯有反覆者。今且往面吾母，當乘吾膽力強旺之時入面，勿待餒却時囁嚅也。於是遂入退閒之軒，見爵夫人方分裝餺飥，將遺饋親眷。見亨利入門，遂笑面之曰：房中覺冷否。乃自去其蒙面之黑紗，以待其子親吻。忽見亨利面無人色，怪之。

亨利歎息。隅坐。曰。兒之顏色固不佳。第恐言時。吾母亦將如兒之色矣。爵夫人聞言大駭。蓋爵夫人近年多得惡消息。於耳已熟。故心悸亦甚。雖屢聞噩耗。於勢似漸便。然到底不悅噩耗。猶受鞭之馬雖慣受笞責。鞭之似不爲怪。而偶一舉鞭未下而馬仍跳愕。此正比例也。時爵夫人神稍定。曰。爾試言之。亨利曰。前夜曾告母。與來文杰姑娘訂婚約。今日茲事變卦矣。爵夫人曰。何爲也。亨利曰。兒須別娶。爵夫人曰。別娶爲誰。詎迦茵耶。亨利曰。然。即迦茵赫司德。當吾父彌留時。所誡舉以告父者。爵夫人曰。吾憶之。亨利曰。前日吾母詔兒。謂須行那一路者。自行決策。嗣兒仔細迴環。故即舉吾所決者告吾母。不意今日侵晨。忽得兩書。已知迦茵踪跡所在。吾心復爲之動。書尚在此。請吾母閱之。爵夫人仔細讀是書。凡兩遍。復付亨利。亨利曰。吾母知是中曲折矣。爵夫人曰。吾知之。亨利曰。信如母言。兒娶其所愛。不爲罪歟。爵夫人曰。若彼必欲嫁汝。汝娶之。烏得爲過。今天下人子。對慈母之心。良不如對其所歡之摯。嗟夫亨利。爾當日不陷落情坑。則爾一身何至是。吾一家又何至是。今吾亦不能更加責望。娶而言之吾家欲圖恢復已成不救之沈痼爾今悉其榮名遺產付此妖嬈之人矣。乃起行入內亨利歎曰天下。爲。善。不。見。其。償。若。行。惡。者。報。譴。乃。立。至。大。概。吾。爲。天。下。至。不。幸。之。人。可。哀。也。哉。

第三十一章

爵夫人聞耗後。數日懨懨不能起。亦不出視亨利。倩人語亨利。謂長日偃臥。可勿入面。而亨利亦長日外出。患見其母。常以行獵自遣。第三日侵晨。得鉢特書。訂於下禮拜之四五兩日。來面迦茵。迦茵書竟不報。亨利既得書。遂於禮拜五日。仍出行獵。禮拜六日歸。入面其母。母已出。留書示之曰。

亨利吾兒見此。母今赴倫敦納司夫人家少住。至家中情狀。不得不與律師商之。前此吾有私產。羼入公產之中。今當還逋。能否提出授我。吾非與家人爲難。蓋欲少得養老之資。庶變產時。尚可少得分潤。則。母。亦。汝。家。債。主。耳。此事知不能免。母字。

亨利得書。置之衣囊。仰空歎息。自念不面老母亦佳。又念此事可否一商來文杰。請其變置吾產。既而思之。不如不告。一告又得此老諄勸之言。轉滋窒礙。今且圖與迦茵成禮後。再議家貲也。因念下禮拜五。來氏以書邀我。我今先到倫敦。以電致辭。亦未爲不可。遂作一書與其友。友在官中司筆札。言家事已破耗盡矣。請良友爲圖一位置。又以書至海軍衙門。留此半俸。爲娶婦後度日之需。遂長駐家中。以待禮拜五日至。卽行。而爵夫人信中所言。亦多半屬實。方拒亨利勿覲時。靜坐帷中畫策。徘徊數日。忽得一策。計再勸亨利。必無成事。或轉勸迦茵。竟得有成。亦未可定。尙憶亨利言。迦茵誓不適彼。卽病中書草。亦無許婚之意。惟患二人之晤面。雖迦茵煞有定力。亦斷不能堅拒。吾若能於彼二人未定約之前。力以衷曲哀之。則惡果或不卽成。亦未可定。決策既。遂起圖之。復自念以老母勸人勿嫁其子。侵犯人自由之權。大有干涉。且何術又能令人割愛。頹廢終身。顧爵夫人自命。則以爲力必可及。蓋爵夫人之意。非愛倫之比。但顧一身。不計他人苦樂。惟老爵臨終數語。已深印腦中。故決計委曲此貧家之女爲亨利不自檢約之報應保全令名。及亡夫志向所在。爵夫人如是決策。在法律爲干上戾。然身在戾中。殊不能自行審定其罪名。故冒爲亦不甚恤。計欲行此事。惟面勸迦茵。雖百牋亦不爲用。且聞湯生言。亨利於此數日不赴倫敦。顧既知迦茵住址。正當乘亨利未行時。努力一行也。

亨利之書至甘德街時。鉢特披讀。悅甚。不料亨利乃果斷如是。初尙以爲輕薄小人耳。讀來書。始悟其爲篤厚不欺之人。書意似誓娶迦茵。因將來書循環朗誦至再。仍不之信。既將己書讀訖。復將亨利與迦茵書函。就日取亮。冀略覘書中大意。鉢特者好奇人也。靜對爐火。觀沸瀋騰湧。思欲就湯氣解去封皮膠液。竊讀其書。久之天良萌動。知不可爲。遂止。然此書仍不能付迦茵。防迦茵新愈。不勝傷感也。移時忽悟迦茵近已能讀書。示之亦無防礙。時看護婦下樓。言病人少睡已覺。請主人上樓。吾欲外出吸受空氣。於是鉢特攜書登樓。迦茵坐於病榻。見鉢特入。微笑以醫迎之。待其親吻。鉢特斜其頸睨之曰。今日如何。迦茵曰。今日大佳。似覺無病。甚感居停仁厚。待我如家人。鉢特曰。能愈至慰。茲有人寓汝書。請以奉呈。迦茵曰。來文杰先生乎。鉢特搖首不語。迦茵曰。居停趣出書。勿夷猶。致我懸揣。鉢特就衣囊中出書。迦茵見封皮筆迹。已驟悟。兩手寒顫。竟不能拆封。細聲嘶咽。對鉢特曰。幸爲病人拆之。既得書。復顫聲曰。吾目昏。竟不辨一字。居停幸爲我念之。鉢特曰。孩子勿驚。此書不能越窗飛去也。鉢特出眼鏡。後喉中理聲。乃讀其書曰。吾摯愛之迦茵。因止曰。此書似祕密。請爾自觀。迦茵曰。吾何能觀。仍請媼趣讀之。鉢特始讀至竟。念已。置書於裙幅之上。歎曰。似此尚復類人。迦茵汝得是人。可云有識。若在他人者。安得如是。彼少年人多始取而終棄。負人比比也。言已。忽仰首駭曰。孩子暈矣。急起取涼水。自咎不應唐突至是。迨水至。迦茵已醒。起坐。臉上微有笑容。鉢特見狀。倏然如天仙。因曰。癡婢。何駭我。迦茵曰。媼以書授我。鉢特就地下取書。付迦茵。以書置裙上。驟起。墜落。故檢拾之。迦茵納書於懷。如乳母之抱子。久乃言曰。吾始念不欲嫁之。今不遑他顧矣。後此如何。吾萬不舍彼而去。鉢特愕曰。爾何爲不欲嫁之。迦茵曰。吾初念爲是人計。苟一嫁之。

彼家業立毀。彼家事如毛。在理宜娶一厚奩之婦。方足支拄其家。得我。家且毀。故不欲也。鉢特曰。因有財而後敍情款歟。則男人聲價眞不值一針。若以亨利言之。似不爲此。迦茵曰。是人初志。斷不爲錢。以勳門采地。爲其兄蕩盡。賃券於豪右。若不得豪右之女爲室。則產且不復。豪右約嫁女。酬奩卽以賃券爲酬也。矧豪右之女亦美麗。與彼有情。因而議垂定。但此語亦得之傳聞耳。鉢特曰。茲事大糾雜。爾今勿聲。聽媼言。媼更事久。謀善。必不負汝。此事以媼策之。其始爾二人均儻蕩。但汝能選擇是人。可云具識力。今可勿堅守前此稺昧之故見。彼家困危。以汝嫁之。窮通固不關爾事。爲汝計。在理當嫁其人。至於遺產。將來尙有可圖。天下人爭爲財產之故。抵死圖之。終亦空花而已。何有實際。苟得夫婦倡隨之樂。事已大佳。何必自苦。女兒之身。聽男子尊榮而安富。如此甯復謂之大道。以汝癡情。舍身以衞亨利。吾亦不敢謂是汝自以爲嫁彼。以後彼將長陷貧窶乎。世安有是者。以汝嫁彼。彼斷不中悔。得汝而蕩其家。迦茵曰。呼。然則我決嫁之矣。鉢特曰。此何待言。特願汝勿爲前此之頑固。日抱此志於胸中。足矣。吾聞樓下足音。看護婦歸矣。吾且下。爲汝治餐。汝更勿焦思。以增其病。病增時看護婦明日尚不能遣。如何可耶。吾今已作書與其人請以禮拜五來汝病此時亦當愈矣。遂下。論者謂迦茵於垂死之中。忽得亨利此書。如拔幽邃之中。而登諸光明之域。顧明光太烈。目幾爲眩。竟忘當日臨病作書之事。獨不思此書胡爲乎來。亦不深審。但覺來書情義殷渥。因之樂不可支。刻似天堂之戶已闢。前望有無窮之樂。思及前此之時。正不知擔幾許深愁熱惱也。私念此時可遂踐天堂之域乎。已而又思。此萬不可。第不能忍心反閉情關。吾足將入未入之間躊躇不決而情域中忽出無窮身手誘致來人。迦茵以弱女子之身何能禁此。祟扇欣慰既極。忽生不敢自信之心。旋料亨利之心。純乎摯愛。良非夢幻泡影之比。覺有此一事。舉前此千辛萬苦均足抵禦矣。今惟專伏寓樓。以待亨利至。於後此茫茫悉付天命。此種思想均迦茵挾信於懷時。結此空中樓閣也。

第三十二章

爵夫人在白拉墨斯火車站。候車時。忽見一人。似曾相識。驟前爲禮。衣服半似牧師。帽沿絕廣。週身皆黑。領巾獨紅。爵夫人覩之甚疑駭。不審爲誰。初未計其爲傖人也。而又不類爲教會人。旣不得來歷。卽弗置念。迨至倫敦利物浦街。又見其人下車。似欲避爵夫人者。爵夫人忽憶及其人爲洛克。自念其人至此何事。亦實未知其來意。卽與爵夫人同也。洛克之至倫敦爲第一次。前一夕。已以重值購得迦茵寓處。不審來見迦茵。將作何語。竟似有物迫之使前。凡人之愛迦茵。第屬情愛。洛克則悉其週身之血氣思力。悉注迦茵之身。如病風狂。猶磁之引鐵。雖迦茵逃至於地球之極地。亦欲趨而就之。其人本畏天譴罪。然一念及於迦茵。則天旣無憚。罪且不恤。並覺世上婦人。均不足用其愛。生平第一願力。卽在聚錢。聚錢之癖。視人爲烈。不期斗觸不幸之日。竟遇迦茵。自是以來。遂化爲殉慾之奴隸。墜入情輪。百轉不能自已。縱迦茵百種峻拒。千回冷落。益鼓勵其前趨之力。近以屢屢求婚。均失所望。因遷怒於愛好迦茵之人。因癡成狂。狀如搏噬生物。洛克本意。亦知迦茵弗屬。別屬一人。顧必欲一

見。冀有機會可圖。故冒罪蒙恥而至。此等情緒。均爲爵夫人所未覺。脫令覺之。亦斷不苦辭迦茵。決去其子。陷迦茵於是人之手

明日爲禮拜日。爵夫人謂逆旅主人云。將訪女友。逆旅主人爲之僱車。爵夫人辭之。自行百餘步外。另覓一車。赴甘德街。垂至時。見行人來去至夥。在數百人紛擾之中。復見洛克。亦雜行其內。似迷道。每至路轉處。輒徬徨自語。爵夫人大怪。謂是人似隨我來也。車至時。爵夫人見此地人家。湫隘無規模。授車值後。引手掣鈴。鉢特適外出。馬利亞應門。爵夫人曰。迦茵姑娘寓樓上乎。馬利亞曰。然。遂引爵夫人登樓。推門曰。有人來視姑娘。迦茵即下。爵夫人既入。隨闔其門。迦茵此時坐牀上讀書。昂頭見一婦人。以青紗蒙面。迦茵駭曰。媼非格雷芙夫人乎。爵夫人曰。然。聞姑娘有病。故冒昧來問。迦茵點首。以身仰榻背。指外榻。請爵夫人坐。默不一言。心中念此人必賚噩耗來矣爵夫人既坐。二人相對無言。爵夫人先言曰。近日尊恙當就平復。迦茵曰。謝夫人。吾病良已。爵夫人曰。此大佳事。不爾吾亦不敢唐突。以瀆清神。我今有最要之事。至與

姑娘商之。能容老身作片晌之談乎。迦茵點首。爵夫人曰。吾亦不敢煩瀆。但有扼要之言。吾兒亨利欲娶姑娘。此事確乎。果此事屬唐突者。至此絀然而止。迦茵曰。請媼更言之。爵夫人曰。吾有數語奉告。請姑娘善自裁報我。我此來吾兒殊未之覺。亦不爲怨詈女郎而來。蓋我輩均爲人類。人類則咸有思想。不能不見誘於外緣。特年事有多尠。思想亦因年而遷。我之冒來求汝者。亦正外緣所奪。不能尅勉。故如此唐突。當吾兒求婚時。想姑娘必已心許之矣。迦茵曰。吾意殊未定。爵夫人哂曰。彼此一相見。則意可立定。若吾今日之言不能挽迴尊意者。則女郎不日亦可爲爵夫人矣。迦茵曰。據此而言。似非爵夫人所悅。實則貧女之過。我何人者。乃敢攀援勳閥。爵夫人曰。我之不欲。非關門地。以姑娘風貌之佳。性情之摯。勿論異日枯菀如何。而閨房倡隨之樂。我可預測而定。至前此事機之誤。非爾之過。過在吾兒。今亦不論。但論老身此來。雖出私心。然尙幸姑娘諒我。吾知爾心甚屬亨利。顧一踐此諾。則爾所歡立卽淪入餓鄉。未審姑娘能知吾家近狀乎。吾三百餘年勳臣之裔。今所享食采盡質之人。若亨利更娶一貧妹。則吾產立罄。不特舉家寒乞。且成一貫債不返之窮人。今有一語。頗不適於聽。將來姑娘嬪我。我家貧罄。固與姑娘無所增損。顧爾安能忍令所天。因汝之故。淪入孤寒。彼迴念宿愆。能毋鞅鞅不平於爾。彼無家無產。重滋兒女之累。姑娘將如何處置之。迦茵曰。此事吾知之。但未審夫人曾爲薄命人一迴想否。夫人試思。以亨利爵主。下盼寒細。與我定婚。我峻卻之。無論我之身分不類。但問異日棲託之鄉。將焉求勝於此者。爵夫人焦悚異常。囁嚅言曰。安患無資。語未竟。迦茵遽止之曰。夫人勿更言。夫人言此。我不能更禮夫人矣。君家之錢。何出若剖來文杰女郎奩具。迦茵雖貧。亦不猥賤至此。爵夫人曰。我誠老悖。如此等語。安禁其不開罪閨秀。幸姑娘恕我。然老身爲女郎百轉千迴。慘同流血。蓋老身今日所求。不無逾分。然來非辨理來乞憐也。請姑娘垂憫吾家。兼及吾兒。以愛吾兒故。幸爲一援手。老身亦明知一救吾兒。爾即不自救。此何可者。迦茵曰。夫人言良碻。然公子念我摯。設我仍峻卻之。甯非重累公子。貧女無家孑然一身。即代公子而死。死亦貴得其當。何草草者爵夫人曰姑娘即以義死爲吾家爲吾兒亦不爲草草然吾子身爲男兒苟念一家即决棄愛情亦不爲恝矧吾子冒爲此事在法無赦其淪於貧窶宜也我雖爲彼母亦不甚恤其人所恤者專在女郎耳迦茵曰夫人恆言必曰一家實則男子已長有一身應盡之道不必爲家所累而喪名義爵夫人曰此意老身殊異女郎以我思之亨利身爲家督奈何不念其家且所授姓氏得自先勳不能及其身而淪爲編戶若如其所願姓名望實悉見毁於彼之一身矣不特彼一身無聊行且累我我自事若翁爲命婦久謂至晚年乃罹貧餒殊非人所堪顧此事亦非我所恤我年能幾矧又屢傷家禍一旦淹就溝壑此亦何傷特吾所求者不爲救我不爲救亨利乞念先勳並其後胤耳女郎亦知吾夫之死爲何者老人蓋爲傷心而死彌留時始審癡兒爲眷一女郎令舉家坐毁决然氣壅此狀甯不可憐然老人雖死老身尚存幸能婉曲奉求耳今且撇開亨利試言二事幸女郎聽之究竟女郎不嫁亨利優耶抑令吾家受逐於人奔越出羅司漢盡喪其家譽優耶迦茵曰夫人且勿及我惟君家之破

發難果自公子耶且果否公子以蕩去其產耶女知公子事水師以急書趣反之令肩此無可振作之殘局且强令娶多奩贈之女如貿易之求售焉宜公子之不願也爵夫人曰。女郎言當特吾子不善宜令其肩此重責行拂亂其所爲以困之。迦茵曰。夫人所言殆口與心違也貧女今且道夫人言中之意夫人以爲公子之好。我謂我以媚術蠱公子乎夫在尋常之人以新歡忘舊誼者比比而是特公子殊非其人因之夫人以我故間關遠涉以情見哀夫人謂公子負罪在法宜令其輾轉無告其實夫人之心何嘗欲置公子於罪罟之地不過惡我貧耳以爲得我者必以貧見累敢先勳令名然先勳命婦乃奔越哀一貧女甯非喪名之事顧郎喪此名非夫人所恤特能得一富女爲媳此外都不爲介介且夫人今日之來哀我決其舊愛亦未思我若聽夫人者則後此一身前顧茫茫恐夫人亦未爲我計及我一身何惜試問此懷中之兒生時不特有無告之悲而且蒙無父之辱必致孤寒以殉語至此聲咽不能竟辭爵夫人曰。如女郎言。老身惡敢決絕女郎夙誼。迦茵曰。夫人來時。當早計及此。

今仍問我則夫人蓄意我不敢知矣然女今決如夫人請不更事公子而此事尤非貧女所望前此之過因愛而生非公子之罪均我罪也吾今以公子舊恩請拚吾一身及吾未乳之兒同付一擲因舉手一麾曰請以公子歸之愛瑪爵夫人愕歎曰女郎眞豪傑也我今請女郎勿念我前告如女郎夙志吾能得此賢淑之人未爲非偶迦茵曰不然吾已許夫人以離異天下知我者或惟天心耳請夫人行吾罷已甚不復更絮絮矣爵夫人聞言起立曰吾所愛之迦茵聽之老身若非家事萬難者亦斷不孟浪至此女郎自決果欲終嫁亨利者我亦決不力沮而蓄憾於心後此無論如何我定爲女郎良友極力以助女郎於是俯而親其頟迦茵笑曰謝夫人厚我夫人勿憂此次非夫人自臨者則我或嫁公子也爵夫人出而歎曰哀哉迦茵也我初不意此女乃高義干雲老身今日之行竟犯不韙矣雖然萬種艱難維天知我既出復見洛克在門外張望不已爵夫人自念此人行狀乃類狸狌之捕雀何也

迦茵既見爵夫人出戶忽爾大笑謂此事何乃大類稗官吾不料所云門內奇麗可

以涉足遊憩者。今竟閉戶如是之速。實則此門卽闔。亦無與於我。我後此將何爲者。沈思久之。乃下榻作書與亨利曰。

亨利勳爵足下。君書已得。以病中不能卽答。至書中所以開獎之者。令病人神宇。爲之躍躍騰上。顧以君累世勳閥。安可偶貧女。白拉墨斯之諺曰。鴿兒雛與烏鴉同巢。果足下必欲見娶者。則後此茫茫。都無終局。君來書言我病中有寓書與君。此事吾實忘之。不省作何讕語。卽使是書屬實。君亦須知病人譫囈。不能執以爲據也。吾病近良已。度亦君所欲聞。惟不能對客作深談。故夙約來省病人。可以毋踐。且吾雖流寓於此。苟病魔淨盡。猶足以活。計自覓生路。鉢特之爲人。好奇無實。苟有書奉瀆。可勿聽之。脫令足下所欲行者。我如君約。試思後此將何以爲人。亨利格雷芙以君門業之高。能娶逆旅主人竈下婢爲偶耶。迦茵頓首。

迦茵之書甚精細。既竟。反覆念之。復曰。此書若弗能止彼人者。吾後此身世。正不知如何終局耳。復曰。吾摯愛之亨利。吾何爲以此書與汝。吾今雖峻絕。請於日後白之知己。雖然。必於吾歡完娶愛瑪之後。吾方以衷情奉白也。於是以手支額。哀哭不止。

及聞女侍以茗登樓。始拭其淚。即令女侍以書付郵局。

第三十三章

迦茵寓書之明日。亨利剛至白拉墨斯。自念試至郵局。偵迦茵有無報書。既至。果得書。驗爲迦茵手迹。乃力擗之。念至兩遍。納之衣囊。騎馬而歸。心甚咤異。自念書爲迦茵手迹。而口吻乃不同至此。詎作此書人。卽作前書人耶。縱使二書均出一人手筆。試問何書出之眞誠。若照此書言之。似已推吾門外。此書眞出迦茵。則吾一向鍾情。詎非以明珠投之溷圊。究竟彼爲有病之人。腦筋有異。非吾自往視之。必莫辨其誠僞。然非先投書不可也。亦伏案作書曰。

吾所摯愛之迦茵知之。爾來書已爲吾所得。顧莫審書中作何語。爾言不下嫁。意其中尙有隱祕。則尤鄙人所不解。昨約禮拜五至奉候。並請將書中之意。面我徑述。亨利格雷芙頓首。

迦茵得書頓足曰。如何。吾早審之。嗟夫。亨利。君眞善人。天下人得此絕交之書。早已棄置不問。而君仍款款如此。試問君苟來時我如何相見者。吾今決不汝見矣。設吾吐其眞情則榻上與爵夫人一諾如何食之。矧旣已相見則吾萬萬不足自支。吾今決計與君不面。當急自引避。顧新痊之人又一弱質。避將安之。天乎天乎。當助我脫此情坑。迦茵一身奈何有如許大力耶。

洛克之至倫敦。仍如居鄉之訪友。不直叩其扃。左右徘徊。幽偵迦茵之出。其初至也。以格林華德所列里居。四向詢問。辨其眞僞。在他人不過直至甘德街第八號一問迦茵。當無不得。而洛克則於第八號之左右。迴環巡視。如野獸探取生物。見始攫之。顧其人尚有佳運。方爵夫人出時。洛克見之。因念迦茵必僑其中。不然。爵夫人胡爲至此。然仍不之入。以爲迦茵或遷或死。都未可料。故日就門外。仰望樓窗。冀得一見。是日適爲禮拜一。倫敦大霧四塞。百物無覩。至黃昏霧消。見窗中煤燈已上。迦茵以手閉百葉窗。一見大悅。思於夜中來訪。而中心怔忡。不敢卽至。明日侵晨。徑至第八號。心雖上下不復甯貼。而公然以手掣鈴。鉢特啟戶。洛克即鞠躬與之爲禮。問鉢特曰。赫司德姑娘僑是乎。鉢特曰。然。惟大病新愈。未嘗窺戶。洛克曰。吾亦聞之。姥殆爲看護迦茵之人乎。鉢特曰。然。客來何爲者。洛克曰。吾欲一見赫司德姑娘。鉢特疑甚、曰。彼此時未能見客。惟白拉墨斯中勳爵來者。或能見之。語已上下視洛克。洛克得計。即曰。吾即白拉墨斯勳爵也。鉢特又詳視久之。自念亨利固未之見。然是人行狀。殊不類貴勳。又其人貌頗不颺。又以男子披紅領巾。傖荒之氣。可掬。何也。已又自念貴人多微服。恆於書中見之。乃曰。君非亨利格雷芙勳爵乎。洛克念若不自承。迦茵必不之見。遂慨然曰。吾羅司漢亨利格雷芙也。鉢特曰。然則請入。復問曰。老身以爲爵當於禮拜五來。乃來以禮拜二耶。洛克曰。吾惟躁急。故忘前約。鉢特曰。此亦佳事。爵前此虐遇迦茵。今茲補過。亦未爲不可。今相爵所行。始合君子之道。洛克莫知所答。即曰。迦茵安在。鉢特曰。居樓上。彼此時興矣。爵可進見。吾侍爵入。於理爲弗順。聽爵自行。悉語其祕。吾左右侍。轉礙於理。洛克曰。謝姥所言。乃登樓中。心希望與畏葸交集。

至門微叩其扃。迦茵方據案讀亨利書。聞人叩扃。急匿其書。曰。來人進。以爲醫生至也。門闢。見一人入。反扃其扉。迦茵一見其人。矗立。怒張其目曰。爾惡敢入吾祕處。洛克曰。吾惟憂汝。故冒昧而至。請女郎勿袪吾出戶。容達胸臆。且女郎即起見逐。我亦不出此門。縱使見逐。亦將遲汝於街衢之上。必達吾隱然後已。迦茵曰。我不樂聞汝言。汝知之乎。矧吾羸軀。才起。不任暴怒。汝乃同行獵。以獝狗逐兎。謂我能堪之耶。然則爾亦小人之爲耳。洛克曰。爾病中固不欲見我。一見亨利。則病間矣。即使大病。能消停數分鐘之久。甯曰不能。汝開口斥我爲小人。小人二字。我何敢謝。試思我之遠來。特愛憐我意中之人。一覘其病狀。亦何小人之有。迦茵怒極曰。汝尙言吾欲嫁汝乎。不顧他面而坐。顏色頓變。且曰。前此積水潭邊。斬釘截鐵數語。恩意已絕。今尙何言。洛克曰。不然。當時彼此咸懷奇憤。今已時過境遷。在理宜忘。胡爲牽及其事。獨不念當日爾自立誓。誓不嫁我。我亦抗言。爾將來必忝顏求我。此語實爾見逼。使我口不擇言。此二人均過。今胡不拭去。另翻新本。嗟夫。迦茵。爾幸聽我。自我不見。余之茹苦日深。如淪冥獄之中。備諸苦惱。白日追思。夜中成夢。一身自計。有類顛狂。爾當知若不得汝爲妻者。我之顚必矣。嗣聞人言。迦茵流寓於此。故吾冒死而來。求婚於爾。爾能許我。我願洗心滌慮。爲爾稱心之人。卽爲傭爲奴。亦所誠甘。凡爾權力所至。可以驅遣鞭笞我者。我靡不甘受。來意並不乞君之愛。且不敢妄思見待之厚。卽置我足下。日加踐踏。我只以得覩仙容於願已足。此意實吾宗旨所在。百死不變其初志。幸迦茵憐我憐我。不爾吾痡立發。願迦茵許之。是時且哭且言。長跪於地。仰首視迦茵如禱天焉。迦茵聞言。中心忽有所動。覺欲救亨利。且能保全其門業。無如此人吾苟許是人。則亨利必不能戀我。我亦百年無更近亨利之理。脫去情障。不幾在此一舉耶。第此事萬非所屑。已復念亨利重禍在後。則亦不能不承。矧吾力尚足自振。奈何坐視亨利之落漠。顧吾一嫁。是人終身淪棄矣。此時立意。先以語探之曰。爾起。爾試思吾爲何等人者。吾意已別有所屬。旣有所屬。將置汝何地。洛克曰。爾固恨我。然能嫁我者。久必迴心向我。迦茵曰。洛克此何如事。乃易其初志如是之迅。且爾亦知吾與是人交誼抵於極地否洛克曰爾言亨利勳爵乎爾之與彼先有情愫吾終可置之不問迦茵曰此一節足見爾之落落然大方也爾須知吾計一決此一禮拜中即可與亨利成禮洛克曰天乎吾安知彼之注意於汝行禮如是之亟亟者迦茵曰然事之成否懸我一諾汝知是中何故耶洛克搖首不言迦茵曰吾語汝須知爾所圖娶之人究爲何等人者且吾之告汝汝亦不能以我言爲據自謂可弄我於掌握之上須知爾若脅我我俄頃之間嫁亨利汝尚有何術劫我乃附耳告洛克久之曰即是之故汝知耶不知耶洛克聞言顏色大變曰狠子野心吾必一旦手刃之爲快迦茵曰趣止勿言必欲言者速遠吾闥且爾必如是吾決以明日嫁亨利矣爾今試聽我我今舍亨利而別有所適者正欲保全亨利以挽救其家禍故不得不別圖棲身之所不爾我且與之同燼今有別適之計亦非悤悤出之必與所嫁之人定約自今日起隨吾所往一年爲期不得以夫綱刼制如是者吾始嫁之譬如汝夫吾者能承此諸責否洛克曰逾此一年後者如何也迦茵曰如經年之後我尚能生則身事

其人。惟此一年中定約不得背。背之則終身不與相見。洛克曰。此貿易之場。事太酷烈。迦茵曰。事勢如此。是否聽汝所爲。洛克曰。此事最艱鉅。恐非吾所任。迦茵曰。汝不任此乎。然則趣行。再圖相見。洛克自地中起。取冠將行。行時復迴顧曰。汝終嫁亨利乎。迦茵曰。爾何權能與吾事。顧此亦難定。若但爲吾一身計者。則必嫁洛克。前行數武。趣反曰。吾安能撇爾。請如尊約。迦茵曰。爾言固善。然吾安能決爾必守吾約。洛克曰。請誓之。誓後以何時行婚禮。迦茵曰。嫁期安有定。聖經在此。汝立誓之。吾知汝必無敢自食其言。洛克於是取書如迦茵所指立誓曰。我請自定約後。週一年。決不至此候問。即爾所言所行。吾絕不與聞。惟與亨利勳爵往來。則吾誓不之許。如是者期年。吾始論娶。乃以吻親聖經。後置經於几。曰。我若背約。上天殛之。視迦茵曰。信誓如此。汝其知我不背約矣。迦茵曰。背約亦何慮。但汝有幾微異心。必不能更見吾面。爾亦知是間爲自由國。吾名嫁汝。據法律即不與汝同處。亦復何病。且吾告汝。成婚時。決不赴禮拜堂。但赴官中署諾。洛克曰。此亦細事。惟不到禮拜堂。彼蒼將不錫我以福。奈何。迦茵曰。姻嫁既惡。尙何福之求。爾亦須悟徹箇中之意。我終與爾無緣。爾尙未知吾之嬪汝。別有所託耶。迦茵言時。心中亦頗爲洛克悲慨曰。爾何久溷我。胡不別娶所愛。尙得倡隨之樂。洛克曰。我之注意於爾。即天仙亦非吾嗜。迦茵曰。然則一言已決。後此不當呶呶。吾言盡矣。爾當念吾後此身蒞爾家。縱盡吾爲婦之勞。究無情愛。汝亦何樂。且爾以何時行大禮耶。洛克曰。以速爲妙。能早成一日者。則一年之期短一日矣。此不猶愈乎。吾意以明日行之。先往官中署諾。後更來奉告。迦茵曰。且不必來。事成以電告我已足。我罷矣。爾可自去。洛克尙久候親吻。迦茵嚴氣端坐。洛克遂行。步履絕輕。鉢特竟不之覺。然鉢特甚欲得事之究竟。乃躲置其針線。闖然登樓。而迦茵已凝坐榻上。精神外越。嶄然如石象。鉢特曰。孩子見亨利勳爵矣。爲約定乎。迦茵失笑。胡爲鉢特以洛克代亨利。因亦不語。以故防語時將嘵嘵道長短。迦茵此時既不敢言。而亦無力足以長言。知一言則鉢特必力加阻撓。亨利事敗矣。又念吾事胡以天設坎穽如是。若鞭逼囚拘而促成茲局者。此時若非鉢特誤洛克爲亨利。則洛克亦何由進此門中。卽使冒進。則鉢特亦必以書告亨利。輿我不卽在於此歟。復思欲以眞情告鉢特。令鉢特出而抗沮洛克囁嚅者再。卒不敢言。乃變其詞曰。吾將以明日與定婚約矣。鉢特駭曰。明日耶。爾安有嫁衣。迦茵曰。勿須衣。吾之婚禮。特向官中署諾而已。不在禮堂也。鉢特駭曰。行禮乃在官中。此等婚禮。在我目下安得謂爲完美。且不告上帝。詎非罪耶。迦茵笑曰。罪耶。吾謂惟照此而行。尚爲中格。吾後此尚儔媼家。媼許我乎。鉢特曰。似此狹隘。何足以容二人。矧男爵之尊。胡乃伏此蓬蓽。迦茵曰。彼殊不至。吾成婚後。相距一年。方行同居。鉢特愈駭。曰。天乎。爾所行事。乃離奇至此。令人不可捫捉。迦茵曰。是中尚有難事。不能不爾。媼其果否允我者。鉢特曰。此何待言。特吾於爾二人行事。殊覺怪駭。迦茵曰。吾今日罷矣。不能告媼。媼久當自知之。鉢特無言。自下。曰。男爵如此行爲。甚詭祕可議。詎此人爲取迦茵後。復將棄捐吾。恆聞貴遊子弟。行事多半類此。然彼果敢如是。老身定以名義與之搏戰。是日下午。迦茵得電言。官中之約已署。後日下午兩句鐘時。來此省視。洛克上。

第三十四章

禮拜四之下午二點一刻鐘時。迦茵檢取當日在衣肆時所著之黑衣。坐待室中。以須洛克之至。而鉢特亦盛服。冠上裝滿花朶。入門。見迦茵衣黑。駭曰。若奈何不知忌諱。吉辰乃衣黑耶。迦茵曰。此衣蓋吾笥中第一者。鉢特曰。若不更有灰色衣乎。迦茵曰。吾不需此。且此黑衣。恰稱今日之局。鉢特驚曰。迦茵汝無他故耶。吾細觀爾面似有戚容。大出吾意表。迦茵曰。無他。吾久處一樓。今日且下。神罷欲展。不期洩此惰容。鉢特無言。迦茵遂開窗眺望衢上。雨適集。檽簷爲雨沾染。均作壞色。少須。見一四輪馬車停門外。迦茵曰。至矣。遂取大衣。週裹其身。首臨行時。至門次。縮足作悔狀。稍停復決。遂下樓級時。洛克亦進門。問馬利亞以赫司德姑娘妝竟否。迦茵曰。我已在此。即登車行。少停病軀防冒寒。洛克愕眙無言。驅車至最近之官署。車中洛克大聲言曰。迦茵。吾諸事已前備。此時剛四十八點鐘。適符報名後之律例。吾亦告官以爾之年歲。及自願居此涉旬。悉與例合。迦茵不答。俄頃車至署門之外。自下車後。至禮畢。

迦茵昏惘。莫省所爲何事。但憶得赤髯一中年人。掛金絲眼鏡。進前道數語。已一一答之。又憶洛克以戒指套其指上。迦茵覺以手親近洛克之膚。大恚。如裂其胸臆。此時忽懷當時秋末獨立於廢寺之前。遇彼一人。彼一人將終身不能更接顏色。心乃愈亂。覺從萬千幻相中舉筆自簽牘尾。約婚約書未竟。鉢特見而憤爭曰。止。是中有詐。吾可爲證。吾早已懷疑是男子者。簽名與初約不符。婚官駭曰。爾可詳言之。鉢特曰。是人所爲實愚。彼弱女子在律爲背。彼初自言爲亨利格雷芙男爵。今乃易名爲三母爾洛克何也。洛克乃走筆急署曰。吾實爲三母爾洛克。係村居人。非男爵也。婚官曰。此事關係至大。想新婦必能知之。迦茵曰。是人果爲三母爾洛克。係白拉墨斯村居人。吾友鉢特誤也。彼男爵亨利格雷芙者另一人。非吾夫也。鉢特聞言。廢然坐於榻上。終始不更發一言。婚約既簽。三母爾自領一通。徑出。婚官監二人署約竟。取其約費。置之祕處。告其徒曰。此事至怪。吾思彼夫婦不久將同赴公堂矣。然吾所治事。咸遵公律。於律無愆。即我無過。吾見此婦人容光絕豔。胡爲怏怏似不樂者。迦茵旣出。遂語三母爾洛克曰。後當相見。遂與執手。洛克曰。吾送若歸乎。迦茵搖首曰。明歲今朝。我尙生者。則汝可來。惟此限期中。義同路人。不宜涉我庭戶。毅然自出。不顧。洛克方欲抱而行禮。而鉢特已趣迦茵登車行矣。洛克猶矗立雨中。凝望迦茵旣至家。沙而進繁花十餘種。饋迦茵。迦茵受花。與沙而親吻爲禮。此禮爲迦茵第一次稍近人情之所爲。餘均悲戚。不類嘉禮。此時迦茵登樓。鉢特亦隨登。鉢特趣問迦茵曰。若速爲媼言之。今日之事。夢幻耶。抑爾眞病癇耶。迦茵曰。是人愛我久矣。然非我所愜。今日之勉成嘉禮。正借之以拒亨利。爲亨利地耳。鉢特曰。是究何爲。迦茵曰。我嫁亨利。亨利卽毀其家。且我許亨利之母。不嫁亨利矣。特患一見亨利。爲情所罥。不能自持。故以死力出此。後此萬不之悔矣。惟吾與洛克定約。一年之中。勿許近我。遂絮絮述其許嫁洛克之由。鉢特起于座間曰。此事深可畏怖。洛克知爾祕事。乃猶甘心娶汝。則茹毒眞若鱗蟲矣。迦茵曰。其人殊屈。媼可勿更斥其人。且吾瞪其目光。躬自許嫁。彼固無罪也。鉢特曰。其人已夫汝矣。良莠可以勿問。惟恨其人多妄語。入門時卽愚我爲格雷芙滋可醜耳。爾心固良。恨無閱歷。凡天下舍身爲人者往往自苦。雖然事已遂矣。吾願若舍其眷戀亨利之心。專嚮是人。迦茵曰。吾若更事。固當踐嫗言。惟情癡正復難恃耳。鉢特聞言悲極。淚泄於睫。瞥然徑下。迨鉢特既去。迦茵遂作書告亨利曰。

亨利勳爵足下。君書吾已得。然明日倫敦之行。可以勿踐。吾於本日午後。與洛克定婚約成禮矣。從茲永訣。願君珍重。迦茵頓首。

迦茵於禮拜四成婚之前夕。亨利家居亦輾轉不復成寐。以明日將蒞倫敦也。遲明未晨餐。卽悤悤出。是日天氣晴明。羅司漢中平疇彌望。遠風與交。閱之神爽。亨利往來阡陌之間。頗用爲樂。時與田夫閒話。見野雉啣物哺子。兩兩見於林墅之間。流連不卽返。私念一至倫敦。與迦茵成禮後。恐不能更進此門矣。計圖娶迦茵。於義爲正。然傷耗正復不少。三百年來。是間食采盡屬於己。一軒一樹。均祖宗培植版築。俄頃之間。悉入拍賣人之手。思至此。愈流連不能遽別。歎息以爲末葉孫曾今日乃留戀田園行將寘先疇於一擲悲慘有非人所堪者已而覺饑遂抵餐房。見盤上置書數函。遂拆第一書有官中符信在內言亞斐利加方需人。君若肯承乏每年可得俸六百鎊。後此尚足量移善地。若當意趣來倫敦商略。遲恐人多。不必爲君得也。亨利讀而歎曰。此非惡消息也。無論如何。吾與迦茵或不瀕餓死。此事非關我老母及祖宗先疇傾覆。一旦得此。亦足自豪。惜余適爲此兩事介介也。因復凝想迦茵思旦夕相見。即娶彼爲婦。亦不患無以自贍。忽見盤中復有一書。無心之間封面已拆。展讀不及五分鐘。已擲來書於地上口中念曰。今日午後與洛克定婚成禮矣。雖然此事殊不類。又從地中拾書更讀曰。此事似實。天下斷無僞人筆迹如是之肖者。因追念白拉墨斯所得簡。簡中言已離奇。此豈迦茵廣結疑陣愚我耶。然迦茵曾立誓曙我惡洛克。今胡爲徑嫁洛克。雖然。吾知之矣。彼蓋爲錢。洛克素封。我中落也。若此書屬實者。則眞浮花浪蕋。日可東西。前以情迷。今乃利聳。信哉。女人性質固如是也。我今憶及之矣。前此屢云不嫁吾家。或即爲是。嗟夫。果知此女狂佚輕薄。吾何爲躬冒不子之罪。背我先人臨死訓言。究竟天下以意懸擬。不必非誤。吾非親詣倫敦。事終不剖。吾此時甚悔不早至倫敦。乃為鉢特一書所誤。於是急起赴車站。陡遇一人。其人正為洛克亨利。吾疑迦茵妄矣。迦茵若嫁洛克。胡不聯轡同歸。而洛克仍踽踽於是。何也。遂擬下詢洛克趣御者先行。乃徑至洛克之前言曰。洛克無恙。吾侵晨得一消息。問爾或能悉之。幸以見告。洛克曰。何事見詢。亨利曰。若與迦茵昨日成禮乎。洛克曰。然。爾問何為者。亨利曰。別無他故。但不信耳。洛克微哂曰。若弗吾信乎。試觀吾據。因出婚官批牘示亨利。亨利讀竟色變。授牘還洛克。洛克曰。事定乎。笑不止。亨利曰。吾試問爾。密昔斯洛克與爾同載歸乎。洛克曰。否。我不能以新人至此。令若隨吾車塵而趨。且爾之事蹟。吾悉知之。亦迦茵見告者。若今日非欲至倫敦娶迦茵耶。然汝來何遲。彼迦茵始則蒙昧。到底為聰明人。彼有素封之家。可長恃以自活。何為嫁一赤貧者。我前此不曾言。欲娶迦茵歟。今日所言。與所行符矣。自今以後。勳爵須與迦茵離也。爾二人更絮絮作兒女語者。我見之必不汝許。實則吾亦過慮。迦茵始念固爾今身已屬我眷汝何爲亨利曰若勿恐吾决不累汝家勃谿吾今日仰體天意爾可速行不爾悔且無及洛克笑之以鼻徐步而去亨利遂至己車之旁勒繮反轡自歸既至老僕湯生啓關亨利曰湯生吾今不赴倫敦矣爾可立卸吾裝已而又曰吾將赴蒙克洛淇爾可仍留吾巨囊勿拆爾知吾母以何時歸湯生曰主母書至云明日歸矣亨利曰告主母吾於下禮拜二方能朝母爾可以園丁至吾前吾將諭之余飯後將至園中獵兎爾更爲覓車至蒙克洛淇須以晚餐以前至此一日中欲寫亨利心思絶雜蓋并羞恨怒三事爲一羞者羞洛克敢以非禮進怒則自咎過聽婦人之言遂至一身淪陷致於恨事則亨利平日癡妬之心絶重矚一迦茵至爲人見奪又惡得不恨於是反覆追思謂前此迦茵直以我爲弄人既而自念前此哀書及後來絶交之書詞意反背何由都出一人之手噫我知之矣猶癡人作詩夢中得如許佳句既醒則盡忘之矣詎迦茵此書亦夢中所作醒而旋悔耶其事則眞夢境否則前此之書爲鉢特贋作矣今無論如何惟二事殊了了一爲迦茵同我恩意斷絶已

別嫁人。萬無更聚之日。覺前此百方橫亘。得罪死父。及於母妹。均爲癡情。今則藩翰盡徹。可以自由。亨利此時平心靜氣一念。覺迦茵此著。在義固悖。然頗有益於吾家。乃歎息言曰。吾茲事殊於世界中增一絕大閱歷。乃作書與其友言以禮拜三至禮拜以前。有他約。不能踐諾矣。

第三十五章

禮拜之日。亨利與來文杰於晚餐後。仍同坐小酌。其始均言行獵。繼而寂然。來文杰忽曰。吾頗聞一奇事。迦茵似已屬人。亨利舉杯飲其半。始言曰。是人嫁丈人佃者三母爾洛克。此理吾殊未能悟徹。來文杰曰。此何難悟。彼二人亦良偶。洛克雖不見告。我固願其夫婦敦睦。度時日也。亨利曰。吾亦云然。惟吾今日之來。正爲賃宅及田事。丈惟好爲部署。庶不至於喪其家貲。來文杰曰。格雷芙我尚何術。所恃在汝。老夫言中之意。想君子當已喻之。亨利曰。吾今日當質言矣。詎丈人仍欲令女公子下嫁耶。來文杰曰。老夫並未忘前諾。亨利曰。女公子之意如何。我見其人近來與我至落漠。

在勢固宜其如是。丈亦知吾不工內媚。行之轉以滋戾。來文杰曰。此事成否非老夫所決。然以大勢言之。事或可就。亨利曰。來文杰先生聽我。愛瑪固多資產。而鄙人貧窶。至是得毋非耦。試揣旁人及女公子之心。能不以我爲貧人求繫援以自活否。來文杰曰。前事可毋拳拳於心。我爲愛瑪之父。出言至平。允爾得彼固佳。卽彼之事汝亦不爲無益。既兩利矣。尙復何疑。老夫平生不欺君家父子。我少年行事。殊洞黑無天日也。自新以來。三十年未干國家刑律。顧亦不能不用僞姓。以求掩前眚。爾若娶愛瑪。則必知吾眞姓。蓋爾我既爲翁婿。必有求知吾眞姓名之權力。然老夫甚願君子仍爲吾諱可也。吾於前蹟。痛心已極。絕不願宛我舊瘢。俾之流血。今誠告君子。吾家固淸白。君子若不見信。但觀吾足。吾足之蹩。蓋戰於鵝馬。爲飛彈所傷者。亨利曰。丈人既弗欲。吾但道丈人今名。不更窮詰已事。來文杰曰。此語甚肖君子之爲人。卽老夫求君不詳究吾眞姓名。足知君之婿我爲益已多。君子當知愛瑪之嫁君。人言必究論吾之家世。實則彼母固出單寒耳。嗟夫。老天吾甚願此事得早諧合也。老夫自揣於世不永。心病復日增劇。醫者言毋論何時。均可以死。故吾至願於未離世之前。目吾愛女依倚得人。老人瞑矣。亨利曰。丈人明日吾得間卽面求女公子。至於事之濟否。責固不在我也。來文杰曰。老夫聞得此語。爲歡已極。但願上天佑爾助爾成此美事。後此老夫就瞑。幸君子諒我。勿宣吾穢迹。須念老夫當年憑盛年之力。至於門業事功。均置勿恤。所以至此。亨利曰。以吾後進。何敢議公。且負眚不少。安敢抗議公失。於是談止。

是夜亨利聞室中足音。來去甚雜。尙以爲家被盜也。續聞無聲。遂亦就寢。遲明。始知來文杰心病大發。幾於昏。忽幸儲藥於側。病發。藥至。遂漸平服。而愛瑪則夜中侍側。來文杰語之曰。愛瑪。吾與死近矣。前三十杪鐘。吾以爲必。語至此。詘然而止。愛瑪曰。老父危候已過。何述爲。來文杰曰。雖不死。然亦非久。必有一日如是。則我不歸矣。愛瑪曰。老父幸勿言。言之心痛。來文杰曰。吾死何惜。惟願汝得人而事。則吾心始釋。脫爾大局未定。吾之怔忡。較死猶戚。然爾年旣富。當能自決。阿翁亦不能爲計長短矣。

吾兒且歸寢。吾何欲。自掣其鈴。萬勿在此侍我。愛瑪既歸。自度胡以老父趣吾嫁如是之篤切。即老父不天。吾家亦自有噉飯之地。何必更慮及此。姻緣果至。我靜候之。可也。來文杰自夜中患作。遂不能行獵。仍曰。吾下午能步者。可自至垂林之下疏散。且令愛瑪侍之而歸。是日天氣絕佳。亨利以心緒惡劣。臨獵殊索漠無興致。飯罷聚多人出驅烏兎之屬。所獵僅得數雉。餘烏雀驚飛匿於垂林間。獵人遂爭赴垂林。來文杰是時亦適至。愛瑪侍側。一見亨利即呼曰。老夫久候於此矣。老病雖無起色。然見獵輒復心喜。乃囑獵人周圍驚擾烏雀。盡起而受槍。獵人既行。亨利拄槍而待。來文杰亦荷槍立曰。今日風色非佳。乃戲謂亨利曰。郎君素以槍名。今日老夫請以半鎊爲賭。四槍中能落一雀者。得此半鎊之采。亨利笑曰。此何難事。時愛瑪著灰色衫。傍侍見其父興趣佳。亦歡悅不止。十分鐘後。聞遠林中有獵人口號。知烏雀爲所驚擾。且羣飛至前。乃裝槍以待。已見野雉二翼。順風作斜行而飛。展翅甚高。前後相距可五十碼。來文杰呼曰。雉飛過郎君頂上矣。亨利連發二槍。均不中。怒甚。易槍連槍其後至者。亦不中。來文杰曰。爲數四矣。亨利曰。今日雉飛過高。槍力殊不能及。咎不在技也。來文杰曰。雉飛固高。槍力可至。特郎君所發槍。每値雉過。槍聲始發。惡能恰中。須知今日風信不對。舉槍宜少變動。嚮前而逆乘其勢。死守故法。無當也。試觀飛雉又前矣。惟不用吾言。發又弗中。老夫行獵久。非如是必不能中。此時亨利怒極。忽迴顧見愛瑪微笑。似譏其不精於獵。於是第三次發槍。如來文杰言。果中一雉。來文杰曰。此回中彼要害矣。方亨利發槍時。壹志凝神。似以全英國運。咸係此一槍者。愛瑪靜觀亨利試槍。深服其武概。大凡英人臨獵。及履行陣時。精神勃發。類多如此。更五分鐘。雉隊漸稀。槍聲亦止。而亨利尚矍然有神。末隊之雉。均無免者。獵罷。合所得禽鳥計之。四槍一禽。而亨利實多放一槍。在例宜輸半鎊。來文杰收置囊中。仍撫慰之曰。郎君勿戚。以技較之。郎君今日尚勝餘人也。今日有數雉飛絕高。槍力萬不能至。老夫自行獵以來。亦未嘗遇此迅風也。今且歸。吾女在此。煩君送歸可乎。時愛瑪往。檢墜雉。故來文杰先行。迨愛瑪歸。見老父已前行。頗怏怏。亨利徑前言曰。如此迅

風。君乃檢得雉耶。因授槍於侍者。同愛瑪歸。此時行道。只有二人。亨利請曰。途生煩

女郎爲我前導。愛瑪曰。最近之途。無若沿海濱而歸。於是二人同行。而海波激灘澎湃有聲。西日且匿。絳如丹砂。二人無聲同行。愛瑪忽曰。今日海波爲陽光所射。奇光耀眼矣。亨利曰。鄙人觀海日見其美。無一晷刻不佳者。愛瑪曰。將軍身去軍籍。猶戀戀不忘水師也。亨利曰。吾自去軍。日日均無聊賴。但有愁煩之事。日集吾前。較吾處海時浪激霧漫爲狀猶佳。於此愛瑪曰。吾亦聞將軍近多憂患。尊人見背。甚於將軍不利。將軍論霧。吾卽以霧慰將軍。凡大霧。如牛芬蘭。猶尚有天淸之一日。語已。又復寂然。而亨利心中自念。欲言求婚之意。顧不得間隙以入。心中至爲焦急。時海風大起。砭肌起慄。而亨利迴顧。汗淋如濯。忽爾發聲言曰。來文杰姑娘。鄙人有衷曲奉告愛瑪曰。將軍何語。亨利囁嚅久之曰。此問卽係屬君身。能惠臨吾家。當門戶耶。愛瑪聞言。駭然四顧。似欲覓地自匿者。旣不得匿。遂復動足前步。亨利復曰。來文杰姑娘。吾疑此事至鹵莽。又不工於詞。幸君恕我。我家固不類。足以娶姑娘者。此問殊躁妄

愛瑪曰將軍何屢屢語及家事我亦聞君家之敗咎不在將軍亨利曰君能爲是言直能諒我君言之則我直省却無窮周章矣愛瑪曰此非奉諒以我輩非言利人耳亨利曰然則鄙人堦君能如律否愛瑪微應曰此事可允惟尙有他事宜商者亨利曰君是言殆追咎鄙人前此之不檢乎前事咎誠在我前數月前覺世界中無一閨秀足爲狂夫留意者至第二次見君後已復心醉復念後此吾二人得有倡隨之樂則誠吾生之厚幸不期後來乃自變節此一生之玷想君定不更令吾自吐其醜吾此時幾幾欲與是人成婚乃中道見背已曳殘聲過別枝矣愛瑪忘懷忽作聲駭問曰迦茵赫司德嫁乎亨利笑曰此事想君已熟聞彼已嫁三母爾洛克尙未知乎愛瑪曰事殊難信亨利曰吾初亦弗信洛克告我且示我以婚據吾乃信之今則吾與彼姝前迹都泯矣請君定其允否告我若君見允則後來倚君必無反目之一日長寘君於心坎矣今則如何愛瑪此時忽駐其足視亨利時斜陽漏光剛及愛瑪雙頰紅暈加增謂亨利曰適將軍所言胸懷坦坦我甚感將軍至於前事我畧聞之將軍

殊落落不爲己甚我今請亦自陳其心迹惟語時幸將軍勿肆譏彈前此二年吾造君家將軍見待殊索漠然吾意已屬將軍至今未有隔閡顧當時未得將軍見請闔秀安忍自露其朕兆亨利曰邇時吾家破敗淩夷焉能少萌妄念愛瑪曰此事但關吾身吾何靳者惟聞前此有無數葛藤則吾一身固不必剖人情綢然老父望女至重欲託我於令門正以君我兩世通家故耳卽以將軍近況而言在義亦當從將軍爲正亨利曰君言固正第以吾求婚之意殊不屬於奮助冀以再張吾家特君旣有是心在鄙人尤極感激耳愛瑪曰吾之欲事將軍固於兩姓之事均有所益今旣如此吾意決矣因出手授亨利亨利捧而親之二人仍同行將及門外亨利曰愛瑪吾將何以謝汝者爲覓其辭良不能一當奈何吾今日將巧飾其詞以掩護吾夙昔度亦愛瑪所不信矣究竟彼此同心以後想愛瑪決不見疑於是摟而親之以吻愛瑪曰亨利吾亦但願其如是外此尚何求言已同入

十禮拜後亨利與愛瑪莅埃及尼羅江一帶同度密月

第三十六章

迦茵仍住甘德街。日度憂愁。自念一身陷落。哀憤交作。既而。心。死。遂。沈。沈。如。墜。每日洛克必以書至。迦茵每覽未及卒。即投之火中。一日忽得來文杰書。竟讀後。知愛瑪與格雷芙且晚成嘉禮。書蓋以月費至。紙尾微署。若埘示者。以此時迦茵誓不用洛克一錢。故來文杰佽助。亦未謝絕。至明年正月。來書復至。並附報章。報中言格雷芙男爵。勇敢絕倫。新娶夫人。柔嫚蓋世。迦茵讀既。歎曰。吾所受之苦。非徒然矣。是日晝臥。既妬且悲。淚落如瀋。自恨不早決策。乃沓沓至於自誤。於是屢屢內咎。孟浪因致毀其終身。且洛克書中亦述晤見亨利。言垂至倫敦。知狀却歸事。迦茵知亨利此歸必。憾。憾。必。次。骨。益。怏。怏。不已。計自今以往。明。明。白。白。再。無。他。法。惟。與。死。為。隣。最。甜。蜜。耳。宛轉思維。亨利既。見。絕。而。懷。中。兒。即。屬。見。絕。人。之。嗣。肩吾乃為是兒無父之母此情。又。胡。以。堪。時序侵尋。已易冬而春。免身之期且至。幸軀幹尚偉。縱為殷憂中而侵剝。亦稍緩。以元氣素固。不易摧殘也。特每。經。一。月。精。神。必。漸。減。肌。肉。必。漸。瘦。既。無。朋。

友亦不出戶。日中消遣。但有讀書。以亨利前言無事讀書足以養心。然日中亦正不爲無事。鉢特年來目力銳減。醫言旦晚且盲。鉢特對迦茵言。我苟喪明。吾一家將奈何耶。吾貲固少積。然未能二百鎊。瞬息即罄。此金罄將入卑田之院。則男女不復團聚。奈何。語至此。縱聲大哭。迦茵慰之曰。媪勿焦思。沙而近已長成。即我亦足助媪治活計。鉢特曰。女眞賢女。吾當日自門外掖歸時。尙不知後來乃以家口累汝也。在理吾亦無怨。以天主威稜盛惠。雖野雀羣飛。咸實其嗉。詎我啞夫聾兒。轉無噉飯之地。我今以全身託天主。力修吾行耳。迦茵曰。媪一身清白。在理必被戩於天。但願我能如媪。或賴帝力而生矣。媪針線安在。我即今日佐媪治之。自是以後。鉢特生計一如平時。均迦茵相助爲理。迦茵長日治事。亦不猝生憂煩。顧每下一鍼。恆覓死機。匪特自死。其身且欲並死。其胞中之兒。爾後遂不復得亨利消息。但見報上云。亨利男爵同其夫人。僑居加羅牧羊客店。兩人頗傾動一時之士女。聞此後尙欲遊歷猶太。五月中始歸羅司漢也。迦茵既日思畢命。遂密購得一印花紙。預署遺囑。遺囑中云。笥中遺書。爲亨利所贈。今請封還亨利。並作一長書。凡數日而畢。亦予亨利者。笥底存金錢三十鎊。囑鉢特若懷中兒生者。金授孤兒。脫兒不生。則贈鉢特。迨免身後。兒女也。既生而病。母氏多愁。兒遂不舉。至第三日。已瘞之倫敦禮拜堂義園中。自是迦茵又啜一杯苦茗矣。兒死數日。尚悲哽。既而又念是兒不死者。其侘傺當如其母。卽不然。一落洛克之手。尤無生法。旁觀者覺迦茵殤兒後。竟日竟月。恆無笑容。而風貌之美。較前尤絕。以剪髮新齊。覆額作旋螺狀。秀媚入骨。且病後眉痕及一雙愁眼。已非生人之美。殆帶愁帶病。似仙似鬼之佳人也。

六月初九日。得洛克書。未開函。迦茵已知來意。既讀書。適如所料。書末云。迦茵爾須憐我。若不來者。我病發矣。我恪守尊約。已到於此。爾若爲血肉之軀。必蓄慈悲之念。不當使我爲風人也。今爾來書。孩子已殤。其人亦娶。則爾我不了之事皆畢。何妨重續因緣。迦茵乎。到底爾我二人。業爲夫婦。天地聞之。爾今生須一力爲我。不旁及於他人。卽使爾不見愛。吾亦以五倫名義。責爾來歸。爾若不來。令我痫發。則罪在爾躬。

我已於家中汎灑嚴淨。專候主婦矣。迦茵讀已。歎曰。渠言亦當。我固有應盡之責也。然人生在世。只有四端。曰愛情。曰希望。曰樂趣。曰義務。今則前此三則消歸烏有。唯最後一節。則我所當盡。乃作書報洛克。許以歸期。但缽特一家。不省如何洛克能許我以貲助彼否。決機已定。遂作報書。防少須愁心。一發意嚮。又左既寄書歸。途中得郵人。予之以書。拆而視之。電書也。言速至見視。至時吾已以車候於車站之上。來文杰。迦茵愕然曰。此老見召。乃復何事。因令郵者候門。自入與缽特議之。缽特曰。爾去爲是。吾想彼必有秘密之言。彼殆病危。欲吐其實耳。爾若趣行。尚能及十二點鐘之火車。於是迦茵作迴電。署一來字。交郵者。登樓理行裝。車至。遂與二啞人爲別。更把握缽特。缽特送之至門。連與親吻。且哭曰。迦茵。汝行。吾患不能見汝矣。迦茵曰。是何言。吾一二日卽歸耳。缽特曰。得天主佑汝。吾二人必更相見。迦茵行次。自念不更歸亦佳事。若更歸。則洛克必以車迎。長訣正復爲難。不如忽忽一行。形迹尙渾而不泥。四點半鐘後。至白拉墨斯。此地須易車。至蒙克洛淇。因來車未至。乃徘徊於月臺之上。流盼故鄉風物見一塢一舟一漁家之屋均無改其舊獨一身遭遇變耳忽聞有人呼曰。迦茵洛克我何幸送君去又見君歸矣然君何爲嫁彼乃不待我我今已置產蓄四驢並一車矣生計良佳行且致富迦茵迴顧見一童廝狀如往時紅髮藍睛蓋惠烈荷德也諸無所改特稍高耳迦茵喜見故人乃曰。惠烈荷德無恙乎爾何由知我嫁人耶。童子曰。汝之嫁洛克猶鳴金而宣於衆彼洛克面人恆自言吾妻迦茵隨地宣布人奚不知且言多病就醫於外故不時歸此事吾始聞而愕今見汝果有病容。惟爾我故交。若須騎者吾必擇其馴駿者奉假惟欲三母爾不妬我可耳爾若常乘者則玫瑰之色或可反其故迦茵曰。吾阿姨安在惠烈荷德曰。我告爾爾且勿駭。若姨捉將官裏。垂三月矣彼欲謀殺其夫爲人發告吾日日恆往聽讞讞官言彼有意欲謀其結髮之夫約翰格林華德此事固屬實彼蓋以巨鍼刺其夫之痤腫如南瓜矣。有時腫至兩眼簾下垂僅露微縫今其夫已在合衆醫院受治畧愈前數日吾尚見其荷鋤種芋魁見我時尚囑我漏稅以酒授之我不之許彼幾號咷童子方縱談間。站人來言。趣行。不爾車發矣。迦茵既登。惠烈荷德尙在車外呼曰。後當相見。吾善飼驢。候爾於門外。汝以何時乘者。吾侍汝也。既而駭曰。彼何爲不至家。乃嚮蒙克洛淇耶。洛克之爲人。猥賤極矣。吾不審好女子何爲嫁之。然此事殊不關我。我今日且縱驢於摩亞莊。少取其芻。想洛克雖鄙。必不以其妻之故人。乃斬草斥吾牧也。然而洛克胡爲不來迎其妻。言已。爬搔其赭髮。凝思久之。引驢自去。迦茵既至蒙克洛淇火車之支路。見小車已停站次。迦茵問御者曰。主翁何病。御者曰。不知。吾主人自女公子嫁後。恆未出戶。昨日患乃大作。已迎醫治之。迦茵曰。亨利爵夫人在外家未。御者曰。彼二人非今日至者。必以明日。此時車已至門。侍者引迦茵入。言已具茗待客。少須。復有人言主翁遲客。請客入夾室。見主翁。迦茵入。見來文杰臥長榻近鑪而坐。時已炎暑。而來文杰尙畏寒。如犯冰雪。容色大異。顴高聳。肩下垂。狀甚委頓。一見迦茵。欲起復臥。久之不能作聲。已而言曰。迦茵。爾此來佳甚。且坐而聽我。迦茵曰。聞長者患作。吾至悵悵。來文杰曰。天下病夫。無更羸弱於我。及去死之近如我者。故必欲見爾爲幸。且余欲更有言。再濡恐不能發吻矣。雖然。爾顏色何疲敝至此。迦茵曰。謝長者。吾軀頗强健。前日病中。勞長者遠涉。今幸如恆。能眠食矣。來文杰曰。爾嫁矣。何以又聞爾乃不與若夫同住。實則此事宜早關白。老夫爾年既壯。原可自決策。勿須於人。爾夫婦樂乎。既云樂矣。何以不復同居。於是張二目視迦茵。迦茵曰。樂甚。如長者言。吾明年將與洛克同居。前以倫敦有事。故不能趣歸。來文杰曰。爾亦知吾女嫁亨利乎。言已。又視迦茵。迦茵復語迦茵曰。彼夫婦非明日。卽今日當歸矣。彼夫婦欲見我。在義宜早來。然吾特未語以彌留之狀。迦茵立時二手皆顫。卽曰。長者趣吾來卽爲此乎。來文杰曰。否。趣爲我扃戶。嗟夫。天也。我之召爾。今日須明言爾之身世。不能更隱矣。我今日悉傾吾祕事。令爾聞之。想爾當仁慈而恕我也。我之忍百死而待爾者。卽以心緒不白。隱迹不宣。亦無敢赴上帝前對簿。乃作極微極咽之聲曰。迦茵爾實吾女也。◎◎◎◎

第三十七章

迦茵大駭而躍起座間曰咄兒乃長者女耶長者得毋瘋耶我若果爲長者女者何爲見待如此來文杰曰請爾先平心靜氣聽我垂死之言後再審決未晚吾奄奄氣息僅屬不能當爾峻責也爾須知在勢可以終身勿宣誰則知吾祕者迦茵曰不告可也然靈魂中帶此惡眚能遽瞑乎來文杰知罪惡已極乃合掌作祈禱狀迦茵亦憐之而不言來文杰曰爾不但爲吾兒且爲法律上之兒女迦茵曰然則來文杰女公子亦法律上之兒女乎來文杰曰否迦茵聞言以齒囓脣血出久乃曰陷我至於一生不可伸訴矣來文杰曰爾且聽之吾白計欲以脫汝於難自顧力乃不能此事或天知之耳前此吾少壯之年與若母芥茵來貢定情其人有似汝者有不似汝者似汝之處則亭亭一好標格其不似汝者暴厲獷悍出話淩雜以壓力抑吾勿動吾以鍾情之故不能自脫乃允娶彼爲婦然吾行不檢弗直衆口故不敢在此成禮以人多口衆苟知吾行此爲訕益甚於是吾二人分路同至東谷中村莊小禮拜堂成其婚禮此事倘有憑證乃啟小篋出婚據示迦茵曰爾試思之凡男女學問性格不

同。既爲夫婦安有倡隨之樂前兩月尙和協。尋卽反目。吾遂於倫敦賃宅居爾母。吾獨身客此。爲人司田畝。得間卽往候之。爾母不愜意。謂婚禮既正。胡爲避人而居。必欲從余至白拉墨司。此事吾滋不允。於是爾母乃大勃谿。以余爲有外婦。乃大揮霍。較吾歲入者爲多。一日禍乃大作。蓋余適與一女同車過市。爲彼所見。備極盛氣陵余。始人造訕。謂余與爾母禮拜堂之婚。書蓋僞名也。然吾名固僞。實則國家立法。固不能以僞名而謂婚約遂可廢也。爾母聞言。滋以爲實。乃曰。吾固知汝。汝輩狂謬如此。宜有是事矣。吾此時歸白拉墨司。多留貲與爾母。以爲逾數日當復諧合。逾二日。竟得書。遂授書於迦茵。書曰。

喬治見此。爾詈我猥賤。斥我憤妬。爾固持論如此。然我亦不能久久與惡少同居。吾本可以訟爾於官。繼思既離析亦佳事。何待更愬之人。今余將他出。爾可勿來。來亦不卽遇。我誠告汝。余嫋矣。將免身。後必奉告。若不告。必母子同死。或但兒死耳。爾須知成婚之兩月間。爲狀尙適。下此不復堪問。自是爾我分手矣。爾固滑我。

而我心尙戀戀。惟不更與爾同居。芥茵〇〇頓首。注曰。吾終竟不知爾爲誰氏。故不署夫家姓氏也。

來文杰曰。吾自得此書。明日卽至倫敦。已不得爾母迹兆。至八九月。忽得一書。蓋自紐約來。中間夾一死人執照。云有一女人名曰。芥茵。來貢爲英國白拉墨斯人。自云爲寡婦。傭於逆旅。旣生產。母女均死。卽死於作書人之家。彼遺囑付此執照。並定情戒指。與其親屬。嗟夫。迦茵。我甚爲若母悲之。以爲此事實。不更尋詰矣。且前此歐美航路無常船。不易詢爾母踪跡。逾年。余乃續娶。爲廣蓄漁舟穹生之女。名曰愛瑪穹生。余旣娶。岳氏捐館。乃移居蒙克洛淇。悉以遺產屬我。又逾年。愛瑪生矣。當時吾後妻。尙未彌月。余徜徉門外。見一婦人手抱女嬰。爲期近週歲。冉冉而至。余觀其行步。似曾識其人。余立而觀其所適。此婦人乃不他趣。徑至吾前。語曰。喬治。爾無恙乎。在理。宜識我。惟爾子則未之識耳。嗟夫。迦茵。此卽爾母。在抱之兒。卽汝也。余駭問曰。爾非死乎。爾母曰。吾在紐約時。實已相隨一人。以爾爲吾律法之夫。故不能不以僞照相聳。冀可自脫。且吾不忍將君骨血。攜屬後嫁之夫。故吾別陳之官取嬰兒生誕年月執照。以示非贋。且用爾我當日成親名姓。簽押其下。此照尙在。今以授汝。後此爾母又言。我到底戀汝。遂決去其人弗嫁。惟在紐約。尙足自活。然思爾不置。乃舍其所業。歸而就汝。汝若重收覆水。則誠佳妙。如不能者。則我願平心靜氣以侍汝。且我甚欲歸也。我聞汝近多貲。廣置田產。吾急一見。故直突至此。噫。喬治。汝何爲頓變其顏色。乃如鬼魅。爾試與我親吻。相將入室。吾更有言告爾。來文杰此時少喘息。復曰。迦茵。茲語。均爾母所述。於月光之中。在彼路隅。吾一語不曾忘也。時手中尙抱小兒迨語竟。余始曰。吾今不能延君入室。蓋吾已他娶。此卽後婦家也。爾時汝母顏色大變。非吾支之。幾暈於地。因曰。天乎天乎。吾初不料其變至此。然而喬治。爾安可遽棄乎我。我爲爾前妻。此卽君女。余此時淚塡於咽。幾不能聲。顧大局已敗。不能不以僞言自解。因曰。爾在理。不爲吾原配。於律弗協。且吾再娶。已有女矣。奈何爾當時胡詐吾以死。爾苟不死者。余亦胡娶。然則爾大誤人耳。爾母乃曰。事已敗裂。吾但有他適。惟吾身若不幸者喬治能爲我育此兒乎此兒絕佳吾遠道將之來呼爸爸成虛話矣余乃力慰汝母言今夜安宿吾將來省爾母言將赴爾姨氏家乃抱汝令吾親汝吻親後遂行此一度是吾最後見其生而能語時矣是日汝母到直叩酒肆告若姨言別後長在美洲今始歸囊金尚碩遂與姨氏以五十鎊金帖且語若姨言美洲所契之人與余友也若母如有不諱者後事儘可問我是日晚餐後出門自言遊適並語若姨謂呱呱之兒已託來文杰吾將往倫敦矣是夜之出明日遂見其尸於海濱亦莫省其所自死迦茵哭曰天乎此即吾母一生事蹟及爲人謀陷之情歟翁若不痛絕吾母何遽至此來文杰曰爾言太愚若母詎自覓死余他日往視死所水上有一闌干年久腐矣爾母殆憑以遠眺闌折而身墜耳若母既死若姨即到吾家言吾爲顧託之人此事深中吾懷因立許之此事吾罪罔大當日若公然宣之家衆則妻不吾夫女不吾父在律尚當訟之公堂坐我以兼娶二妻之罪且愛瑪貲產將悉入於汝迦茵驚曰何也來文杰曰吾岳氏死時遺囑謂死後以產歸吾女吾女更亡則與

吾壻第一協律之子女。今汝非吾協律之子女耶。愛瑪何足以語此。然爾試思吾亡岳之意。意實在其切己之外孫。訟固汝直情則彼私。我今已剖心告汝。更無一絲遺留。汝亦落落大方。必不以貲財小故怪我也。至老人爲汝。心力亦盡。吾一生已力有所積。悉以遺汝。吾死後。爾可得吾貲四千鎊。迦茵曰。翁勿聲。吾若十指皆斷。亦不敢拜翁之賜。來文杰曰。爾勿如是。爾將來脫與若夫不協。亦可恃此自養。不至仰傖夫鼻息。今但願汝以廣大之量。容此病翁。爾亦知吾偪於勢力。始遜而爲此。吾若早年招爾同居。則物議不將騰沸耶。議騰。必窮我以汝之根蔕。根蔕一揭。吾終身廢矣。迦茵乎。吾甚願欲未死之先。得汝恕我之言。尤不可再告吾女。彼弱如風絮。一得此言。必駭。駭而殞命。則余禍更重。故欲遺嫁貴家以掩。後此人言及一切橫禍。吾生平諸事。均無成。獨此一事成功。不可謂非得之天佑。迦茵曰。亨利知此事乎。來文杰曰。彼悉知。知則何爲娶之。迦茵曰。然彼若知之。固有他變。翁此着又愚亨利矣。來文杰曰。天下爲惡之人。得第一種惡因。必成第二重惡果。迦茵曰。然哉。然哉。翁乍言。令我勿怒。並勿令格雷芙夫人知之。令彼傷心。焉知吾心。已爲翁碎矣。實告翁。格雷芙夫人之夫亦我所歡。且爲之生子矣。木欲見娶亦不醜。吾爲無父之人。迨後此知兒有身更欲圖踐前諾。此蓋當世之有心人也。已以其意告知其母。母大悲。獨身奔至兒家幾欲五體投地。令我勿嫁彼兒。以拯門業。兒爲所感。亦許之矣。若當日知於數日之中。將親涖倫敦娶我。並撫我懷中之兒。則吾焉能輕許格雷芙老嫗也。顧已許之。而未免身又不能行。乃決二策。一爲自裁。一則往嫁生平所切齒之人。旣而思之。凡人自裁。誠負咎惡。故中止。然三母爾洛克者。檝豎小人。向輒戀戀於我。我固拒之。而洛克追逐吾後如故。方吾病時。彼敢行賄。偵兒隱遁之處。受賕泄吾踪跡者。喪心之姨氏也。當兒接見爵夫人之後二日。彼乃敢冒爲格雷芙姓名。誑我居停鉢特氏。登樓面吾。至於所語所求。可不言而喻。試思兒欲斷絕情絲。並出我所歡於阨。僅有忍嫁是傖之一策。其人素無恥。兒一一告以祕事。且與約成禮後一年。不復把握。彼竟慨然諾我。斯亦奇矣。追溯生平違心之事。不一而足。最爲隱恫者。則冒草格雷芙絕婚之書耳此書出諸萬不得已之苦衷而格雷芙得之方以我爲薄倖翁亦知吾之冒爲此事實令彼格雷芙及我均喪其望實且何爲令我意中之人忽視我爲不足齒數乃貪財而嫁洛克兒脫不行此策卽使明告以已許爵夫人辭婚亨利更不能舍我豈不令愛瑪姻事。被橫風吹斷耶今兒阨已到極處乳抱之嬰亦殤明日卽須以遺體照律法屬彼荒傖。嗟夫阿翁此皆當日老人所種之因遂結此無窮之惡果今請阿翁但求天主肆赦。無待語及翁所親生之薄命女。須知翁女一生之榮顯。及應得之享悉爲翁所刦。餘者苦惱羞辱而已。尙復何言此數語。蓋迦茵近侍垂死來文杰榻前哽咽而述者而臉上悲慨之情幽鬱之色若爲人所遏抑而不敢逞者而來文杰聽時方以手掩面忽聞是言按手於膝仰空而唏氣息僅續上下二唇均作靑紫之色忽而强笑對迦茵曰天下罪人道路殊難行也爾我父女均已經歷此罪我固應受。無所靳焉。嗟夫。迦茵我殊不足對爾顧今且奈何雖然。尙有一節。爾所蒙之苦過此一生已矣而吾恨緜緜臨死猶不能澌滌大概將挾入冥司矣然吾女旣不能恕我今且告別吾不能更作長談矣吾將瀝其一生之罪狀奉之歸陰求赦於破格慈祥之主宰迦茵初欲出戶將至門而怒氣忽爾冰釋孺慕之心忽生乃易翁而呼父曰吾父兒今不更怪老親矣凡諸所歷殆關天意我今日之哀吾臨終之父亦冀彼蒼赦吾前眚但願吾生於世界之中爲期日縮則吾願斯遂來文杰曰迦茵吾女爾所言天將佑汝於是迦茵出。

第三十八章

爵夫人於第一日。在倫敦延其子婦歸。明日方晨餐。忽見老僕湯生將電牋入。爵夫人讀訖。語老僕曰。爾主人夫婦。於此十一點鐘後歸矣。湯生曰。信乎。湯生自先噓盡復。戚容盡解。長日欣愉。即告爵夫人曰。老僕當脂車秣馬。以迎爵主及主婦甯家。惜得消息晚。不爾將大集家衆。往道左延候也。爵夫人曰。此亦細事。更數日。余家將大置酒。宴親賓。今但問吾家具摒擋既乎。湯生曰。彼猥瑣之匠人。亦太疏惰。竟數日之日。渲繢樓中藻井雕題諸物。未及一半也。夫人試登樓勘之。爵夫人曰。且駕而車。熟而饌。更至吾許未晚。湯生聞命卽行。已而復至。引爵夫人指揮雕槅塗壁之屬。以媚主婦。時愛瑪奮資一至羅司漢。正如春雨霏入槁壤一入無迹立見膏潤爵夫人往日光陰。均處於靑氈破爛老壁頹陷之中一日忽覩四壁琳瑯如履圖畫惡得不樂迨一一寓目至於一窗一隙無不週覽乃歎息言曰。湯生吾仔細思量自頹墜淩夷中得有今日。眞天相我也。湯生曰。老僕夜中跪求天主。卽復爲此。苟非新婦光益吾家道。吾旦晚入卑田院中。思之足爲寒心。爵夫人曰。湯生寃窮之狀。都已幻作空花。汝應知樂矣。湯生曰。然。老僕終身。當不更見此衰微之狀。夫人若不倦則請以馬處來。引夫人往視葡萄園也。爵夫人曰。少須之。吾須靜坐。待彼新婦來時。更與同涉。今日密而華德夫婦且至。至須以停午。湯生曰。諾。女公子昨日已歸。相度樓室家具位置。自言以明日歸。且與姑爺同涖。老僕見姑爺。曰來聞我家主人得富婦而言語間乃大變易爲恭謹。不復類從前獷暴矣。馬處言姑爺旦晚將擧爲議員。欲我家助之。故馴謹如此。爵夫人曰。此事吾家女公子足以助之。然今且無暇及此。着馬處趣取香豆花置之新婦室中。予尙憶二年前。新婦客此甚愛此花。故預寘此以媚之。湯生既出。爵夫人遂卽架上取上帝頌詞。獨坐讀之。讀已忽置書於膝。凝思往事。覺家事風落霓轉。經無數風暴。卒履平坦。尙覺一年以前。家中悉屬敗象。今則大復不同。且今日之樂。亦非爲一身。祖業正復可戀。而亡夫夙志。至今亦復倖酬。自念當日若不自面迦茵。又安有今日者。然吾聞彼已嫁一傖人。卽吾到倫敦時所一見再見者。而吾兒言次。則甚恨迦茵。以老身思之。彼傖擁貲多。迦茵因有異志。正自難說。思已不期而寐。迨聞車馬騰踴聲。忽爾警醒。急憑窗一望。則亨利方扶其新婦下車。亨利仰見爵夫人。卽呼曰。母在乎。吾以母方居倫敦。今日殊不能至。乃與其母親吻爲禮。因指愛瑪曰。彼在海中遇風而暈。狀若病。兒將二十年海上。從未見暈舟有如此之甚者。愛瑪曰。勿多言。我將朝參老母。爵夫人曰。愛瑪汝縱在海上眩暈。吾相爾面滋安詳。未類有病。且似樂也。愛瑪曰。謝老母。吾託母之福。固樂也。亨利見其妻與老母行禮後。乃挽其手入室。曰。吾家人今日團圞。不審吾岳氏如何耳。爵夫人曰。湯生云已有明信片在此。爾夫婦試觀之。亨利取讀。信云。吾喜汝夫婦已歸。甚願亨利能來視我。尤願汝夫婦能同來。來文杰書。亨利曰。未聞吾岳有病也。然吾須乘下午之車。一造岳家。爵夫人曰。今日愛倫夫婦且來。爾爲主人。奈何遠出。亨利曰。請老母及愛瑪爲主人。兒歸時尙能見彼夫婦。今茲不能不行。以兒前日有書予岳氏。想今晨已得。此諸不能不踐。

迦茵既辭其父出戶。卽駐其家。此爲迦茵第一次居其父家也。心緒潮湧。遂和衣寢。至於五更方入夢鄉。見一身立於孤石之上。海水四湧而來。而天又大風。見水中皆人面浮起。忽而多。忽而少。忽而驟散。最後乃幷而爲一。則顯然洛克面也。巨面一臨。立觸己身墜海。沈沈中忽造一安樂之地。微聞有嬰兒啼聲。因而驚醒。見陽光射榻。驚魂仍未定。詫曰。生人之死。其情致亦如是耶。既就晨餐。乃問侍婢。主翁今日病如何。婢云。昨日主翁睡絕晚。舉所有書札。寘諸爐中焚之。今日醫生且至。吾侵晨得亨利男爵書。言下午必來問疾。迦茵曰。吾將候醫者至。偵主翁病。不履危候否。爾且勿告主翁。吾衣裝少。來去便。遂又入室。靜念亨利今日且來。吾甚畏見之。而又不能不見。蓋吾生萬事可以弗較。惟此梟貿亨利之名。必欲自明。幸亨利已娶。吾即見之。亦不爲病。吾將以最末之期見亨利。若今日錯過。將終無見彼之期。自料一入洛克之家。再面亨利。則其難殆若登天。然既見亨利。尙欲有言。告以愛瑪非律法上之子女。俾亨利知之。庶幾亨利後此見覺夫婦乃無勃谿之患。復自念有憑在手。一爲洛克所得。必訟之官。則此事亦益無歸宿。不如毀之。一點鐘後。醫生告行。言以大勢較之。尙足支一月。究亦無憑。欲死者則亦竟死。醫生勸來文杰趣以書告亨利夫婦。留此以肩喪禮。迦茵聞言後。乃留牋告來文杰。謂欲傳喚者可以書相招。當應聲至。遂挾一小小行囊出門。知此路到羅司漢有兩支路。中間夾一茅亭。無論出何支路。必見茅亭。乃決計坐茅亭待亨利。手中尙展小說一卷。眼光出卷上。四偵亨利踪跡。一點鐘後。從樹隙中見一人微蹩。欵步而至。乃疾出立於短籬之次以待。微聞亨利翕唇作聲。自遠而近。亨利已至前。揚右手前後搖動不已。初不審其遇迦茵也。迨至。見一婦人衣灰色衣。遂愕然而立。以手舉帽。始審其爲迦茵。立時色變如死灰。迦茵遂呼曰。亨利亨利。曰。迦茵乎。汝胡爲在此。吾今日見鬼乎。何前後判若兩人。迦茵曰。然。吾爲君今日之鬼矣。亨利且進。吾尚有言。亨利默默隨迦茵至於茅亭之上。亨利欲有言。顧不能爲辭。迦茵先言曰。吾在此候爾。蓋有衷曲必欲告君者。亨利曰。密昔斯洛克。爾何言。果有言宜於衆中言之。今之於此。滋生嫌疑。迦茵曰。君可勿如此。且勿以是見稱。此稱出之君口。我殊難耐。亨利曰。此稱當耳。吾實不審此外尚有何稱。迦茵曰。茲固吾姓。君應知吾何爲姓此者。亨利曰。吾何知。汝嫁時若夫爲我言之。至於若何爲姓此。吾悠悠行道之人。在理不宜問。迦茵曰。雖行路悠悠。而吾必有應告之言。不能不告君以我之嫁洛克。爲棄前夫。圖自己一身之倖福乎。亨利曰。如爾所言。嫁彼者亦爲他人而嫁乎。迦茵曰。爾既作是想。則尤不能不告吾。若不嫁洛克。君何由得娶愛瑪。吾夙願嫁君。君老母遠道涉倫敦。乞我勿嫁。故吾勉嫁洛克。以斷爾我情緣。正爲君老母也。亨利曰。吾母至若許乎。爾得毋瘋發。迦茵曰。此固瘋發。幸上天垂憫爾我之女已早殤矣。亨利聞言色頓變。作微語曰。吾兒生耶。迦茵曰。兒生極肖汝。吾卽名之曰迦茵。大概名此亦君所許。亨利以手掩面曰。迦茵我垂暈矣。不能更詰爾。可一一告我以狀。迦茵遂歷言其別後之情狀。亨利待其語竟。始曰。我惟不檢。遂成此惡因。結此惡果。吾今亦不知如何。但吾已娶。而若已嫁。後此更無聯絡之期。所足動記憶者。惟前此恩情及此殤女耳。天乎天乎。汝固女中豪傑。特識見拘耳。汝何爲不先告我。亦不以情哀老母遽爾絕我。迦茵曰。此事若必告君。則吾烏能自脫。亨利曰。然則爾夙心不欲儷我耶。爾苟見許。寧非吾一生之快事。且吾已於倫敦圖一安身之地。足以自活。又何患貧。吾前聞爾夫告我。言爾推心置腹於其人。此事確乎。迦茵曰。洛克是言。洩其忿也。然則知我如君。詎有所疑。吾不嘗告君以心恨其人所以不得已而許嫁之者。全爲君耳。雖然。吾固恨其人。而今日則不能不赴其家。亨利此時萬感交集。聲色全變。顫聲言曰。我安有疑。吾驟然得此消息。四肢頹罷。不省所言。亦竝不解所爲。惟汝今日欲吾助汝去其人乎。迦茵搖首言曰。不可。吾欲避其人。

惟有一死。彼雖荒傖。於義實爲吾夫。吾之對待。究有應盡之責。亨利曰。此語良然。以汝天人。乃偶此傖。吾實悲慨不可自聊。我尚有一言。至此尚不忍出口。迦茵曰。知之。君還以勿言爲上。但此心君知之足耳。亨利曰。吾固知爾。然何術足以出爾於阨。迦茵曰。此何術者。天下有萬難自脫者。亦僅忍受而已。他尚何圖。惟早晚自有收局。亦正易易。今日切要之言。必令君知者。君岳氏彌留矣。昨日以電促吾至此。亦知此老招吾何語者。亨利搖首曰。此何能知。迦茵曰。君亦知吾爲老人嫡妻之女乎。彼娶君妻母。在律爲犯雙娶。然老人幸不之知。亨利駭曰。世乃有是事耶。然則吾迦茵一生爲人愚弄。若墜蛛網矣。且爾言信乎。迦茵曰。此何致誤。因覼述來文杰之言。告亨利。且以來文杰娶其亡母文憑。出以示亨利。亨利怒曰。此老奸巨猾。乃愚及我父子。以理揆之。彼之斤斤欲以女嫁我。殆卽爲此。此事他聞之乎（他指受獨也）迦茵曰。不知。君不可責是人。是人悉不覺箇中事。卽我今日告君。亦欲君終隱匿此事。不必告其人。吾今力掣此文憑。付之飄風矣。因大裂碎。落其紙。紙屑隨風四散。亨利驚曰。裂此何爲。

迦茵笑曰。卽不裂此。君亦無從得知吾早將此文憑中吾母名姓。及成婚之地。豫爲塗抹。君卽得此。亦無從知亨利回頭向蒙克洛淇咬牙語曰。吾必向此老詰得之。迦茵曰。亨利君若愛我者。切勿行此。君亦知我前此不知父。處終其身蒙無父之譏。可也。若君妻者。一令知其父墜行於冥冥。則引爲終身之玷。詎不辱沒其人。亨利曰。爾言固當然。負此沈冤。何由得伸。天乎。世間冤窮之人。安有如汝之酷者。汝言彼產固屬愛瑪可也。而冢女之名。安可沒而無聞。迦茵曰。亨利汝更勿正名。一正吾名。則將有人訟之於官。與愛瑪爭產矣。亨利曰。誰也。迦茵曰。卽吾夫洛克。於是二人相視無言者久之。迦茵復言曰。亨利。吾忘之矣。吾尚有物贈君。吾今幾忘之。乃就衣囊中出小函。亨利見而卻步曰。此何物耶。迦茵期期不能出口。久之始曰。此殤女雛髮也。與之親吻後。遂授諸亨利。亨利以髮納諸銀囊之內。以身倚柱。噓曰。天乎。我罪至鉅。天其赦我乎。二人乃相抱而哭。此時尚未知樹中有人滿臉憤疾之氣。幾欲裂肝碎肺而死。則洛克也。

第三十九章

迦茵既別亨利。遂至車站。買三等票。歸白拉墨司車剛欲行。忽見一人開車門入。迦茵此時方沈思。忽爾昂首。始見爲洛克。迦茵駭極。一語不發。仍堅坐。洛克先曰。迦茵無恙乎。而滿目兇光。閃閃射人。復曰。吾乍從火車站中。恍惚見一婦人。似爾。迦茵曰。然則爾得得從吾乎。洛克曰。吾今晨見狠豎惠烈荷德驅驢至吾莊行牧。余將毆之。嗣此子呼曰。爾趣往迎而妻。吾驢小嚼爾草。何礙者。吾愕然。憶及爾殆將歸。不期今日於道途中相見。惟惠烈荷德言爾以昨日歸。故吾奉迎至此。而此二日爾在此果何作者。迦茵曰。吾至此謁來文杰。以彼病危。故吾來省。洛克曰。今日歸乎。迦茵曰。爾願吾歸者。吾卽從行。洛克曰。吾已豫爲君治洞房。其裱繪之匠人。卽爲羅司漢新婦洞房裱繪者。我聞彼處新婦。亦以今日歸。吾不意此小小村莊。竟同日有兩新婦于歸。眞異事也。但不知鄉黨觀者。議論此兩新郎。誰爲佳品。今到矣。試下火車。自以車歸也。汝不觀此間酒肆。已易新主。若姨入獄。姨丈已入卑田院中。在天道報施。此二人受之當耳。迦茵聞言。均不答。默觀其夫言動兇頑。有同洪醉。且語時欲吐。故咽已露很很之容。心甚疑之。少須車嚮摩亞庄。行馬力至駿。既出村。洛克怒鞭其馬。騰擲如飛。洛克曰。吾摯愛之迦茵。今日甯家馬力固宜迅。因呼曰亨利亨利。汝試來此。汝試來此。汝亦知凡有識見之女。早知圖一託足之善地。言已。因復加鞭。迦茵以手扶車沿。默默不答。後此山路漸高。馬力亦少緩。既至門。馬止。迦茵下車。洛克麾佃人脫韁。喂其馬。語佃人曰。約翰。爾主母歸矣。以汝昏惰之目。見之亦須眼明。約翰曰。主婦甯家。吾安弗樂。惟後此鞭馬如此之迅。馬肺將因而裂。不裂則主人亦將墜車而碎其顱。洛克曰。主母歸。驅車安得不迅。此時忽見二狗奔出。一狗最獰。竟裂迦茵之袖。迦茵大呼。約翰直前打狗。狗始逃。洛克叱狗曰。兎狩。乃敢如是。爾少須自見。凡天下舍一夫之外。必不令更有一人近女子之身矣。乃趨入室中。迦茵見狗仍狂吠。因呼洛克曰。爾前吾至畏狗。此時約翰至迦茵旁。密語曰。主婦勿爾。主人今日舉止殆如其祖父。行將顛矣。語未已。洛克已出。提雙管之槍。呼狗曰。兎狩。爾來前。狗似解意。以尾後拖側目視主人不敢竟前。迦茵驚曰。爾乃欲斃此狗乎。語未竟。槍發而狗已仰翻就地迴轉不已。馬亦大驚將脫繮逃。約翰切勒之不令馳遯。洛克曰。兎狩汝知之誰人敢近吾妻者汝爲之標的。迦茵憐狗目不忍視。以手雙掩其目。洛克忽曰。吾親愛之迦茵可從吾入。迦茵聞言釋手徬徨步幾莫進。竟思欲逃避之。洛克曰。迦茵何適。吾告汝勿作此態。因以槍嚮之曰。吾鰥久始得汝。若更鰥者則眞爲無妻之鰥矣。汝知之乎。迦茵知逃無可逃。不得已語曰。吾何逃爲。吾特往視吾馬逸乎。因先入室。洛克隨之。反扃其戶堅鑰之。翻然作足恭狀延之入室。室中用亮光通明之紙密糊四壁。時當炎熇先爲陽光所傷眼皆生纈。且室中石象森嚴可怖。迦茵一入髮膚皆慄。洛克曰。果有今日矣。將抱而與之親吻。迦茵竟繞案而行避之。洛克曰。飢矣。惟今日厨娘病歸。迦茵爾曷自行庖。迦茵曰。治饋何病。吾習爲之。洛克曰。吾始以爲汝不習勞也。汝今先盥。我且納薪。因領之至樓級之下曰。爾試登樓。迦茵旣登見樓甚寬廣。家具亦整整。均新購者。然樓僅一窗。而窗口則以鐵條爲窗柱。狀似犴獄患逃囚者。以勢度之。似爲洛克常住之屋。所置均洛克衣帽及履。迦茵就盥訖。以梳少理其髮。乃小坐凝思。然腦筋已痲木。百思不得緣起。少須。聞樓下呼曰。火苗旺矣。趣下樓。迦茵始仍弗答。已而洛克自瀕樓級大呼曰。汝若弗下。我將登樓。吾安禁此時光不見汝面耶。迦茵於是下樓。見案上陳牛肉。待其行炙。迦茵左偏沸其瀋。右偏取羊油寘炙盤中行炙。洛克旁坐。凡迦茵一舉一動。眼光隨之左右轉。喊曰。此眞據有家庭之樂矣。吾數年一人獨居。卽思得此一日。今廣有家資。惟待汝來享有之矣。吾妻若必得肥馬澤車者。吾必爲汝備之。迦茵曰。不可。吾甚不欲糜費。以逾吾分。請君取茗壺授我。吾瀋沸矣。洛克大悅而起。然猶嚴扃其扉。置鑰於囊而去。少須肉熟。二人乃對坐而飯。飯已。思啜茗。洛克曰。不必。乃出二酒瓶。一爲香檳。一爲白蘭地。先發香檳。儲入二巨盃。呼曰。請飲此酒爲壽。惟爾飲我時。須曰吾夫飲此。永永同居到白頭也。迦茵無可如何。如其言。然言時幾咽不能聲。旣飲。迦茵膽力少壯。時迦茵梗咽久。得酒。略潤其喉。洛克則仰飲盡其斝。語曰。吾不常飲。患其糜費。若爾思飲者。儘可行沽今日佳晨。吾意快極矣。復舉其餘瀝盡之。歎曰。迦茵。爾尚不知吾數年相思。今日爾之一身。乃爲吾獨享。萬非人力所能分析。縱彼所爲。亦不能害我。吾前此遵約而行。今日汝亦須遵吾約矣。爾尚憶前年曾與吾約。許吾踐約後。永永同居。不與彼賊延接。今日爾到蒙克洛淇。不曾見彼賊乎。迦茵曰。爾非言亨利格雷芙男爵乎。吾今日實遇之。洛克曰。汝何爲遇之。遇後亦不見告。且汝見彼不曾言語乎。迦茵曰。有之。數語而已。洛克曰。爾與之言乎。然則背吾約矣。爾之語彼。殆言後此不復把晤乎。迦茵點首。洛克曰。此亦細事。今飯訖。爾須以臂挾我行。親吻之禮。當以禮呼我。曰。我愛吾夫。不愛彼賊。願彼早夭。迦茵不答。洛克堅待其言。而迦茵終不言。洛克驟起。張其二腕。迦茵大驚。起避。據案之右方。洛克曰。爾逃耶。今既爲吾妻。奈何如是。究竟吾詔爾之言。果如我意否。迦茵曰。否。我許君同住耳。且爾當知吾何事嫁汝者。吾不曾言吾恨汝乎。汝奈何弗憶。洛克大怒。發白蘭地大吸。然後言曰。此亦痛快之言。汝今日對爾所歡。滔滔言不已。我悉聞之。彼不見我。我步步隨之行。自料隨他。必可以見汝尋乃果如吾言。吾實見汝與彼互抱親吻且哭。爾今日必謂吾顛。爾果如吾約。吾安得顛。今既如此。吾自有術。因大狂笑。自往取槍。迦茵驚極而逃。顧扉已四扃。逃無從出。而洛克又步步逐之。乃趣步登樓。力闔其扉。以鐵拴格之。栓甫既。洛克已至。悉力推扉。久不得入。乃反鑰其扉。且詈且下。迦茵聞其下樓。音響少寂。少間牆外有瑟縮之聲。迦茵以身隱牆外。覷隱隱見有巨臉。伏諸窗外。在鐵柱之下。忽聞玻璃聲碎。小屑落樓板丁丁作響。又聞洛克呼曰。迦茵吾已在梯上。立誓不爲汝禍。吾初痫發。今茲愈矣。爾可開扉。吾當與爾重伸舊盟。迦茵伏地不答。忽聞洛克又在窗外。力攀鐵柱。幾二十分鐘。鐵柱不爲動。聲又寂然。天色已沈沈向黑。迦茵外覷。聞洛克據梯而笑曰。迦茵爾終不出乎。明日爾不得親愛之人爲汝親吻。余今將成冷齒矣。我誓不爲汝害。我果害汝者。何爲數年之中。作苦苦求戀。惟無彼人。汝亦不至於此。吾今必槍殺其人。則汝永爲吾婦矣。吾今日聞彼到婦家。竟以步往。歸時吾於要隘中狙擊之。迦茵珍重。當圖再見。見時當以彼人之髮授汝。汝之心始甘也。今汝亦何術足逃吾已四扃其戶。遂下梯而去。迦茵始以爲洛克之言僞也。既而又患其實然。殊無計足以自脫。遂臨窗而望。見隱約中有人負槍行。向白拉墨斯步絕迅。迦茵駭曰。彼眞行此耶。大聲呼其歸。然已無及。偶然復見其回首向樓大笑而去。久乃不見其影。

第四十章

迦茵見狀大恐。知此去必無倖。忽爾明徹。自念亨利此時尚未死。吾尚可救。然何以能出此樓。若有餘人。吾尚足馳信。令亨利趣避。顧此莊孤懸。四嚮無人。即一二佃夫。亦已歸息。於何處取助。乃據榻少思。見壁上衣冠。因駭曰。我若能下此樓。即有術以代亨利之死。且吾髮尚短。以大冠戴之。必無人知。試爲亨利蹩行。夜色茫茫。何從辨我。設能見亨利固佳。不爾吾代死。何懟。且爲意中人死。即死亦屬溫柔。吾一嚮爲彼人茹苦含辛。不知凡幾。此一著殆吾最後酧知己耳。使彼人知我悉心爲彼。則吾之死。必鐫刻彼人心中。永不忘我。矧苟預見亨利趣其引避。吾又何曾必死。意嚮一決躍起。榻上極力開軒。舉聲號救。時四顧無人。迦茵偶一發聲。而獧狗已應聲而吠。迦茵憶鑪簷之上。置火柴一盒。暗中摸得之。遂以火燃燭。先攀其門。門外扃不能動。乃臨窗而顧。而木梯尚置窗下。窗雖鐵柱。特三其數。上端仰入木板。下端則以螺絲旋入迦茵細審洛克力扳鐵柱時。雖未動。然螺絲已少鬆。且年深木腐。鐵鏽爲力弗牢。計能去其當中之第二柱。側身出窗。可立至梯上。時鑪旁有撥煤之鐵杵一。迦茵舉杵。擊此中堅久鏽之柱。久之柱動。已而柱半出。顧已力緜。因易以他法。橫杵於左右柱之間。力縮杵端。令中柱起。至第三次。柱果起。杵越反震其肘。肘爲之破。時中柱已墜樓下。迦茵遂取庋上衣冠襲之。側身由中柱空處。背身探足於外。覓梯而下。既履地。始躡步行。防獰狗狂噬。然此狗或悲其同伴之死。自防被禍。因亦弗出。迦茵出險。遂奔蘭保洛禮拜寺。去莊約三英里之遙。是夜下弦半月。爲流雲所掩。時明時晦。故地上常團黑影。行時必過積水潭。夜風既大。四圍葭葦。瑟瑟作聲。闃無人踪。迦茵慮此靜境之中。驚懼較就死爲甚。究之此時迦茵身尚未死。而塵境惶惑。震懼仍能動其心。迨既過積水潭。乘高原而立。居水潭與海之中心。月光所及。尚能見海波閃閃作金線跳躍村路如蛇宛宛不知所極而禮拜寺廢塔猶矗立天邊月色黯淡迦茵且行且探竟不覩一物殆及塔旁將及一百碼伏於塔影之內四聽動靜且引目流矚但見雲片襲月黑影下墜目光爲迷耳之微聞則海波櫛汨蘆葉戰風海鳥觸風悲鳴而已此時迦茵忽萌畏死之念腦中遂一懷及舊事雖前此所歷均非佳境然私較死後情形或視此爲劣既而復念我一身既脫洛克掌握胡爲弗逃矧英國律條萬無抑令與風人同居之理且吾年尙稚何妨再至倫敦一洗從前陳迹然則亨利如何耶亨利前程至遠吾安聽彼狂人死之草磧之上第吾死之後事勢又復如何吾試爲亨利思之乍聞吾死心必不堪迨情事一過則又返其夙態與妻子爲樂世上男子安有代一女子終身抱憾者然無別法只顧隨他而已吾自盡吾心俾吾知己之人量此事價值之高下我身又何惜焉且吾身在世如結亂繩百不能解惟一死足以解之我奚不爲此種心緒吾書叙至二百餘言而迦茵心中特一轉念而已爲候蓋至迅也此時迦茵四矚無人復邐迤向禮拜寺而行去三义之路僅五十

武。自據其一。欲傍睇其兩支路。勢必履至岔口。然自念是間洛克必狙伏於是。設吾不冒險而過。亨利苟來。如何者。於是躊躇四顧。疑亨利自後而來。徬徨不進。又念此豈亨利已盡於彼人之手耶。抑或亨利豫以車歸耶。吾前耶。吾退耶。吾逃耶。三種之意。轆轆於心。不能遽決。既念不如徑前天下赴義之事安有退衂可成者。時熱血上衝。耳中突突作響。因計天下人。必無如我之奇蹤。乃僞蹩而前。行不及五碼之遠。心復滋懼。此時去岔路僅二十武。知此間必爲洛克所伏處。凡四人之初赴死。意氣尚烈。一臨法場。勢必震駭。迦茵此時戰慄。自念冀皇天曲全亨利。蓋第一次在此以死命全亨利。今復代死。則眞人間可怖之事矣。迦茵之心固奮。而迦茵之肢體則至縮初欲發聲而號。俾亨利知之。又念爲洛克所知。則大事亦立敗。又念不如繞轉海濱待亨利。亨利或以此處來也。剛欲反步。乃從極靜中有聲入迦茵之耳矣。此聲如摯獸伏莽。遇生物而動。此時迦茵四體頽憊。聲不能發吻。又聞異聲如人在草間駭立者。但聞火光一閃而彈不出。蓋槍經斃狗。不復納彈。光蓋銅帽光也。迦茵此時狂奔帽已墜落於地。而黑雲適出。月月光射人。迦茵見一醜人。正是洛克。槍口已對其胸。倏忽中火光復吐。如狗伸舌。從火中照見洛克之臉。初尙極恨。立卽大戚。迦茵胸口微覺痲木。人已仰翻矣。蓋洛克初見有人。又復蹩步。決爲亨利。及借火光一燭。始省其爲迦茵。蓋此槍一發。非斃迦茵意中之人。實斃洛克意中之人耳。顧爲時已晚。力欲仰其槍口上擊空際。不期槍杪所嚮。適當迦茵胸前。遂力擲其槍。往視迦茵。而迦茵張兩膊於地。瞪其目睛死矣。洛克不敢正視。忽爾狂喊而逃。此時殊不知其所嚮。亨利在茅亭中。旣別迦茵。憤火上騰。甚憾其岳氏。其次則憾其家人。自念竟爲諸人所愚。不可復救。而仍不能對妻言之。私念迦茵所言。節節當理。愛瑪殊一無所知。亦不預吾事。而來文杰則奸猾無倫。今無論其人病勢如何。吾必往伸吾氣。乃天命殊不欲來文杰受亨利之痛詆。迨一至其家。醫生言已大漸。勿令生人入視。晚來九句鐘後。尙未醒。忽聞呼聲。家人奔出。言主翁殞矣。亨利聞言。亦不能怒。但部署家人數言。卽歸語其妻。本欲赴最後之火車歸。而爲候已遲。遂步歸。始意本以馬車行。因念天氣尙佳。可於歸途中細度所行之事。旣念此回不斥來文杰亦佳事。縱使一伸吾氣。而事已大敗。從何收拾。嗟夫。迦茵所處之地。乃艱難較吾萬種也。迴憶塔前相遇爲候。不過一年。尙有何人能知彼於此一年中所歷之艱苦。而況有後此光陰。尙何自聊。吾殊無術拔迦茵出諸苦海。亨利且行且思。忽聞禮拜寺後有婦人呼聲。聲已槍聲繼之。初以爲獵人取海鳥。鳥聲號耳。旣而又思此非禽聲。必一婦人處瀕危之地。爲人所狙者。移時又聞怪聲如鷙獸受槍。連號不已。亨利欲前赴視之。而此聲已愈嘶愈近。亨利立而視之。見前面突來一人。亂髮四披。目光如電。口中大呼。借月光視之。狀至凶獰。亨利旁立讓之。而其人已飛越而過。亨利視之。洛克也。口中但聞死矣死矣。少須已渺。亨利大驚。疑洛克之作此狀。似近殺人而逃者。然自念必不自戕其妻。因邐迤前趣。見一童廝向月而奔。亨利叱之曰。止。汝何人者。童廝曰。我惠烈荷德也。吾於五分鐘前見汝亍彳而過。乃尙留於此耶。亨利曰。吾剛自白拉墨斯來。汝何見之舛。且汝見洛克乎。惠烈荷德曰。見之。其人似甚兇怒。若有所追偵者。吾且見有人蹩行似男爵者。亨利曰。童子夜深。胡尙在此。惠烈荷德曰。吾以驢行牧於洛克草地。見彼洶洶而行。伏而避之。蓋行牧非彼所欲。言更至者。必以槍斃吾。吾隨聞槍聲。及怪呼聲。不審是何事。亨利曰。是人必槍斃一人於路。於是二人西行。惠烈荷德忽引亨利之裾。曰。前黑影一小積是爲何物。亨利直前俯視之駭呼曰。迦茵中彈矣惠烈眼出。亨利之背微語亨利曰。試觀其胸際。吾於一年前曾覩爾二人在此。今復覩之矣。亨利曰。爾勿聲。助吾起迦茵。意尙可生。二人力起迦茵。迦茵已張其目。亨利曰。爾趣行赴卻而池醫生家。且急呼巡捕。告以茲事。俾早以馬至。惠烈飛越而去。瞥如鳥逝。惠烈旣去。亨利以手撫迦茵曰。傷哉吾心。汝尙能言耶。迦茵開眼微動其唇已乃言曰。亨利汝來乎。吾目胡不能見爾。亨利曰。迦茵何事至此。迦茵期期言曰。彼欲謀汝。我來代死。旣而欲逃。彼乃以槍斃我。亨利大呼曰。天乎。世乃有此事耶。迦茵笑曰。我亦無楚。亨利乃跪於地上。抱迦茵於懷。迦茵隱隱約約猶記一年前墜塔事乃告亨利曰。去年此夕。憶乎。我自尋樂。想君後來有一絲之氣。生存者。必且念我。勿釋天下罪人所趨之路較諸他人。語至此。嚶然不能聲。亨利曰。吾自今日至於垂死。誓不忘君。天月鑒之。我蓋爲人所愚。爾須念我。我萬非負君者。迦茵又笑曰。然則我非徒死矣。然君須念我。及我殤兒。我與此兒願在平安世界中待君團聚。少須語漸模糊不可辨。大概言尚有錢餘鉢特家。彼遇我厚也。此事勿告而妻。令彼一生無自如之日。於是二目閉。肺臟破矣。脈止肢厥。亨利以爲迦茵已死。半句鐘後。復力張其吻作聲曰。亨利爾代我求天赦我平生罪苦。一片恩情。竟以性命易之。此時顏色大變。呻曰。亨利親吾吻。吾死矣。亨利以口對其櫻唇。似有餘唏之聲。少須寂矣。

二句鐘後。亨利至家。家人集而俟之。爵夫人曰。亨利何往。時已十二句鐘矣。愛倫曰。吾又以爲半路中又遇佳人。吾於兄歸時。尚未親額爲禮。既近駭曰。兄何爲顏色頓變。且衣上淋浪何物耶。亨利四推家人曰。愛瑪安往。爵夫人曰。彼倦。吾速之歸寢。亨利張皇如此。實何變故。亨利曰。來文杰死矣。爵夫人聞言。無聲歸坐。愛倫曰。傷哉丈也。究之久病。以全歸爲得。亨利曰。爾勿聲。吾尚有餘波。彼迦茵赫司德亦於今日死矣。爵夫人及愛倫大駭曰。死乎。亨利曰。非善死。實爲人所謀。密而華德曰。誰耶。亨利曰。彼夫耳吾歸時見彼死於道周。吾言極夥。今請君外出。吾與老母女弟尚有密語。愛倫曰。彼亦家人。何避爲。亨利曰。今日之言必不可聞之親戚。爾必如此者。我與吾母入別室言之。密而華德曰。勿爾。我亦思煙。遂出。愛倫曰。彼人出矣。兄可長言。亨利曰。愛倫聽我。彼迦茵死時。尚在吾臂上。因自視其臂上。血迹。我今告君。洛克欲狙擊我。迦茵知之。變服爲甓郎。月光中代吾死也。今日吾亦無言。究之此事吾輩自己俱有清濁之辨。吾家既痛却其人。彼人出無路。僅能嫁彼。則足脫我於阨。母亦知迦茵誰耶。彼蓋來文杰之冢女。愛瑪尚非法律中之正。而彼到死尚不欲以茲事示之愛瑪。母乎。當謹閟此言。勿令愛瑪知之。兒今亦無言說。彼命既亡。吾生何樂。爵夫人咤曰。此眞人生至慘之事矣。天乎天乎。老母當日力勸勿至吾家。初以爲合義也。焉知及此。愛倫曰。老母吾亦以爲正。此女之亡。殆屬天命。豈吾家之過。亨利言雖生無樂。吾想六閱月後當平復。如恆母何戚耶。且此事亨利種之。亨利穫之。自關亨利何與我耶亨利吾密而華德將入議院。名譽所關。焉能與汝家事。我歸矣。

光緒三十一年歲次乙巳二月初版
光緒三十二年歲次丙午九月三版

（足本迦茵小傳）
（定價每部大洋壹元）

原著者　英國哈葛得

編纂者　閩縣林紓
　　　　仁和魏易

發行者　中國商務印書館

印刷所　上海北福建路第二號
　　　　中國商務印書館

總發行所　上海棋盤街中市
　　　　　中國商務印書館

京師　奉天　天津　開封　漢口
重慶　成都　廣州　福州
中國商務印書館分館